大学生创新创业实务教程

宋俊骥　周　玮　主　编

苏州大学出版社

图书在版编目(CIP)数据

大学生创新创业实务教程/宋俊骥,周玮主编. —苏州:苏州大学出版社,2022.11(2025.1重印)
ISBN 978-7-5672-4114-5

Ⅰ. ①大… Ⅱ. ①宋… ②周… Ⅲ. ①大学生-创业-教材 Ⅳ. ①G647.38

中国版本图书馆CIP数据核字(2022)第224437号

书　　名: 大学生创新创业实务教程

主　　编: 宋俊骥　周　玮
责任编辑: 周建兰
封面设计: 吴　钰

出版发行: 苏州大学出版社(Soochow University Press)
地　　址: 苏州市十梓街1号　**邮编:** 215006
印　　装: 广东虎彩云印刷有限公司
网　　址: http://www.sudapress.com
邮　　箱: sdcbs@suda.edu.cn
邮购热线: 0512-67480030
销售热线: 0512-67481020

开　　本: 787 mm×1 092 mm　1/16　**印张:** 14.5　**字数:** 301千
版　　次: 2022年11月第1版
印　　次: 2025年1月第4次印刷
书　　号: ISBN 978-7-5672-4114-5
定　　价: 48.00元

编 者 序

创新是民族进步的灵魂，是国家兴旺发达的不竭动力；创业是推动国家经济持续健康发展、促进民生改善及实现社会大局稳定的重要保障。目前，在党和国家的高度重视与引导下，围绕创新创业的“双创”工作正如火如荼地进行。

“双创”工作的启动与开展，离不开社会各界的全力配合。高校在其中发挥了举足轻重的作用。高校作为教书育人的重要场所，更加重视挖掘与培养具备创新意识与创业能力的人才。目前虽然绝大多数高校都开设了相关的创新创业课程、讲座，但效果不如人意。究其原因，主要在于地区之间、高校之间的文化环境、专业背景等因素的差异，导致服务于特定院校的课程与教材难以适应其他院校的需求，这就迫使高校必须建设符合自身情况的创新创业课程体系及教材。

本书作为面向高职院校创新创业课程的教材，在编写过程中力求语言通俗易懂，内容充实，具备良好的思想性、启发性、可操作性，从而促进学生树立对创新创业的正确态度，推动有思想、有能力的学生积极投身国家创新创业的时代潮流中，正确高效地开展创新创业实践。此外，本书也可以作为不同职业的人了解创业知识、进行自我创业教育的重要学习资料。

本书共分为八章，每章均以知名企业家名言、故事承前启后，在很大程度上增强了全书的思想性与趣味性。第一章从历史与现实的角度，阐述创新创业是历史发展的必然。结合创业相关理论，阐明创业定义，提出创业核心要素及创业动机分类；同时，以互联网时代为背景，分析“互联网+”时代背景下的创新创业特征、大学生创新创业面临的机遇及挑战，并提出相应的对策。第二章主要从创业行为对创业者素质要求出发，提出重视培养创业素质，培育创业精神，训练创业思维，加强创业者“内功”修炼。第三章至第七章主要从创业活动的外部支持条件出发，分别论述组建创业团队、识别创业机会、制定创业模式、评估创业风险、整合创业资源等问题及实施方法，是创业过程的具体呈现。第八章主要展示创业计划书的撰写及路演等创业宣传形式，成为沟通创业设想与创业实践的重要桥梁。

此外，学院领导对本书的编写高度重视，提出了诸多有建设性的意见和建议，为本书的出版发挥了重要作用，笔者在此表示诚挚的感谢！值得特别说明的是，本书还充分吸纳了我校创新创业教育方面的有益经验、典型案例，因而在某种程度上，本书是我校创新创业教育的现实宣言书。

宋俊骥

2022 年 9 月

目 录
Contents

第一章 创业与创业时代 / 1

第一节 走近创业时代 / 2

第二节 掌握创业常识 / 6

第三节 “互联网 +”时代背景下的创新创业 / 12

第二章 探求创业本质 / 25

第一节 创业者与创业能力 / 27

第二节 培养创业精神 / 34

第三节 训练创新思维 / 39

第三章 创业团队的组建与管理 / 60

第一节 创业者素质与创业团队 / 61

第二节 组建创业团队 / 70

第三节 管理创业团队 / 76

第四章 创业机会识别与评估 / 88

第一节 认识创业机会 / 90

第二节 识别创业机会 / 93

第三节 评估创业机会 / 100

第五章 商业模式设计 / 115

第一节 商业模式的内涵 / 116

第二节 不同的商业模式 / 121

第三节 商业模式设计思维 / 124

□ 第六章 创业风险评估与管理 / 134
第一节 认识创业风险 / 136
第二节 识别创业风险 / 142
第三节 创业风险评估与防范 / 145
□ 第七章 创业资源整合与融资 / 162
第一节 认识创业资源 / 163
第二节 整合创业资源 / 169
第三节 学会创业融资 / 180
□ 第八章 创业计划书准备与路演 / 195
第一节 了解创业计划书 / 196
第二节 创业计划书的撰写 / 202
第三节 创业路演 / 210
□ 参考文献 / 225

第一章 创业与创业时代

名言警句

任何人都不能拖着自己的头发脱离地心引力。每个人都是根据自己拥有的资源和能力，依靠自己的理想和动力做事情。如果某件事情，你能够轻轻松松做成，那不叫有能力。要去做有挑战的、能让自己更进一步的事，而创业就是这样的事。

——俞敏洪

案例故事

不服输的代价

创业电影《燃点》播出后，“席读”的 CEO 安传东在自己的朋友圈写下了这样一段文字：“不同社会阶级间，像是一个平行宇宙，我们期待看到更多通过自己努力，能够愿意跳出来打破这种僵局的人。不管创业这件事是暂时失败，还是获得阶段性成功…… 但这事只要我还没放弃，就还不算完。”

某杂志曾梳理改革开放以来，打破阶层固化的九大通道：高考、倒爷、打工潮、裁军、炒股、下海、留学、新经济和海选。随着社会的转型，改变个人命运的机会呈现出波浪状的演进态势，每隔若干年就会有所变化。近年来，随着“网络股”的飙升，一些人把以信息、网络业为代表的“高科技产业”称为“新经济”。在中国，新经济企业的成长依靠风险投资的“输血”，盈利模式则建立在庞大的用户群上。安传东正是在这样的背景下，开始了他的创业之路。

安传东，1992 年出生于河南安阳的一个小镇。小镇教育资源极为有限，但他凭借个人较强的学习能力，考入中国人民大学哲学系。他擅长考试，便萌生出大学期间的第一个目标——获得奖学金，但最终未能如愿。虽然这件事使他很受挫，但他没有放弃，并设想通过另一种方式证明自我。大二时，他从哲学系转到商学院，开始校外兼职，最初在苏宁做推销员，奋战三天三夜挣了360元；其后，他通过买卖二手物品，获得了第一桶金50万元，买了一辆车；大三下学期，他进入搜狐实习，有幸接触到雷军、董明珠、宗庆后…… 知道了微软创始人盖茨、苹果创始人乔布斯…… 在他所采访的这些企业家身上，贴满了创新、努力、不墨守成规的标签。这些成功的创业故事，激励了无数热血澎湃的青年，同样也使安传东对创业充满无限向往。

安传东结束在搜狐的实习后，本可以留下来工作，但他选择了放弃，也放弃了走同学们常规的就业之路。2014 年 3 月 26 日，安传东第一次踏上创业之路。那一年，O2O 创业潮如火如荼。在中关村创业大街上，一个有名的段子是，一个保安说自己要做外卖，在一个月内拿到了几万块钱投资，几个月后，钱用光了，换一个方向再来拿钱。安传东结合校园物流的快速发展，提出了一个 O2O 项目“1000M”，借以填平这最后一公里的“蓝海”，学生可以利用手机接单，帮快递人员把物品送到最终地点。在这个创业项目上，安传东先后获得天使轮和 Pre-A 轮融资共计 1 250 万元。

创业项目的顺利、快速推进，使安传东获得了一定的社会影响力，并一度成为团中央力推的青年创业榜样。后来，他也陷入疯狂补贴的怪圈，导致项目失败。2016 年年底，安传东变得一无所有，还欠了几百万元外债。此时的他，内心充满着深深的恐惧，夜里睡不着的时候，常常思考如何将欠债还上。他在非常窘迫的时候回到老家，拿走了其父一年的收入 14. 8 万元，给员工们发放了最后一次工资。幸运的是，有投资人收购了他的公司，他才无债一身轻地告别了他的第一次创业。

第一节　走近创业时代

创新与创业，以其打破常规、实现个人价值最大化的特点，成为 21 世纪最鲜明的底色。毋庸置疑，人类社会的任何历史时期都无法与 21 世纪比肩。人类凭借科学技术的翅膀，进入了前所未有的创业时代。

一、我国创业历史回溯

创业在我国文化中包含诸多意义，可简单概括为“开创事业”。对事业的不同理解，衍生出政治事业，如《孟子·梁惠王下》所述“君子创业垂统，为可继也”，三国时期著名军事家诸葛亮所言“先帝创业未半而中道崩殂”，均从政治的角度，论述我国传统政治中帝王将相封邦建国的故事。立足当时社会士农工商的阶层划分，以及当时社会所赋予的不同使命，只有农工商阶层具备从经济角度创业的基础，但是由于他们对文化教育的漠视，他们的创业故事很少被记录在典籍文献上。

自近代鸦片战争以来，中国社会结构、经济形式发生了一定程度的改变。士大夫阶层从维护和巩固自身政治利益出发，实施了洋务运动等实践创业活动，从而推动了我国近代第一个创业高峰的出现。许多新式企业纷纷涌现。在此带动之下诸多地方人士，特别是工商业从业者开始积极投资建厂，发展实业，实施创业，创办了诸如福州船政局、汉阳兵工厂等一系列军事工业产业，同时创办了纺织厂等民用企业工业。1912 年以后，我国整体的创业进程大踏步向前发展，甚至出现了“民族资本主义的春天”，这也在一定程度上反映了当时整个社会的实业状况、创业状况。

二、国外创业发展历程

随着第一次工业革命的开展，英国率先成长起来，以蒸汽机为核心的一系列行业逐渐发展起来，人类生产力得到前所未有的提升。第二次工业革命，由欧洲国家、美国和日本引领。人类社会进入电气时代，生产力得到进一步提升。与电力、石油相关的新行业不断涌现。第三次工业革命，以信息技术为代表，使人与人之间的沟通交流实现了前所未有的便捷。信息产业的出现引领了新一代创业的浪潮。

为了支持与鼓励创新创业，很多国家都出台了相应的政策法规。英国在 1987 年便启动了由政府主导的“高等教育创业”计划（Enterprise in Higher Education Initiative, EHE)，成为高校大学生创业教育的开端。1998 年，英国政府启动“大学生创业项目”。此项目以 18 ~25 岁在校大学生为对象，主要实施创办公司、开展创业课堂两项活动。1999 年，英国成立了英国科学创业中心（UK-SEC），现更名为 Enterprise Educators UK。此机构专门负责管理和实施创业教育，每个创业中心主要从 4 个领域开展活动：① 实施创业教育；② 加强与产业界的联系；③ 支持创办企业，并鼓励新企业成长；④ 激励技术转化。2004 年，英国教育与技能部（DFES）、小企业服务局（SBS）共同出资 70 万英镑作为基金，成立英国国家大学生就业创业促进委员会（NCGE）。该创业委员会的主要任务是支持高等院校、地区及当地商业伙伴之间的联系；鼓励学科课程方面的创业技能培养；向决策部门提供影响大学生创业关键因素的信息；开展创业理论研究；等等。

德国作为创业强国，曾出台一系列创业政策，实施创业教育。1997 年，德国联邦教育和研究部（BMBP）发起“生存—学术创业计划（EXIST 计划）”，并于次年正式启动；“EXIST”计划的主要目标为：提高高校科研成果转化率；增加创新性的工作岗位；支持从大学和研究所衍生出来的新创企业；将创业文化纳入高校的教学、科研和管理中。该计划主要用于改善德国大学创业环境，促进大学的教育与教学改革，在大学内部推广创业文化，将大学和当地企业及研究机构有机联系起来，共同培育和支持从大学及研究机构衍生出来的新创企业，增加新的就业岗位。同时，德国非常注重培育创新文化，从小学到大学，从学校到企业，在各个层面均开设旨在传授创业知识、激发民众创业精神的相关课程，并设置促进高校学生和毕业生创业的项目。此外，德国为各类企业提供宽松的信贷援助和担保，确保企业发展获得充足的资金支持。因而在有关数据统计中德国也被认为是全球最适合创业的国家。

美国凭借第二、第三次工业革命的先发优势，一跃成为当今全球经济实力最强的国家，其中最主要的原因在于对创新创业的鼓励与支持。除了建立享誉世界科技的高地——“硅谷”外，还重视利用政策、教育两大领域引导大众创新创业。美国的创业教育始于20世纪60年代，是世界上实施创业教育最早也是最成功的国家。其创业教育的发展经历了从课程教学到专业教学再到学位教学，以及从职业训练到系统性训练的过程。美国政府支持小企业融资，主要采取以小企业管理局（Small Business Administration，SBA）为核心，引导商业机构、民间资本对小企业贷款或投资的间接支持模式。SBA的一个重要功能就是帮助小企业获得商业融资。SBA拥有超过850亿美元的工商贷款、贷款担保和风险资本等多种投资组合，是美国小企业的最大金融支柱。在SBA的积极推动和引导下，目前美国已构建起以资本市场为基础，以民间资本为主力，以私人或独立的创业投资公司为中介，以高回报为激励的创业投资机制。美国十分重视发挥政府部门、高等学校、非政府组织和社会企业的作用，为创业者及中小企业提供政策咨询和创业服务。

法国作为发达国家中的一员，也非常重视创新创业，先后制定并实施了一系列创业政策、创业计划。大力完善信贷体系，为创业者提供充足资金。2012年，法国政府正式成立法国国家投资银行（BPI France），专门用来加速中小企业及创新企业的成长。该银行为法国国有银行，由国家直接持股50%，国家信托局持股50%，融资来自国债，运营情况向法国议会汇报，接受欧洲央行（ECB）监管。2013年，法国政府通过并启动“法国科技”计划（La French Tech）。这项计划连接起创业生态系统的各个成员，包括企业主、投资者、工程师、设计师、开发商、大型集团公司、协会、传媒、政府或研究机构等，并以1 500万欧元的体量建设法国科技生态系统网，向国际社会进行营销和推广。目前，法国马赛、波尔多、格勒诺布尔、里尔、里昂、蒙彼利埃、南特、雷恩和图卢兹9个城市均被认定为首批法国科创大都市。此区域的划分，有助于鼓励各地区创新产业均衡发展，避免首都或者个别几个大城市形成垄断。2017年，法国科技界大咖泽维尔·尼尔（Xavier Niel）组建Station F，并在一年内接待1 034家初创企业，建立了容纳11 882人的社区；232家初创企业一年内融资总额超过2.5亿欧元；8 家初创企业被收购，只有 1.7% 的企业关门。众多国际科技巨头和风投入驻孵化器，Facebook、微软、Amazon 等科技公司均在此处设立办公区，为初创企业的发展带来了更多的机遇。

印度，作为全球第二人口大国，是全球软件行业的领先者。2015 年，吸引外国直接投资 440 亿美元，超越了前 3 年的总和，成为全球最受外资青睐的国家之一，并孕育出数量上仅次于美国和中国的独角兽企业（市值超过 10 亿美元）。借助这样的发展势头，2016 年，莫迪政府推出“创业印度、崛起印度”（Start Up India，Stand Up India）计划。此计划由政府牵头，设立高达 90 亿美元的创业基金，从多个方面鼓励印度民众创新创业，推动形成印度的“企业家精神”。其具体细节包括：成立部际小组，简化公司注册程序，快捷审批；成立政府基金，为初创企业投资，优化资金获取渠道；新创企业成立后前 3 年，不必向政府缴纳所得税，借以鼓励和刺激人们的创新创业热情。此外，印度工业与政策促进局（DIPP）还专门成立了创业管理机构“创业印度”（Startup India），每年投入上亿美元发展孵化器、创新型大学及众创空间。同时，印度政府以改革印度全国学会（NITI Aayog）为平台，推出“阿塔尔创新任务金字塔”（Atal Innovation Mission Pyramid），制定识别初创企业短、中、长期的发展框架。对原有企业，印度政府要求企业家在企业内部建立研发与培训中心，以帮助自由从业者获得从业技能。据有关数据显示，截至 2018 年，印度拥有初创企业 4 200 ~ 4 400 家，孵化器 110 个，活跃天使投资人 292 位，活跃风险资本和私募股权投资者 156 位。

纵观国外创新创业的发展历史，较早重视并开展创新创业的国家，在发展中颇具优势，甚至引领世界的发展进程；对于发展滞后的国家，创新创业成为难得的发展机遇，甚至能将发展低迷的国家带向兴盛；对于个人而言，创新创业又成为改变自身命运和积累财富的重要方式。

三、大众创业、万众创新时代

面对新技术革命的浪潮，党和国家领导人曾对创新创业做出了一系列重要指标，并提出了实施要求。1949 年，中华人民共和国成立之初，国家通过在全社会鼓励创业，使我国第一个五年计划圆满完成，国家各方面建设取得突出成就。十一届三中全会以来，党和国家先后实施了科技兴国、人才强国战略，重视人才、重视知识、重视创造成为社会共识。21 世纪以来，随着国家的发展和社会的进步，对创新创业的要求也发生了变化。

2014 年，李克强总理在夏季达沃斯论坛讲话中首次明确提出：“大众创业、万众创新。”同年，在首届互联网大会上，李克强总理进一步指出：“互联网是大众创业、万众创新的新工具。只要‘一机在手’‘人在线上’，实现‘电脑 + 人脑’的融合，就可以通过‘创客’‘众筹’‘众包’等方式获取大量知识信息，对接众多创业投资，引爆无限创意创造。”随后国务院及地方各级政府出台了一系列的支持政策与文件。2018 年，国务院发布《关于推动创新创业高质量发展打造“双创”升级版的意见》（国发〔2018〕32 号，以下简称《意见》），《意见》指出：“通过打造‘双创’升级版，进一步优化创新创业环境，大幅降低创新创业成本，提升创业带动就业能力，增强科技创新引领作用，提升支撑平台服务能力，推动形成线上线下结合、产学研用协同、大中小企业融合的创新创业格局，为加快培育发展新动能、实现更充分就业和经济高质量发展提供坚实保障。”《意见》还指出：“强化大学生创新创业教育培训。在全国高校推广创业导师制，把创新创业教育和实践课程纳入高校必修课体系，允许大学生用创业成果申请学位论文答辩。支持高校、职业院校（含技工院校）深化产教融合，引入企业开展生产性实习实训。”这既表明国家对大众创业、万众创新的高度重视和关注，又表明我国创新创业进入新阶段，面临新情况，需要统筹推进实现新发展。

结合国家政策要求，各省市制定并下发了相应的政策文件，如江西省 2015 年下发《关于大力推进大众创业万众创新若干政策措施的实施意见》（赣府发〔2015〕36 号），指出：“引领大学生为主的青年创业创新。实施大学生创业引领计划，力争每年引领万名大学生创业。将求职补贴调整为求职创业补贴，对象范围扩展到已获得国家助学贷款的毕业年度高校毕业生，一次性求职补贴标准由每人 800 元提高到 1 000 元。对符合条件的大学生（在校及毕业 5 年内）给予一次性创业补贴，补贴标准由 2 000 元提高到 5 000 元。对已进行就业创业登记并参加社会保险的自主创业大学生，可按灵活就业人员待遇给予社会保险补贴。建立健全弹性学制管理办法，支持大学生保留学籍休学创业。”此外，还指出：“鼓励电子商务创业就业。经工商登记注册的网络商户从业人员，同等享受各项就业创业扶持政策；未进行工商登记注册的网络商户从业人员，可认定为灵活就业人员，享受灵活就业人员扶持政策，其中通过网上交易平台实名制认证、稳定经营三个月以上且信誉良好的网络商户从业人员，可按规定享受创业担保贷款及贴息政策。”这些表明地方政府对大众创业、万众创新的支持，同时可以看出电子商务创业日益成为大众创业的重要途径。

第二节　掌握创业常识

大众创业、万众创新，为社会发展、经济繁荣带来了新的生机与活力，个人也凭借这股东风，获得了实现个人价值与理想的机会。针对有志于从事创业活动的群体，掌握一定的创业常识，对于取得创业成功具有重要的意义与价值。

从广义上讲，创业常识是指从事创业活动必须了解或掌握的知识，这是促使创业活动由一种盲目或从众行为，转变为一种有目的性、有针对性行为的基础和前提。创业常识一般包括创业的概念性常识、创业的行业性常识及与创业活动相关的辅助性常识。

从狭义上讲，创业常识就是创业的概念性常识，是对创业本身的全面剖析，即创业内涵及其价值、创业核心要素、创业分类与创业过程。

一、创业内涵及其价值

创业从概念上分析具有开创事业之意，但是对事业的不同理解，导致创业的表现形式与实现方式明显不同。在国内，对创业内涵的理解都是从经济角度出发的，因而创业专指在经济领域开创事业。在经济领域开创事业，重点在于突破而不是单纯地推倒一切、否定一切，如阿里巴巴开创手机支付时代，个人开设网店，从事创业活动。随着社会的发展，以建立大型实体机构为终极目标的创业愈加困难，因而在当前环境下，从事小型化、个体化的创业逐渐成为主流，青年学生创业更是如此。

通过对国内外创业历史的回溯及对当前创业环境的分析，不难发现创业对国家发展具有重要的意义和价值。首先，创业是利用群体力量实现国家经济转型升级的重要方式。党的十九大报告显示，我国经济已由高速增长阶段转向高质量发展阶段，正处在转变发展方式、优化经济结构、转换增长动力的攻关期，建设现代化经济体系是跨越关口的迫切要求和我国发展的战略目标。实现这一战略目标，需要激发和保护企业家精神，鼓励更多社会主体投身创新创业。

创业是营造社会敢于拼搏、勇于奋斗的良好风气的重要途径。自改革开放以来，我国各项事业取得突飞猛进的发展，特别是在经济领域的成就举世瞩目，百姓生活富足。创业，显著的特征是敢于创造、勇于实践、追求具有挑战的生活。

最后，创业也是实现百姓安居乐业、解决国家就业难题的有效举措。目前国家面临产业转型，导致部分人失业；同时，我国青壮年劳动力数量庞大与就业岗位不足的矛盾日益凸显，导致当前就业形势十分严峻。创业，作为解决就业问题的开源手段，能够从较大程度上解决我国的就业难题。针对劳动技能不足导致的失业，国家应开展多方面的再教育，支持和鼓励农民就业创业，拓宽增收渠道；针对在校大学生，国家应通过实施创新创业教育，提高大学生创新创业能力。

二、创业核心要素

创业作为一项复杂的创新性实践活动，包含了诸多影响创业活动开展的因素。杰弗里·蒂蒙斯（Jeffry Timmons），美国创业学教育与研究的领袖之一，曾于1999年在其名为《新企业的创建》（*New Venture Creation*）一书中提出了创业管理模型，并较早地提出了创业的核心要素。

杰弗里·蒂蒙斯认为，成功的创业活动有赖于对创业机会、创业团队和创业资源三要素的合理匹配，并且能够随着创业活动的发展而不断进行动态平衡。创业活动由创业机会开始，在创业团队建立以后，就应该设法获取创业所必需的资源，这样才能顺利实施创业计划。其中创业机会是创业活动的核心要素，创业的本质是发现和开发机会，并利用机会实施创业。因此，识别与评估创业机会是创业活动的起点，也是创业活动中的一个关键阶段。创业资源是创业活动中不可或缺的支撑要素。为了合理利用和控制资源，创业者往往需要制定设计精巧、用资谨慎的创业战略。这种战略对创业具有极其重要的意义。创业团队则是实现创业目标的关键组织要素。因此，创业者或创业团队必须具备善于学习、从容应对逆境的品质，具有较强的创造、领导和沟通能力，但更重要的是具有柔性和韧性，能够适应市场环境的变化。

在杰弗里·蒂蒙斯模型（图1-1）中，创业机会、创业资源和创业团队这三个核心要素构成一个倒立三角形，创业团队位于倒立三角形的顶部。在创业初始阶段，商业机会较多，而资源较为稀缺，于是三角形向左边倾斜；随着新创企业的发展，可支配的资源不断增多，商业机会则可能变得相对有限，从而导致另一种不均衡。创业者必须不断寻求更好的商业机会，并合理使用和整合资源，以保证企业平衡发展。创业机会、创业资源和创业团队三者必须不断动态调整，以最终实现动态均衡。这就是新创企业的发展过程。

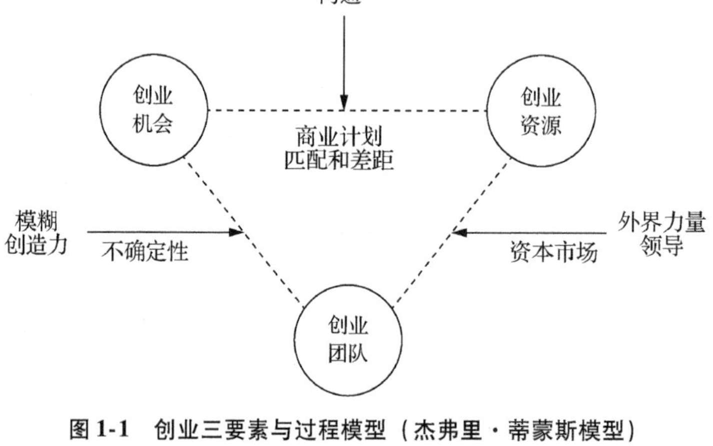

图1-1　创业三要素与过程模型（杰弗里·蒂蒙斯模型）

杰弗里·蒂蒙斯认为，在创业过程中，由于机会模糊、市场不确定、资本市场风险及外部环境变化等因素经常影响创业活动，因而创业过程充满风险。因此，创业者必须依靠自身领导、创造和沟通能力来发现和解决问题，掌握关键要素，及时调整创业机会、创业资源、创业团队三者的组合搭配，以保证新创企业的顺利发展。

三、创业分类与创业过程

1. 创业分类

对创业及其组成要素（如创业者、创业机会、创业资源）的不同理解，形成对创业的不同分类。

（1）依据创业者数量，创业可分为个体创业与合伙创业。

个体创业，是指创业者依靠自己独立创办企业。其特点在于企业的所有权归属创业者本人。个人既是老板，也是员工，因而决策效率很高。但个体创业，因实力有限，所以容易面临资金不足、设备短缺等问题。

合伙创业，是指创业者与他人共同创办企业。合伙创业能够充分发挥团体合作的优势，补足个体创业的劣势。但合伙创业的团队成员之间在企业发展方向等方面难免有不一致的观点和看法，容易出现意见冲突，进而影响决策效率。

无论个体创业还是合伙创业，都应当始终瞄准创业目标，针对各自的劣势进行整顿优化。个体创业应当积极扩大社交圈，吸引投资；合伙创业应当重视内部成员经常性的沟通交流，求同存异，凝聚团队力量，发挥团队优势。

（2）依据创业的创新性，创业可分为传统技术型创业、高新技术型创业和现代服务型创业。

传统技术型创业，是指从传统产业入手，对传统产业的生产、销售环节进行创新和发展。例如，近年来以网络直播的形式，对使用我国传统技艺的刺绣、汉服等产品进行推广、销售。

高新技术型创业，是指从科学前沿出发，对现有研究领域进行突破。这一类型的创业对创业者素质要求较高，耗时较长，一般会得到国家的支持。例如，屠呦呦研究青蒿素治疗疟疾。

现代服务型创业，是指提供各种信息咨询、教育服务等。例如，各类考证培训机构、在线服务平台等。

（3）依据创业动机，创业可分为生存型创业、发展型创业和表现型创业。

生存型创业，是指将创业作为谋生的手段。以创业作为谋生手段，或因为创业者自身专业在实际就业中比较困难，需要通过创业解决就业问题。

发展型创业，是指将创业作为实现自身价值的方式。以创业作为实现自我价值的方式，或因为个人兴趣爱好，或因为个人成就卓著，尝试挑战自我。

表现型创业，是指将创业纯粹作为表现自我、迎合潮流的方式。不计较创业结果成败，不关注创业过程。

（4）依据创业与现存领域的关系，创业可分为依附型创业、创新型创业和对峙型创业。

依附型创业，是指将创业项目与原有产业紧密联系在一起，从原有产业出发对部分产业链进行继承和发展。

创新型创业，是指对原有产业进行创新，使生产效率或质量都得到一定程度的提升。

对峙型创业，是指创业项目与原有产业具有根本性的区别，存在取代和被取代的关系。

此外，依据创业领域的不同，创业可以分为电商、餐饮、旅游、购物等领域的创业；依据创业的投资来源不同，创业可以分为独资创业、融资创业；依据创业的时机不同，可以分为毕业后创业、边工作边创业、退休后再创业等。

2. 创业过程

依据杰弗里·蒂蒙斯模型中的创业机会、创业资源、创业团队三大核心要素，我们可以将创业过程概括为三个阶段。

（1）机会识别。

创业开始于对机会的识别和把握。在创业初期，创业者会依据个体对创业的认识，对纷繁复杂的创业机会进行分类和甄别。在对创业机会进行甄别时，会直接受到三方面因素的影响。一是个人特质。个人特质既影响个体创业精神的强度，又影响后续创业类型的选择。二是创业机会的可选择性。创业机会增多时会形成巨大的利益驱动，促使更多的人创业。三是创业机会的成本评估。通过对创业机会的评估，创业者能够有效地剔除部分操作性不大的创业项目，寻找最佳创业机会。

创业机会一般分为两种：一种是创业者在偶然间发现的，具备一定的随机性；另一种是创业者经过深思熟虑发现的。国家产业政策的调整、新技术的出现、人口和家庭结构的变化、人的物质及精神需要的变化、流行时尚等都为创业机会的出现提供了条件。在及时、准确地识别创业机会之后，创业者还需对创业机会进行明确化，找出潜在的创业方向或领域，使其更具有操作性。

（2）资源整合。

创业资源的整合，是整个创业过程的关键，是连接创业过程的中心环节。创业资源的整合，既包括创业团队的整合组建，也包括对创业资金、创业政策等因素的整合，最终要达到人与物和谐的状态，为创办企业、经营企业奠定基础。

在这个过程中，创业者需要制订初步的创业计划，以便吸引一批志同道合的人共同创业；同时，通过路演等方式，吸引投资人的注意，进而为创业活动提供资金、设备等方面的支持。可喜的是，在当前国家对创业的大力支持与鼓舞之下，大学生创业基地、大学生创业孵化器等机构涌现，为创业者的融资提供了诸多便利条件。

（3）企业创办与发展。

企业创办与发展，是创业过程的最后阶段，但并非结束阶段，因为只要企业存在，创业过程就不会停止。企业创办与发展，实际上包含了企业创办和企业发展两个阶段。

企业创办可以视为创业的阶段性成果，主要任务在于形成企业的外部雏形或实体机构；通过向工商行政管理机构提出企业登记注册申请，领取企业法人营业执照，获得法律上的备案与认可；独立开展一定的经营活动，形成一定的经营方向。

企业发展，是企业建立后的动态经营过程，其中既包括经营获利，也包括经营遭遇损失，是创业者要面临的真实的经营生活。任何初创企业都会经历艰难探索、快速上升、稳步前进、失败退场或再续辉煌的过程。这就要求创业者应当将创业视为一个完整连续的过程，既不要因为暂时的失利而懊悔，也不要因为短期的成就而沾沾自喜，而应当与时俱进，不断调整、完善创业目标，制订切实可行的创业方案，积极应对创业中可能面临的各种问题和情况。

3. **大学生创业动机**

大学生创业动机主要分为 4 种类型。

（1）生存的需要。

首先，由于许多家庭难以负担子女的学费，虽然国家提供助学贷款、奖学金等，但这不能完全解决这部分学生的需要。在沉重的经济负担压力之下，为顺利完成学业，这部分学生只得利用课余时间兼职以维持正常的学习和生活。在兼职过程中，一部分学生从兼职中发现创业机会，从单纯的兼职行为转变为创业行为。其次，当前我国高校学生中独生子女众多，培养他们的独立性已经成为当务之急。目前有一部分学生在自身或家庭要求下，开始尝试独立承担在校学习及生活的费用，其中涌现出一定数量的创业先行者。这部分创业者通常以学习为主要目标，从事一些投入时间短、花费精力较少的行业，对经济回报的要求较低。

（2）积累的需要。

按照美国学者克雷顿·奥尔德弗（Clayton Alderfer）的 ERG 需要理论，人的需求分为生存（Existence）的需要、相互关系（Relatedness）的需要和成长（Growth）的需要。这三种需要并不一定严格按照由低到高的顺序发展，可以越级。随着社会的进步、个体意识的觉醒，大学生对于相互关系和成长的需要会逐渐强烈。部分大学生为了增加自身的实践经验，丰富个体的社会阅历，以此为今后发展或实现某个目标做好经济上的准备、经验上的积累，在条件成熟的情况下也会利用课余时间走上创业道路。这种类型的创业者往往以锻炼为目的，承受失败的能力较强。同时由于创业压力较小，失败和半途而废的比例也比较高。

（3）自我实现的需要。

心理学研究表明：25 ~ 29 岁是人类创造力最为活跃的时期。这个年龄阶段的青年正处于创造力觉醒的时期，对创新充满了渴望和憧憬。他们思维活跃，创新意识强烈，所受的约束较少，对成长的需要更为强烈。另外，由于大学生身处高校，更容易接触一些新的发明和学术上的新成果，并且他们中的一部分人已经拥有自主知识产权的科研成果。为了提早实现自己的目标，他们中的一部分人改变了原有的观念，也开始了创业生涯。

（4）就业的需要。

当前，我国大学生就业形势相当严峻，一方面表现为社会提供给毕业生的就业岗位不足，另外一方面表现为毕业生的工资待遇普遍较低。在此情况下，一部分学生在国家政策的指引下，通过自主创业，解决个人的就业和生计问题。

第三节　“互联网＋”时代背景下的创新创业

• 案例分享

美团和大众点评的全产业“互联网＋”

过去的2015年，如果说滴滴与快的合并是空前的，那么美团和大众点评的合并则是绝后的。美团与大众点评共同成立的新公司完成首次融资33亿美元，融资后新公司估值超过180亿美元。此次融资不但创下中国互联网行业私募融资单笔金额最高纪录，同时也成为全球范围内最大的O2O领域融资。

一对冤家结束多年抗战纵情向前，事件之突然令世人瞠目结舌。美团挺过了千团大战，王兴素来桀骜不驯，不愿向巨头妥协。大众点评则是稳健地走过了12年创业历程，掌舵者张涛行事稳健，在和美团的长期博弈中虽说一直绵柔却始终有力。2015年10月8日，美团和大众点评毫无征兆地正式宣布合并，令业内震惊。更令人惊讶的是，美团和大众点评合并后，快刀斩乱麻，仅仅一个月，就正式公布了新公司的组织架构，王兴、张涛各司其职、各谋其政。

如果仅仅执掌一个四面受敌的美团，王兴的巨头梦一定会夭折。如果仅仅掌握一个保守的大众点评，张涛可能也将永远屈居一隅。但今天拥有“新美大”集团，王兴离自己最初的梦想又近了一步，张涛多年的夙愿也显得更加清晰。“新美大”如双头鹰一般，成为如今的BAT主导的互联网格局中的棋眼。

美团、大众点评合并后被称作“新美大”，英文名为“China Internet Plus Group”，译成中文则是“中国互联网＋集团”。虽说口气很大，但这也从侧面证明，当今互联网行业的进步其实是和传统产业、传统企业结合的一个过程，双方之间必须要相互促进，实现所谓全产业的“互联网+”。新美大的合作创新或许正是中国经济通过O2O的方式走向连接、提升效率的一次伟大尝试。

一、“互联网+”与创新创业

“互联网+”是2015年以来国民最关注的一个热点之一，自2015年3月份被提出到后面的持续升温，“互联网+”很快入选了教育部、国家语言文字委员会发布的《中国语言生活状况报告（2016）》的十大新词和十个流行语。目前“互联网+”已成为中国的一个全民现象。

（一）“互联网+”的含义

“互联网+”这个概念，最早是易观国际董事长兼首席执行官于扬在2012年11月提出来的。他认为，在未来，“互联网+”公式应该是我们所在的行业的产品和服务，是与我们未来看到的多屏全网跨平台用户场景结合之后产生的这样一种公式。我们可以按照这样一个思路找到若干这样的想法。而怎么找到自己所在行业的“互联网+”是企业需要思考的问题。

2013年11月，马化腾提出：“互联网加一个传统行业，意味着什么呢？其实代表了一种能力，或者一种外在资源和环境，是对这个行业的一种提升。”

2014年11月，李克强出席首届世界互联网大会时指出，互联网是大众创业、万众创新的新工具。其中“大众创业、万众创新”被称作中国经济提质增效升级的“新引擎”，由此可见互联网的重要作用。

2015年，“互联网+”被写入李克强总理的政府工作报告，这意味着“互联网+”正式被纳入顶层设计，成为国家经济社会发展的重要战略。然而，究竟什么是“互联网+”呢？

所谓“互联网+”，是指互联网与其他传统行业相融合，产生出的新业态和新商业模式。通俗地说，“互联网+”就是“互联网+××传统行业=互联网××行业”。这绝不是简单地相加，而是利用信息通信技术及互联网平台，让互联网与传统行业进行深度融合，创造新的发展生态。它代表一种新的社会形态，即充分发挥互联网在社会资源配置中的优化和集成作用，将互联网的创新成果深度融合于经济、社会各领域之中，增强全社会的创新力和生产力，形成更广泛的以互联网为基础设施和实现工具的经济发展新形态。

“互联网+”正全面应用到各个行业，形成了诸如互联网金融、互联网交通、互联网医疗、互联网教育等新业态，并且正在向第一和第二产业渗透。我们可以找到很多类似“互联网+”的例子。例如，互联网+传统集市=淘宝，互联网+传统百货商场=

京东，互联网 + 传统银行 = 支付宝，互联网 + 传统红娘 = 世纪佳缘，互联网 + 传统交通 = 滴滴打车……

（二）“互联网 +”的特征

现在我们已经进入“互联网 +”时代。这是世界潮流，而且“互联网 +”时代对人类的生活、生产、生产力的发展都具有很大的推动作用。因此，我们需要全面透彻地理解“互联网 +”的精髓，除了要了解“互联网 +”是什么外，还有必要理解它的核心特质。

“互联网 +”行动计划的主要倡导者、推动者、腾讯董事会主席兼 CEO 马化腾在他的首部著作《互联网 +》中解读了关于“互联网 +”时代的六大特征。

1. 跨界融合

“ +”就是跨界，就是变革，就是开放，就是重塑融合。敢于跨界了，创新的基础就更坚实；融合协同了，群体智能才会实现，从研发到产业化的路径才会更垂直。融合本身也指身份的融合，客户消费转化为投资，伙伴参与创新，等等。融合就会提高开放度，就会增强适应性，就不会排斥、排异。互联网如果能够融合到每个行业里，无论对于传统行业还是对于互联网，都应该是一件好事。

2. 创新驱动

粗放的资源驱动型增长方式早已难以为继，国家必须转到创新驱动发展这条正确的道路上来。这正是互联网的特质，用互联网思维来求变、自我革命，也更能发挥创新的力量。

我国目前正处于向创新驱动发展转型的关键时期。中国未来要靠创意、创新、创造、创业驱动发展，而发展要靠打破机制的藩篱，要靠更多的个人发挥创造精神，要靠协同创新、跨界创新、融合创新。这就是不应被忽视的“新常态”！

3. 重塑结构

重塑结构从互联网时代就已经开始了。信息革命、全球化、互联网业已打破了原有的社会结构、经济结构、地缘结构、文化结构。权力、议事规则、话语权在不断发生变化。

4. 尊重人性

人性，即人类天然具备的基本精神属性。人类社会的一切，都是基本人性的映射。《孟子·告子上》曰：“人性之无分于善不善也，犹水之无分于东西也。”简单地讲，人性即人的本性，如对胜利的渴望，对尊重的重视，对与人相处的要求，对新鲜事物的好奇，等等。

人性的光辉是推动科技进步、经济增长、社会进步、文化繁荣的最根本的力量。互联网的强大力量最根本地来源于对人性的最大限度的尊重、对人体验的敬畏、对人的创造性发挥的重视。例如，用户生成内容（UGC），卷入式营销，分享经济，等等。

• 案例分享

百香果园中做起“分享经济”

林瑞平，1982 年出生于江西省赣州市寻乌县菖蒲乡。他的父母都是农民。高中毕业后，林瑞平到了深圳打工。在深圳的时候，他开始接触互联网。基于“互联网 + 农业”的利好政策，结合寻乌县的果业种植传统，林瑞平计划返乡创业，通过电商卖脐橙和百香果。

为了给客户提供口感更好的百香果，他特意去广西种植百香果的地方做市场调研和技术交流。通过交流，他发现施用农家有机肥之后，长出的果蔬更甜且更有营养价值。可是有些种植户基于农家肥采集困难、施肥麻烦等因素选择了化合肥。但他的观念不一样，现在他的很多客人，正是因为觉得他的百香果口感更好，甜度更大而再次购买。

林瑞平很懂得互联网时代的分享经济。比如，他会每天坚持记录果树成长日志并上传照片至朋友圈，像呵护自己的孩子一样记录果树的点滴，让营销有了人情味儿。同时，他也注重线下活动，组织活动，让粉丝们体验亲自采摘的乐趣。

生意越做越好，作为农村微电商领跑者的林瑞平现在是寻乌县西河堂农业科技有限公司的总经理，同时是赣南脐橙“橙就你”和百香果“偶滴神啊”互联网品牌创始人，现拥有自主农场脐橙种植面积 1 000 余亩（年产量 500 万斤，2 斤 =1 千克，1 亩 = 666.67 平方米），百香果种植面积 500 余亩（年产量 80 万斤），一年的营业额在 2 000 万元左右。

5. **开放生态**

关于“互联网 +”，生态是其非常重要的特征，而生态的本身就是开放的。我们推进“互联网 +”，其中一个重要的方向就是要把过去制约创新的环节化解，把孤岛式创新连接起来，让研发由人性决定市场驱动，让创业和努力者有机会实现价值。

开放度决定行业、企业的命运。未来的商业是无边界的世界。在这个重要前提下，衡量企业跨界能力强弱的一个关键因素就是开放性、生态性够不够。

6. **连接一切**

马化腾在“互联网 +”建议上最终落脚于建设一个连接一切的生态。这个定义非常人性化，当然更体现了互联网未来将如何对这个社会、世界施加影响。理解“互联网 +”，一定要把握它和“连接”之间的关系。跨界需要连接，融合需要连接，创新也需要连接。连接是一种对话方式、一种存在形态。没有连接就没有“互联网 +”。连接是有层次的，连接是有差异的，但是连接一切是“互联网 +”的目标。

腾讯提出微信要做互联网的连接器，其真正的野心是：微信是人、物、机构在

"互联网+"社会中的唯一ID！这不只是说说而已，仅2020年两会期间，腾讯开放的力度就非常大，无论微信硬件开发板开放申请，还是商户平台微信支付开放，以及微信连Wi-Fi自助申请发布，微信作为连接器的功能都越来越强大，开放也越来越到位。

（三）互联网思维

1. 互联网思维的概念

如今，随着互联网的迅猛发展，互联网已经渗透进了人们生活的方方面面，因此互联网思维也渐渐走进人们的生活，成为大家共同的口头禅。在企业界，不管是创业者还是在互联网冲击下转型升级的传统行业企业家，对"什么是互联网思维"众说纷纭。

最早提出互联网思维的是百度公司创始人李彦宏。他说："我们这些企业家们今后要有互联网思维。可能你做的事情不是互联网，但你的思维方式要逐渐从互联网的角度去想问题。"

海尔集团董事局原主席张瑞敏称："企业的互联网思维应该是零距离、网络化的思维。互联网消除了距离，并使得企业网络化。"

微软亚太研发集团原主席、百度公司原总裁张亚勤认为，互联网思维分为三个层级。层级一：数字化——互联网是工具，它可提高效率，降低成本。层级二：互联网化——利用互联网改变运营流程、电子商务、网络营销。层级三：互联网思维——用互联网改造传统行业、商业模式，引领价值观创新。

奇虎360公司董事长周鸿祎说，互联网就是网聚人的力量，产生新的商业模式、新的体验，包括新的经营方式、新的组织架构。

专注于传统企业互联网转型的和君集团高级咨询师赵大伟在他的著作《互联网思维——独孤九剑》（机械工业出版社，2014年）中给互联网思维的定义是，互联网思维就是在（移动）互联网+、大数据、云计算等科技不断发展的背景下，对市场、用户、产品、企业价值链乃至对整个商业生态进行重新审视的思考方式。

综合以上提法，本书将互联网思维定义为：立足互联网去思考和解决问题的思维，是互联网发展和应用实践在人们思想上的反映，而这种反映经过沉积内化而成为人们思考和解决问题的认识方式或思维结构。

互联网思维是对传统思维模式的颠覆。面对竞争环境的日益不确定性，互联网思维更有生命力。互联网思维作为一种思维模式，主要表现在八个方面：用户思维、大数据思维、跨界思维、迭代思维、极致思维、平台思维、社会化思维、流量思维。俗话说，"思路决定出路"，除了领悟互联网思维的精髓外，还要了解和把握互联网思雄的四个主要秘诀，这对大学生践行"互联网+创新创业"行动具有重要的实践意义。

2. 互联网思维的秘诀

（1）用户至上。互联网讲的不是把东西卖给谁，而是如何提供有价值的服务，并且和用户保持联系。运用互联网思维的企业，无不奉行用户至上、以客户为中心的理念，并落实到企业经营管理的全过程。如淘宝卖家的“见面就是亲，有心就有爱”是真实的情绪表达，因为买家的好评会成为卖家有价值的资产。这个秘诀在互联网思维中应该更加居于核心位置。

（2）体验为王。体验是很多互联网公司赢得用户的重要方式。好的用户体验应该从细节开始，并贯穿于每一个细节，能够让用户有所感知，并且这种感知要超出用户预期，给用户带来惊喜，贯穿品牌与用户沟通的整个链条。如微信新版本对公众账号的折叠处理，就是很典型的“用户体验至上”的选择。

（3）免费模式。在现实生活中，免费基本不可能，它只是一种推销的噱头或营销的技巧，然而互联网时代使免费分发软件、免费提供服务成为可能。奇虎 360 公司董事长周鸿祎说：“当年我们做免费杀毒软件的时候，最开始大家也不理解，觉得是离经叛道，现在大家明白了，360 免费杀毒软件凝聚了很多用户，可以给用户提供搜索，提供导航，甚至提供网页游戏，也就是说通过免费，羊毛出在羊身上，可以在新的领域，通过增值服务来赚钱。”所以免费在互联网时代不仅是一种战术，甚至有可能是一种战略，更可能会变成一种商业模式。

（4）颠覆创新。互联网里有很多颠覆式的活动，但今天的颠覆并不是要惊天动地，只是让原有的产品变得更简单，让复杂的事情简单化，把线下销售变为线上销售，或者把原来收费的东西变成免费的东西，等等。如微信对彩信的颠覆，在微信里发语音、发照片，比以前发彩信方便多了。今天，互联网里的很多创新未必是发明新产品，更多的是从用户出发，围绕用户优化很多细节，持续改进体验和商业模式，最后增强用户对你的产品的依赖性。

在“互联网 +”时代，谁利用了互联网，谁就是追赶时代大潮的人；哪个领域利用了互联网，哪个领域就是紧跟时代步伐的领域。看一个创业者有没有潜力，就看它离互联网有多远。能够真正用互联网思维进行创新创业的人才有可能真正赢得未来。

二、“互联网 +”时代下大学生创新创业的机遇与问题

随着“互联网 +”时代的到来，以及随之而来的生产、消费、思维模式等的变革，互联网技术也正不断为传统企业带来新的传奇。“互联网 +”成为一种新常态闯入人们的视野，深深地影响和改变着每一个中国人。近年来越来越多的大学生选择了创业，在互联网广泛应用的知识信息时代，“互联网 +”无疑成为大学生创新创业的助推器和引擎，为他们带来了很多新的机遇，掀起了大学生创新创业的浪潮。

（一）“互联网 +”给大学生创新创业带来的新机遇

1.“互联网 +”为大学生创业提供了政策保障

“大众创业、万众创新”和“互联网 +”行动计划已写入政府工作报告，这就意味着“大众创业、万众创新”在我国当前的发展阶段，是一个能让我国经济继续腾飞的重要的战略措施，而“互联网 +”作为一项战略性新兴产业，将为国家发展带来新的发展机遇。

可以说，从 2015 年开始，中国迎来了一个前所未有的“大众创业、万众创新”与“互联网 +”产业融合的大好时代。大学生创业者要利用好国家对创业创新和互联网的政策，借力“互联网 +”进行技术创新，通过“互联网 +”创新提升企业和产业的信息化程度，不断变革，跟上时代的脚步。

2.“互联网 +”为大学生提供了更多创业机会

“互联网 +”代表一种新的社会形态。人们的生活方式随着互联网的不断发展而发生变化。大学生可以充分发挥互联网在社会资源配置中的优化和集成作用，将互联网的创新成果深度运用于创业及社会各领域之中，增强自身的创新意识和创造能力。近些年来，“互联网 +”已经改造及影响了多个行业，电子商务、互联网金融、在线旅游、在线影视、在线房产等行业都是“互联网 +”的杰作。互联网作为一种方便、快捷的新生事物，也越发吸引大学生的眼球，从而为其创新灵感的激发提供了契机，更为其探寻更加广阔的创业机会提供了可能。

3.“互联网 +”给大学生创业搭建了开放式的社交平台

在“互联网 +”时代背景下，大学生创新创业有了新的平台和施展空间。互联网使人们可以突破时间和地域的限制进行沟通和交流，这为大学生创新创业搭建了一个开放式的社交平台。利用互联网的这一特点，大学生可以将商品放在网上进行销售。这让全世界的消费者都可以直接在网上选购产品，帮助大学生打破企业的边界，拓展全国乃至全球的市场，为企业建立一个更大的商业网络，同时也节省了大学生创业的费用和成本。大学生甚至可以通过互联网来组建虚拟创业工作室，不用为办公地点、办公设备等花钱，还可以招募到全国各地最好的创业团队成员，自由高效地安排工作，使工作效率最大化，实现几乎零成本的创业。

4.“互联网 +”给大学生创业提供了更多的资源

一般来说，大学生创业遇到的困难是资金缺乏、经验不足、社会阅历不够等。而通过互联网，大学生可以将自己的创意、产品及好的创业项目进行展示，吸引来自全国各地甚至国外的投资者和志同道合的优秀创业者，从而拓宽自己的融资渠道，甚至还能通过互联网组建起技能互补的优秀创业团队，解决资金缺乏和经验不足等问题。现在各大互联网公司也陆续推出了很多创新创业扶持活动，为初创企业提供技术和资金支持。

5. “互联网+”增加了大学生创业成功的概率

“互联网+”在带来种种融合的同时，更加深化了云计算、物联网、大数据、3D打印等新技术的概念。现代人的生活高度依赖网络。只要是智能手机、网络、宽带能够到达的地方，大数据就能够将很多零散的、没有因果关系的或看似没有密切关联的信息归集到那里，形成有用的数据库，给大学生创业者提供依据。而“互联网+”所产生的“云”这一载体，作为中间配置的角色承载着协调、监督与连接的作用，有利于大学生将各种信息放到“云”上，随时对资源进行调整和配置，从而增加了大学生创新创业成功的概率。

（二）“互联网+”时代大学生创新创业遇到的问题

1. 缺乏“互联网+”创业经验，信心和动力不足

互联网时代的创业者，都想利用“互联网+”的概念进行创业，但很多人压根就不知道“互联网+”是什么。尽管政府和高校等各个层面都开始积极鼓励和大力支持大学生创业，但目前大多高校开展的创新创业教育仅流于形式，不能给学生提供真实的创业实践体验，无法增强大学生的创业能力，无法激发大学生的创新意识和创业激情，从而导致大学生创业的信心和动力不足。大学生长期生活在校园中，社会实践较少，对社会了解不深，对互联网认识尚浅，在环境分析、市场开发和企业运营上更是缺少经验，很容易走进纸上谈兵的误区。

2. 心理尚不成熟，“互联网+”创业之路很难坚持

大学生在心理上尚不完全成熟，创业之前，他们接触更多的是创业成功的案例。他们憧憬着创业成功，对创业保持着乐观态度。“互联网+”虽然给大学生创新创业带来了很多新的机遇，却也带来了更加严峻的挑战。例如，利用“互联网+”进行创新创业需要具备更加完整的互联网专业知识体系和互联网专业技术，然而很多大学生对“互联网+”创业可能要付出的辛苦和努力并没有做好足够的心理准备，一旦在创业过程中遇到挫折，就会变得意志消沉、沮丧茫然，从而导致创业中途夭折。

3. 创业资金缺乏，创业投资不容乐观

在“互联网+”背景下，大学生创业不仅缺少资金，还缺少获取创新创业启动资金的平台和机会。目前大学生创业资金的来源主要是自筹，得到学校和社会帮助的还较少，因为获得这些资金的门槛较高。另外，风险投资项目基金运营者对于绝大部分大学生创新创业项目的投资越来越谨慎。因此，创新创业项目单靠大学生自筹资金和少量资助是远远不够的，往往很难长时间维持下去，这是大学生开展创新创业活动的另一个劣势。

4. “互联网+”创业技术难度大，核心技术壁垒不高

创业对一个人的知识、能力、心理素质等方面的要求都很高。对于大学生创业者来说，与创业相关的知识结构还很缺乏且不系统、不全面。因此，创业对他们来说就是一个很大的考验。而且选择“互联网 +”行业，又必须具备相应的技术优势和服务意识，这对于创业初期的大学生来说更加困难。即使大学生能够攻克技术和产品服务的难关，但由于他们在创业初期缺乏经验及核心技术壁垒不高，产品依旧受到其他企业产品的挤压，很容易被其他企业产品模仿和超越。

（三）“互联网 +”时代大学生创新创业的对策

1. 弥补经验，激发大学生创业的热情和创新潜能

大学生刚创业，经验严重不足，占用的社会资源较少。学校要培养大学生的互联网思维，引导大学生去思考本专业或者感兴趣的领域要具备怎样的创新方式和创业渠道，引导大学生合理利用资源，培育新型的万众创业群体。学校还可以建立多维合作模式，邀请知名企业家和优秀毕业生创业者给在校大学生提供交流渠道、工作和实习机会及技术支持等，分享创业过程中存在问题的解决方案，搭建起学生、教师和企业家的互动式交流协作平台，努力整合各方资源，为大学生创业弥补经验上的不足，增强大学生创业的信心和激情。

2. 为大学生成功创业营造互联网创新创业环境

学校应多宣传“互联网 +”创新创业的知识，营造“双创”“互联网 +”的氛围，激活大学生创新创业的思维。举办“互联网 +”创新创业大赛，让学生在比赛中产生兴趣，激发灵感，结交更多的伙伴，懂得团队意识和分工合作，并在此过程中学会用辩证的眼光去看待比赛及创业的失败，提高创业素质。成立大学生创业孵化园，为大学生创业提供场地、设施、师资、孵化等帮助，真正助力大学生创新创业。

3. 拓宽大学生创业融资渠道，提高大学生创业资金补助

政府要完善相应的政策，扶持大学生创业者，如由政府牵头成立专为初创企业服务的金融机构，为大学生创新创业提供融资支持。学校可以建立大学生创新创业专项基金和奖学金，资金的来源不局限于国家、学校补助，还可以是社会企业和机构等多渠道的支持。企业可定期举办“互联网 +”创新创业比赛，对于优秀的创业项目，可以以技术、人才、项目入股等方式直接纳入企业的运营，实现学生和企业双赢的创新创业模式。同时，学校还可以培养学生的互联网思维，引导大学生创业者采用新的融资模式，解决创业启动资金缺乏的问题。

4. 攻克技术问题，确保竞争环境公平

互联网在国内的发展时间尚短，利用其创业的时间更短，因此，“互联网 +”创新创业存在着大量的潜在危机。在“互联网 +”条件下大学生创新创业要想攻克核心技术和服务，可以通过选择与计算机、经济与管理、法律类专业的同学组成团队来合作创业，这样团队既有技术支撑，又有懂经营管理和法律的伙伴，从而为创新创业的成功奠定基础。同时，政府也要确保互联网市场环境的公平公正，强化监管职能，健全相关法律法规，规范互联网经营。

• 案例分享

外贸童装店月赚5 000美元

2014年5月初，大学生梁某和同系2位小伙伴，一起在网上开了一家外贸店，主要经营0~7岁的童装。不过它与一般的淘宝店不同，因为它的市场主要为巴西、澳大利亚和俄罗斯。

梁某及其合伙人对这家外贸店投入了10万元资金，而这些资金都是他们大学期间兼职、创业所得。在创办这家外贸店之前，梁某做过各种各样的兼职，所赚的钱都成了外贸店的本钱。他喜欢自由的生活方式，喜欢挑战自己。这些就是他坚持创业的动力。

运营过程中困难还是蛮多的，不过在团队的努力下都被一一克服了。首先是物流周转问题。童装一般都是从惠州发到深圳或广州，再由专门的物流公司周转到国外，程序多，物流成本也高。其次是语言问题。外贸客户大都用英语交流，有些客户用葡萄牙语交流，沟通起来很困难。

外贸店刚开业3个月，月收入就高达5 000美元（折合人民币3万余元）。这里面有什么诀窍呢？梁某透露，之前他做过大量的市场调研，国内淘宝店市场基本已经饱和，而阿里巴巴外贸这块是去年才兴起的，市场空间比较大。而决定做外贸童装，是因为在惠州这个行业比较发达，方便拿货，至于衣服款式和价钱谈判，就要靠个人审美观点和口才了。“外贸店服装营销取决于外贸店的网页美工和服装图片的拍摄效果。我专门学过摄影，店面美工和图片拍摄都由我一人完成。”

拓展阅读

互联网时代的微创新

创新是企业发展的永恒主题，在社会生活日新月异的互联网时代，企业的微创新显得尤为重要。微创新就是对产品持续地进行微小的改进，一点一滴地优化。

1. 精益求精的工匠精神

传统意义上的工匠出现在制造业领域，而且很多工作需要手工完成。享誉全球的瑞士手表就是工匠精神的代表，那里的一个工人甚至可以花费一年的时间去手工制作一款高档的手表。工人们执着于机械表的功能微创新，开发出诸多极其复杂的工艺，以工匠精神成就了高端手表的品牌。北京同仁堂是中国中药行业著名的老字号，是我国工匠精神的代表。创建于1669年的同仁堂，300多年来一直恪守着这样一个古训：

"炮制虽繁必不敢省人工，品味虽贵必不敢减物力。"这种坚守产品品质的工匠精神是同仁堂长盛不衰的秘密。互联网时代的企业处在玻璃房里面。消费者更容易了解企业的产品品质。企业只有坚持工匠精神，打造优质产品，才能获得消费者的信赖。

2. 简约极致的用户体验

互联网的发展让消费者掌握了越来越大的话语权，尤其移动互联网能使消费者的声音迅速扩散，甚至让消费者集体发声，形成强大的舆论力量。作为"上帝"的消费者能惩罚产品和服务不佳的企业，也能奖赏产品和服务优良的企业。用户一旦感受到自己享受的产品和服务优良，甚至只是有所改善，他们也会晒出自己的好感，从而使得企业的好名声迅速得到传播。

当然，微创新需要关注用户体验并不意味着只是跟随用户的需求亦步亦趋，还要能站在用户的角度去想问题，让产品的微创新走在用户的前面，开发出超出用户意料的产品。1982 年，苹果公司的乔布斯被问到是否做市场调查时，他回答说："不，因为人们不知道他们想要什么，直到你把它摆在他们面前。"马化腾和周鸿祎都有一个非正式的职务，他们分别是腾讯产品和奇虎 360 产品的首席体验官，很多简约极致的用户体验设计就是他们自己提出来的。简约极致的用户体验深受广大消费者的青睐。谁的用户体验好，谁就能获得和留住更多的用户。

3. 产品人格化的人文情怀

微创新要求的工匠精神和用户体验赋予了产品人格化的人文情怀。打造人格化、有情怀的产品已经成为一种时尚，成为产品营销的重要方式。产品人格化其实长久地存在于我国的自然经济时期。因为在自然经济社会里，产品的生产能力和消费范围都有限，人们更多地把自己的产品卖给熟人。产品人格化既是产品品质的承诺，也是产品营销的需要，能让人一提及某商品，就想到去某个商家那里购买。

太阳每天都是新的，在科学技术日新月异、市场环境瞬息万变的互联网时代，企业要随时调整自己的发展策略和管理方式，时时处处进行产品的微创新。

创业英雄榜

徐振静：学以致用，以学促创

徐振静，1992 年生，江西余干人，江西向日葵电子商务有限公司总经理，江西外语外贸职业学院 2014 届电子商务专业毕业生。

个人觉醒　初涉创业

2011 年，徐振静高考失利，在填报志愿时，他最终选择了江西外语外贸职业学院，学习电子商务专业。面对新的学校、新的起点，为表示改变自我的决心，他将长发剃成了板寸，立志要实现个人价值。

进入大学以后，他认真刻苦学习，同时也在努力寻找最佳发展点。在军训期间，他利用网吧电脑了解专业课程和未来职业发展前景，初次接触到淘宝网；随后利用网吧电脑，开设了自己的第一家淘宝店。从此以后，他利用晚自习和周末的时间，去网吧打理自己的网店，取得了意想不到的效果。当时他作为刚刚接触网店运营的新人，在实际运营店铺的过程中遇到了很多问题。由于大一课程偏向基础，很多实操技能还需要通过大二实习获得，但网店的问题亟待解决。为了解决网店运营难题，他在大一期间就通过自学，不仅掌握了拍摄、美化等技能，而且获得了课堂上学不到的运营实战经验。他的付出最终结出了硕果，大一期间参加全国建行“e 路通”杯网络商务创新应用大赛并获得了全国一等奖。

学校帮扶　事业腾飞

在学校帮助下，徐振静非常有幸地从全国 1 万多名学生中被挑选出来参加杭州夏令营，开展学习与交流活动。在这次夏令营活动中，他重新认识了电子商务，接触了更加优秀的人，结识了更多大拿级的朋友，也更加坚定了其实现个人价值的方向。

在全国电子商务发展势头良好的背景下，他抓住机遇，借助学校给予的帮扶政策，积极跻身电子商务的发展浪潮中。在学校教师的支持下，他担任了学校淘宝社社长，并从 300 多社员中挑选人员组建了第一届创业班。创业班成员共同创业，共享经验，集中办公；学校提供场地、货源资源；教师提供经验指导，让创业班的每个人都对未来的创业之路充满希望和信心。

2013 年，他成立南昌足下鞋业有限公司。创业之路虽然艰辛，但非常幸运地得到了学校的支持。他没有相机、摄影棚，学校就提供相机和摄影棚供他使用，学妹则给他做模特展示产品；他没有办公场地，学校就提供华南城电子商务基地的两间办公室供他使用。正是在这样的艰苦创业之下，他利用电商渠道实现了月均销售 30 万元的目标。

2014 年 9 月，他又联合特步江西分公司、江西草珊瑚牙膏有限公司、博态科技等江西知名企业，成立江西蜂巢大学生创业孵化平台，合作院校有 20 多所，参与学生超过 1 000 人；同年 12 月他创办江西向日葵电子商务有限公司，总部设在江西南昌，主营国内电商、跨境电商、电商培训三大板块业务，拥有近 200 名专业人才。截至 2016 年，公司已在深圳、上海两地设有分公司，其中跨境电商业务由深圳分公司主营，主要经营亚马逊美国站、英国站、日本站、西班牙站，年度营业收入合计超过 6 000 万元。公司连续 2 年获全国电子商务手绘油画行业网络销量第一名，并荣获中国传统文化促进会深圳分会副会长单位等荣誉。

他所创办的公司正将部分生产地扩展到美国手绘油画净出口占比最大的纽约市。通过与当地优秀企业并购整合、优势互补，加快市场扩展的步伐，推动企业的全球发展，推进全球化战略升级，不断扩展品牌国际化运营版图。未来，公司将经过 3 ~5 年的二度创业实现再发展，成长为高度国际化、拥有较大规模的中国文化艺术产业群的卓越企业。

创业成功　回馈母校

回顾徐振静的创业之路，不难发现他成功的背后，不仅有个人的努力，同时也有母校的大力支持。在母校，他学习了电子商务专业，获得了电商技能；他创办的公司在母校的支持下逐步发展壮大。他和母校有着特别的缘分，也和母校有着特殊的感情。饮水思源，他决定回馈母校。2015 年，他和母校达成校企合作战略协议，打造全省电子商务人才培养基地。迄今为止，他所创建的公司培训国内电商人才超过 1 500 人。他借助校企合作的方式，希望将个人的学习经验和成长方式复制到更多的学弟学妹身上，让他们在做中学、学中做；把公司项目引入母校，把母校学生带进公司实践。这既是他对母校的感恩，同时也是母校对他事业的支持。目前公司 80% 的员工来自母校，公司未来将会继续和母校扩大合作、分享成果，从国内电商合作扩展到跨境电商合作，进而加强母校学生的操作技能，实现互惠共赢。

【课后实训】

实训主题：

谈谈你的职业梦想。

实训目的：

（1）让学生畅谈自己的职业梦想，对之有一个清晰的思路。

（2）激发大学生的创业欲望，了解就业与创业的关系。

（3）引导大学生树立正确的创业价值观。

实训要求：

（1）学生需上讲台演说，时间不少于 3 分钟。

（2）演说内容必须符合实际情况，言之有物。

实训步骤：

（1）学生以自由发言的形式上讲台讲述自己的创业梦想。

（2）教师针对学生所表述的创业条件进行评价和建议。

（3）课后以文字报告或线上平台作业形式上交，教师评分并留存。

第二章 探求创业本质

名言警句

人的时间有限，不要把宝贵的时间浪费在重复其他人的生活上。人活着就是要找到你真正所爱的东西，让每天都精彩绝伦。人活着就是要改变世界！

——［美］史蒂夫·乔布斯

案例故事

肯德基创始人的故事①

肯德基创始人桑德斯上校65岁开始创业。他的成功创业给我们很多启示：成功的秘诀就在于，确认什么是最重要的，然后拿出具体的行动，不达目的誓不罢休。桑德斯上校没有生在富裕的家庭，他也没有在名校读过书，也不是在很年轻时便投身这项事业。那么是什么原因使他终于拿出行动来呢？因为他身无分文且孑然一身，当他拿到生平第一张救济金支票时，金额只有一百零五美元，内心极度沮丧。他不怪这个社会，也未写信去骂国会，仅是心平气和地扪心自问：“到底我对人们能做出何种贡献呢？我有什么可以回馈社会的呢？”

随后，他便思量起自己的所有，试图找出可为之处。头一个浮上他心头的是：“还好，我拥有一份人人都会喜欢的炸鸡秘方，不知道餐馆要不要？我这么做是否划算？”随即他又想到：“要是我不仅卖这份炸鸡秘方，同时还教他们怎样才能炸得好，这会怎

① 周帆，魏阳．好业绩需要好心态：优秀推销员的9项心理训练［M］．北京：企业管理出版社，2012：199-200.

么样呢？如果餐馆的生意因此而提升的话，那又该如何呢？如果上门的顾客增加，且指名要点炸鸡，或许餐馆会让我从中抽成也说不定。”好点子固然人人都会有，但桑德斯上校跟大多数人不一样，他不但会想，而且知道怎样付诸行动。随之他便开始挨家挨户地敲门，把想法告诉每家餐馆：“我有一份上好的炸鸡秘方，如果你能采用，相信生意一定能够提升，而我希望能从增加的营业额里抽成。”很多人都当面嘲笑他：“得了吧，老家伙，若是有这么好的秘方，你干吗还穿着这么可笑的白色服装？”

这些话丝毫没有让桑德斯上校打退堂鼓，因为他还拥有天下第一号的成功秘方，被称为“能力法则”，意思是指“不懈地拿出行动”。每当他做事时，必从中好好学习，找出下次能做得更好的方法。桑德斯上校确实奉行了这条法则，从不为前一家餐馆的拒绝而懊恼，反倒用心修正说词，以更有效的方法去说服下一家餐馆。

桑德斯上校的点子最终被接受。你可知先前他被拒绝了多少次吗？整整 1 009 次！之后，他才听到第一声“同意”。在过去两年的时间里，他驾着自己那辆又旧又破的老爷车，足迹遍及美国每一个角落。困了就和衣睡在后座，醒来逢人便诉说他那些点子。他为人们示范所炸的鸡肉，经常就是果腹的餐点。

历经 1 009 次的拒绝，整整两年的时间，有多少人还能够锲而不舍地继续下去呢？这样的人真是少之又少了，也无怪乎世上只有一位桑德斯上校。我相信很难有人能接受 20 次的拒绝，更别说 100 次或 1 000 次的拒绝，然而这就是成功的可贵之处。如果你好好审视历史上那些成大功、立大业的人物，就会发现他们都有一个共同的特点：不轻易为“拒绝”所打败而退却，不达成他们的理想、目标、心愿，就决不罢休。

类似桑德斯上校的创业案例比比皆是。再如，华特·迪士尼为了实现建立“地球欢乐之地”的美梦，四处向银行融资，被拒绝了三百多次，每家银行都认为他想法怪异。其实并不然，他有远见，尤其是有决心想实现。今天，每年有上百万游客享受到前所未有的“迪士尼欢乐”，这全都出于一个人的决心。

请相信，只要能不断辛勤灌溉所种下的种子，持续去做对的事情，那么就会走出人生的冬季，进入春季。凭毅力与弹性去追求所企望的目标，终会得到所要的，可千万别在中途便放弃希望。

（有删改）

第一节 创业者与创业能力

一、创业者

创业者（entrepreneur），和企业家为同一词，是指在没有多少资源的情况下，锐意创新，发掘并实现潜在机会的价值的个体。创业者可以是企业的创始人，也可以是新创企业创办的发起人和领导人。不仅包括那些已经成功创业或正在创业的一般意义上的创业者，同时也包括那些具有创新精神的潜在的创业者。

创业的主体是创业者。创业者可以是个体，也可以是团队。经济发展依赖于企业发展，而企业发展的关键在于具有创业精神的创业者。创业者对生产要素的重新组合是经济增长的基本动力，是经济增长的内在因素，所以现代经济从某种意义上说就是创业经济。

创业者可以开创新的职业，创造新的就业岗位，提供新的社会服务，从而实现个人与社会价值。例如，电子商务、网站运营等新兴行业的兴起，便为信息化社会中人们的社会经济生活提供了新的选择和更多便利，由此也成就了一批新兴行业的成功创业者。

二、创业者的类型

随着经济的发展，投身创业的人越来越多，据我国《科学投资》杂志对国内上千例创业者案例的研究，发现国内创业者基本上可以分成以下几种类型。

1. 生存型创业者

生存型创业者大多为下岗工人、失去土地或因为其他原因不愿困守乡村的农民，以及找不到工作的大学生。这是中国数量最大的创业人群。清华大学的调查报告显示，这一类型的创业者占中国创业者总数的90%。其中许多人是为了谋生。创业范围一般局限于商业贸易，少量从事实业。也有因机遇成长为大中型企业的，但数量极少，因为现在国内市场已经不像20多年前那样。如今，用句俗话来说就是僧多粥少，仅想依靠机遇成就大业，早已成为不切实际的幻想。

2. 主动型创业者

主动型创业者又可以分为两种：盲动型创业者和冷静型创业者。前一种创业者大多极为自信，做事冲动。这样的创业者很容易失败。冷静型创业者是创业者中的精华，其特点是谋定而后动，他们不打无准备之仗，或掌握资源，或拥有技术，一旦行动，成功概率通常很高。

3. **赚钱型创业者**

赚钱型创业者除了赚钱外，没有明确的目标。他们就是喜欢创业，喜欢做老板的感觉。他们不计较自己能做什么，会做什么。今天和明天做的事情可以完全不一样。甚至其中有一些人，对赚钱都没有明显的兴趣，也从来不考虑自己创业的成败得失。有意思的是，这一类创业者中赚钱的并不少，创业失败的概率也并不比那些兢兢业业、勤勤恳恳的创业者高，而且这一类创业者大多过得比较快乐。

三、创业能力

创业机会对每个人是不均等的。获得的机会与一个人自身素质和能力有关。素质越高，能力越强，所能发现的机会越多，把握机会的概率也越大。创业者的能力是指创业者解决创业及所创办企业在成长过程中遇到的各种复杂问题的本领，是创业者基本素质的外在表现。它也是创业者整体素质体系中的核心要素，从实践的角度看，表现为创业者把知识和经验有机结合起来并运用于创业管理的过程。具体包括开拓创新能力、学习能力、风险决策能力、组织管理能力、机会识别能力、人际关系协调能力等。

1. **开拓创新能力**

当今世界科技进步日新月异，知识创新、技术创新、制度创新和管理创新将成为推动经济社会发展的引领力量。因此，开拓创新能力是成功创业者最重要的能力之一。开拓创新是创业的灵魂和赢得竞争优势的关键。一个优秀的创业者必须勇于开拓、敢于创新。创业者必须具备创新能力，这是由经营管理活动的竞争性决定的。而增强竞争力的关键在于发挥创业者的创新能力。只有不断地用新的思想、新的产品、新的技术、新的制度和新的工作方法来替代原来的做法，才能使企业在竞争中立于不败之地。

2. **学习能力**

学习能力是一个复杂的综合的概念，内容非常丰富，结构十分严谨。就组织与个人的学习能力而言，它主要包括组织学习活动的能力、获取知识的能力、运用知识的能力及伴随学习过程的一系列智力技能。大学所学到的知识，很难做到与时俱进，因此，学习的本质是学习方法和自学能力的培养。未来教育的特征之一就是终身教育，学习将伴随着人的一生。创业型人才的学习能力主要体现在以下三个方面：一是更新自己原有专业知识的能力；二是学习新知识的能力；三是综合各门学科知识的能力。西方许多发达国家对大学生能力要求的第一条就是自学能力。自学能力是能力结构中的高级阶段。获得学习能力，将终身受益。

3. 风险决策能力

决策，简单说来就是选择。没有选择就没有决策。决定做或不做，都是在做选择，而在若干方案中选择一个方案的过程，就是一个决策的过程。创业者的决策能力集中体现在创业者的战略决策能力上，即创业者在对新创企业外部经营环境和内部经营能力进行周密细致的调查和准确而有预见性的分析的基础上，确定企业发展目标、选择经营方针和制定经营战略的能力。虽然创业者有时候也进行一些战术性决策，但更多的精力是用于战略决策。

创业与就业不同。创业是一种高风险的投资行为。创业成功后的巨额收入是对创业者所承担的高风险的回报。那种想不承担风险就能致富的创业行为基本上是不存在的。对于创业者来说，想致富就必须敢于冒险。

4. 组织管理能力

在市场经济条件下，市场充满了竞争和风险，创业者要想使自己的创业实践活动获得成功，必须重视经营管理。经营管理能力是创业者在管理上的体现。管理活动贯穿于组织运行过程的每一个环节，不仅是组织正常运行的前提，也是组织生存与发展的基本条件。创业者在创业过程中必须始终保持常态的管理意识。管理主要是针对机会的捕捉和利用。有许多发明家，虽然擅长创新，也有创业的宏愿，但由于管理意识的薄弱，以致错失良机，实现不了将创新成果向创业成果的转化，并且他们也没有意识到，只有通过常态的管理机制，才能更多、更好地捕捉到种种发明和创造。

创业者要具有把各项生产要素有机组合起来，形成系统整体合力的杰出才能。创业者就是研究、开发、生产、销售等各个环节的协调者、组织者和领导者。为使创业者的组织才能发挥到最高水准，创业者必须具备敏锐的判断力、坚韧的毅力及高超的管理艺术，尤其应具备以下两方面的能力：一方面，必须对自己经营的事业了如指掌，有预测生产和消费趋势的能力；另一方面，必须善于选择合作伙伴，有组织或领导他人、驾驭局势变化的能力。

5. 机会识别能力

成功的创业者都会为创业机会而殚精竭虑，他们的目标是寻求并抓住商机，将其变成有价值的东西。法国著名艺术家罗丹曾说过："美是到处都有的。对于我们的眼睛，不是缺少美，而是缺少发现。"创业中的机遇也是如此，在稍纵即逝的机会面前，创业者能否敏捷捕捉、明知决断，将直接影响到企业的前途和命运。只有具备这种"机会敏感综合征"——以一种近乎病态痴狂的态度去等待、感悟、决断机会的人，才能够不失时机地进行创业，成为合格的创业者。

6. 人际关系协调能力

良好的人际关系是创业者成功的重要因素，要想创业成功，大学生还需要培养自己的人际协调能力。因为包括创业在内的任何活动都离不开人与人之间的交往。因此，大学生在校期间有意识地培养与他人的协作能力是获得他人和社会支持的重要前提条件，对大学生创业者创业成功具有重要的作用。

创业者必须善于建立本行业的广泛社会资源。密集的行业网络沟通有助于创业者从广泛的社会网络中获取高回报的创业信息，促使创业者吸取经验教训、培养创业精神，既勇于冒险，又能坦然地接受失败。“资源”较多的创业者，由于掌握了极其丰富的发明、生产、销售等信息，真正做到了知己知彼，因而其决策之成功，回报之高额，为一般创业者所望尘莫及。

• 课后练习

威廉斯创造力倾向测量表

这是一份帮助你了解自己创造力的练习。在下列句子中，若发现某些句子所描述的情形很适合你，则请在表 2-1 里“完全符合”的选项内打钩；若有些句子只是在部分时候适合你，则在“部分适合”的选项内打钩；若有些句子对你来说，根本是不可能的，则在“完全不符”的选项内打钩。

注意：每一题都要做，不要花太多时间去想。所有题目都没有正确答案，只凭你读完每一句的第一印象作答。虽然没有时间限制，但尽可能地争取以较快的速度完成，速度越快越好。一定要凭你自己的真实感受作答，在最符合自己的选项内打钩。每一题只能打一个钩。

1. 在学校里，我喜欢试着对事情或问题进行猜测，即使猜不对也无所谓。
2. 我喜欢仔细观察我没有见过的东西，以了解详细的情形。
3. 我喜欢变化多端和富有想象力的故事。
4. 画图时我喜欢临摹别人的作品。
5. 我喜欢利用旧报纸、旧日历及旧罐头盒等废物来做成各种好玩的东西。
6. 我喜欢幻想一些我想知道或想做的事。
7. 如果事情不能一次完成，我会继续尝试，直到完成为止。
8. 做功课时我喜欢参考各种不同的资料，以便了解多方面的信息。
9. 我喜欢用相同的方法做事情，不喜欢去找其他新的方法。
10. 我喜欢探究事情的真相。
11. 我喜欢做许多新鲜的事。
12. 我不喜欢交新朋友。
13. 我喜欢想一些不会在我身上发生的事。
14. 我喜欢想象有一天能成为艺术家、音乐家或诗人。

15. 我会因为一些令人兴奋的念头而忘了其他的事。
16. 我宁愿生活在太空站，也不愿生活在地球上。
17. 我认为所有问题都有固定答案。
18. 我喜欢与众不同的事情。
19. 我常想要知道别人正在想什么。
20. 我喜欢故事或电视节目所描写的事。
21. 我喜欢和朋友在一起，和他们分享我的想法。
22. 如果一本故事书的最后一页被撕掉了，我就自己编造一个故事。
23. 我长大后，想做一些别人从没想过的事。
24. 尝试新的游戏和活动，是一件有趣的事。
25. 我不喜欢受太多规则的限制。
26. 我喜欢解决问题，即使没有正确答案也没关系。
27. 有许多事情我都很想亲自去尝试。
28. 我喜欢唱没有人知道的新歌。
29. 我不喜欢在班上同学面前发表意见。
30. 当我读小说或看电视时，我喜欢把自己想象成故事中的人物。
31. 我喜欢幻想200年前人类生活的情形。
32. 我常想自己编一首新歌。
33. 我喜欢翻箱倒柜，看看有些什么东西在里面。
34. 画图时，我很喜欢改变各种东西的颜色和形状。
35. 我不敢确定我对事情的看法都是对的。
36. 对于一件事情先猜猜看，然后再看是不是猜对了，这种方法很有趣。
37. 玩猜谜之类的游戏很有趣，因为我想知道结果如何。
38. 我对机器感兴趣，也很想知道它的里面是什么样子，以及它是怎样转动的。
39. 我喜欢可以拆开来玩的玩具。
40. 我喜欢想一些新点子，即使用不着也无所谓。
41. 一篇好的文章应该包含许多不同的意见或观点。
42. 为将来可能发生的问题找答案，是一件令人兴奋的事。
43. 我喜欢尝试新的事情，目的只是为了知道会有什么结果。
44. 玩游戏时，我通常是有兴趣就参加，而不在乎输赢。
45. 我喜欢想一些别人常常谈过的事情。
46. 当我看到一张陌生人的照片时，我喜欢去猜测他是怎么样的一个人。
47. 我喜欢翻阅书籍及杂志，但只想大致了解一下。
48. 我不喜欢探寻事情发生的各种原因。

49. 我喜欢问一些别人没有想到的问题。

50. 无论在家里还是在学校，我总喜欢做许多有趣的事。

表 2-1　评分表

题目	完全符合	部分符合	完全不符	题目	完全符合	部分符合	完全不符
1				26			
2				27			
3				28			
4				29			
5				30			
6				31			
7				32			
8				33			
9				34			
10				35			
11				36			
12				37			
13				38			
14				39			
15				40			
16				41			
17				42			
18				43			
19				44			
20				45			
21				46			
22				47			
23				48			
24				49			
25				50			

评分方法：本量表共50题，包括冒险性、好奇性、想象力、挑战性四类题目。

- 冒险性题目：包括1、5、21、24、25、28、29、35、36、43、44这11道题。其中29、35题为反面题目，其余为正面题目。正面题目计分方法：完全符合3分，部分符合2分，完全不符1分。反面题目计分方法：完全符合3分，部分符合2分，完全不符1分。

● 好奇性题目：包含2、8、11、12、19、27、33、34、37、38、39、47、48、49这14道题，其中12、48题为反面题目，其余为正面题目。计分方法同冒险性题目。

● 想象力题目：包含6、13、14、16、20、22、23、30、31、32、40、45、46这13道题，其中45题为反面题目，其余为正面题目。计分方法同冒险性题目。

● 挑战性题目：包含3、4、7、9、10、15、17、18、26、41、42、50这12道题，其中4、9、17题为反面题目，其余为正面题目。计分方法同冒险性题目。

计算自己的最后得分，得分高说明创造能力强，得分低说明创造能力差。

• 课后阅读

伟大创业者的7个特质

特质一：不屈不挠

创业是一场距离超长的马拉松赛。创业过程充满不确定性。只有排除艰难险阻，才能取得最后的胜利。创业者不会因为比别人有更好的机会而赢得市场，也躲不过一些不可避免的错误。不屈不挠才是创业最重要的品质。许多人创业都会遭遇许多次失败，甚至每周都会遇到好几次。失败之后，要有勇气重新开始。

特质二：激情

可能有些人会下意识地认为钱是成功创业者创业的动力。但实际上绝大多数创业者创业是出于他们对新产品、新服务的热情，或抓住了一些解决难题的机遇。他们这样做不仅可以让消费者买到物美价廉的产品，还能让人们过上更加舒适、安逸的生活。大多数创业者都有一种改变世界的信念。激情是支持创业的内在驱动力，它也是让创业者愿意不断付出的基础。

特质三：能承受不确定性

这种经典的特质如果用通俗的话来说，就是对风险的承受能力——能够承受不确定性带来的恐惧，并且能够承受潜在的失败。对恐惧的控制能力也是创业者一项重要的特质。在恐惧中你可以选择放弃，也可以战胜它前行。

特质四：远见

有预测未知机遇的能力，同时也能预测他人不能预知的事情，这是创业者必备的特质之一。创业者的好奇心会帮助他们辨识出一些被忽略的市场机遇。这种好奇心会使其走在创新和一些新兴领域的前列。创业者能想象出另一个世界，把自己的远见有效地转化为一种切实可行的业务，随之就会吸引投资人、客户和员工。创业者会碰到许多唱反调的人，为什么？因为创业者看到的未来和他们的不一样，在未来还没有呈现之前创业者就已经预见到了。

特质五：自信

自信也是创业者的关键特质。创业者必须坚信自己的产品是全世界需要的，发现市场机遇，然后开拓新市场，在创业的过程中可能还要不断推翻现有的、普遍认可的观点。研究者将这种特质称为一种源自特殊使命的自信。有了这种信念，就算世界充满风险，创业者也可以做好充分的调查，有足够的信心完成任务，并把风险降到最低。

特质六：灵活性

实际上，创业的生存规则也像生命物种一样，都是建立在适应周围环境的基础上的。公司最终推出的产品或服务很可能不是你最初的计划。因此，灵活性会有助于创业者适应市场环境，应对大众多变的喜好。创业者必须围绕着市场的需求进行调整。

特质七：打破常规

创业者存在的意义之一即否定已有传统智慧。实际上，简单来说，创业就是打破常规。据柏森商学院的一项报告显示，只有13%的美国人最终可以进入创业者的行列。做别人没有做过的事情，是创业者的一种天性，也是他们创业的源泉。

第二节　培养创业精神

一、创业精神的本质与来源

（一）创业精神的本质

创业精神通常被人们称为企业家精神，它是创业者在市场竞争中不断开拓进取、创造新价值的精神概述。彼得·德鲁克（Peter Drucker）在研究中认为创业精神应该是社会所必需的一种创新精神，并且认为正是这种创新精神推动了社会的发展。创业是一个创新的过程，在这个过程中，新产品或新服务的机会被创造、被确认，最后被开发出来产生新的财富。

创业精神主要包括冒险精神、诚信守法、创新精神、实干精神及社会责任感。

1. 冒险精神

创业的开拓性需要创业者具有冒险精神，需要有胆略和胆识。同时，在创业实践中也要有风险意识，要注意冒险精神和风险意识的平衡，保持理性思维，降低风险损失。创业者是风险承担者。近300年前，法国经济学家理查德·坎迪隆（Richard Cantillon）最早提出这一观点，他认为创业者在经济的运行中起着重要作用，他们实际上是在管理风险。工人向工厂出卖劳动，企业主则把产品拿到市场上去卖。市场上的产品价格是浮动的，而工人领取固定的工资，企业主就替工人承担了产品价格浮动的风险。当产品价格跌落时，企业主有可能蒙受损失。而企业的盈利正是企业主承担风险所获得的回报。

2. **诚信守法**

诚信守法是创业者必备的品质，它体现了成功创业者的人格魅力：讲信誉，守诺言，言行一致，身体力行，胸襟广阔，厚人薄己，敢于承担责任，勇于自我否定，尊重人才，以人为本，倡导团队合作和学习，帮助团队成员获得成就感，坚持创造顾客价值、企业价值和社会价值。

诚信守法是创业者应具备的基本精神素质。诚信是市场经济的基本信条。只有诚信守法、注重声誉的企业，才能在激烈的市场竞争中获得最大的利益。

3. **创新精神**

创业精神的本质就是创新，创新是企业持续发展的根本。创新概念最早是由著名经济学家约瑟夫·熊彼特（Joseph Schumpeter）提出来的，他认为创新是“创业者对生产要素的重新组合，也就是建立一种新的生产函数”。具体来说，创新精神主要指创造新的生产经营手段和方法、新的资源配置方式及新的符合消费者需求的产品和劳务。在这种创新概念下，创新首先能使企业开辟一个更广阔的生存发展空间，不断地领先，不断地发展，在发展中不断对旧事物进行扬弃，以非常规的方式配置有效资源，推动企业的运行，从而获得巨大的成功。

事实上，任何企业，不论其效益如何显著，还是在行业中成绩如何斐然，都需要不断创新、变革，这样才能在市场竞争中立于不败之地。苹果电脑公司的发起人是创业者，因为他们推出了新产品；亨利·福特是创业者，因为他最早采用汽车生产线；亚马逊网上书店的老板也是创业者，因为他开辟了网上销售渠道；比尔·盖茨也是创业者，因为他建立了微软公司。因此，具有锐意进取、不断推出新产品或改进生产方式等创新精神的人，才是真正意义上的创业者。只有创新才是竞争制胜的第一要素。“没有饱和的市场，只有饱和的思想。”敢想、敢干、敢于抓住机会，这是创业成功的第一资本。想到别人想不到的商机，就容易取得“抢滩”的胜利，掘到第一桶金。一个企业可以暂时没有核心技术、核心人才，可以没有雄厚的资本，但必须具备勇往直前、披荆斩棘的探索精神及创新精神。

4. **实干精神**

创业者需要拥有决断力、信心、说服力及坚定不移的品质。既然创业者行为是冒险性的，充满不确定性，它的最终结果必然是无法准确估算的，所以创业者时时需要做出主观判断，而一旦做出某种判断，就必须相信自己的判断，否则一遇挫折就打退堂鼓，最终什么事也做不成。仅创业者自己有信心还不够，他还必须有能力说服别人相信他的判断，这样才能引来投资或他人的支持。

5. **社会责任感**

一般认为企业社会责任就是企业要创造利润，企业在对股东利益负责的同时，还要承担对员工、对消费者、对社区和环境的社会责任，包括遵守商业道德、保障生产安全和职业健康、保护劳动者的合法权益、保护环境、支持慈善事业、捐助社会公益事业和保护弱势群体等。成功的创业者具有高度的使命感与强烈的责任意识。创业活动是社会性活动，是各种利益相关者协同运作的过程。

伟大的创业者不仅是完全为了实现个人的财富梦想而创业的人，而且是为了帮助普通人实现自己梦想的责任而努力的人。创业精神也包括创业者必须承担社会责任并且拥有甘于奉献的精神。一个人创业所做的事情，应该把实现社会价值和赚取财富结合起来，成功的创业者应该是一个有社会责任感的人。

年轻一代在创业上最重要的变化就是他们对精神层面的追求更为纯粹，社会责任成为他们构建新的商业模式时主动考虑的重要内容。未来，中国最好的企业家都会以社会企业家的姿态出现。

（二）创业精神的来源

创业精神是在每个人身上都具备的一种成功的潜在品质，只是有些人的这种潜能没有被发现或没有被激发。影响创业精神的因素很多，包括主观和客观两个方面。主观上表现为个人自身的特质因素，客观上则表现为外部环境因素。影响创业精神形成与发展的主要外部环境因素包括文化环境、产业环境和生存环境等。

1. **文化环境**

创业者是生活在现实文化环境中的学习者。作为学习者，其生活所在区域的文化价值观是其学习的重要内容之一。在一个商业文化氛围浓厚的地方，潜在的创业者容易培养创业精神。独特的区域文化传统孕育了创业者的创业精神，如浙商精神、徽商精神、闽商精神等。

2. **产业环境**

不同的产业环境会对创业精神产生影响。对于垄断行业而言，企业缺少竞争，就容易抑制创业精神。而在一个完全竞争的市场结构中，企业间的优胜劣汰、激烈竞争往往能够激发创业精神。

3. **生存环境**

在资源匮乏的地方，人们为了改善生存状况而寻求发展机会，整合外界资源，更需要激发创业精神。如我国历史上晋商的形成，最初就是因为在“走西口”中寻求生存与发展。

二、创业精神的作用与培养

（一）创业精神的作用

创业教育不仅可培养大学生的创业精神，同时还能对大学生的智力、责任感、价值理念及审美意识等多个方面进行培养，从而保障大学生能树立起相对独立且具有批判意识的精神理念，拥有更为敏锐的观察力。创业精神能够激发人们创业的欲望，是一种内在的动力机制。它在很大程度上支配着人们对创业实践的态度和行为，影响着态度和行为的方向及强度。

1. 培养大学生的创业精神是助力大学生通往创业成功之路的重要环节

培养大学生的创业精神，最为重要的目的便是让大学生建立起主体性思想，确保自身的主体意识得以进一步强化，并在这一过程中对自身创业理念加以改进与调节，使得心理承压能力得以进一步强化。培养大学生的创业精神，能够增强大学生的自我调节技能、自我激励技能及自我认知技能等多种技能。这是确保大学生创业成功的关键因素。培养大学生的创业精神不仅是助力大学生创业成功的重要基础，同时也是开展大学生创业教育的主要目的之一。对于大学生而言，若具备了创业精神，这种精神就能够转变成大学生学习及生活的重要动力，并且能够确保大学生可以更加自觉地加入创业实践活动之中。大学生只有拥有了创业精神，才能在创业受到挫折的情况下，树立更强的信念战胜困难，从而有效地激发内在创业潜能，为创业成功提供可靠的保障。

2. 培养大学生的创业精神是促进创业型经济的时代需求

培养大学生的创业精神，能够确保大学生可以更加积极与主动地参与到创业实践活动之中，从而为我国创业型经济持续、快速发展提供更为可靠的人才保障。并且，培养大学生的创业精神，能够让大学生获得相应的创业能力，促进他们进行更多的创业活动，从而推动创业型经济发展。

此外，培养大学生的创新精神可以提升大学生参与创业活动的积极性。未来中小企业数量将进一步增加，这些企业在生产能力方面和大企业相比较而言存在一定差距，不过更具创新精神，能够更快成长，可以在我国经济转型阶段提供更多岗位，从而成为推动我国创业型经济发展的重要动力。

3. 培养大学生的创业精神有利于缓解就业难的社会问题

培养大学生的创业精神，能够更好地引导大学生创业。大学生具备了创业精神，在就业过程中选择自主创业的比例就会增加，大学生创业不仅能够有效解决自身生计问题，而且也能更好地体现出自身的价值，同时也为社会提供了更多就业岗位，有效地缓解我国目前所出现的就业压力。这对于我国社会稳定与和谐发展来说意义重大。

创业精神是时代精神的反映，是对创新创业型人才素质的要求。对创业者而言，自信、自主、富立、自强是创业精神的体现。对于每个创业者来说，创业精神是进行创业活动的灵魂和支柱，是开创新生活、追求幸福明天的精神信念。创业者必须拥有创业精神，才会有创业的要求和动机，才会有创业的意识和观念，才会有创业的动力和行为，也才会有创业的成果和收获。

（二）创业精神的培养

大量事实证明，创业精神与创业品质更多地是由后天塑造的，通过自身努力形成的。良好的精神品质是创业成功的前提和条件。学校通过正确的途径，创建良好的培养环境，就会对大学生创业精神的培养起到很好的促进作用。

1. 开展创业类相关课程

大学生在校学习是获取知识和完善技能的过程，而这些知识和技能对大学生创新创业均有所帮助，也是大学生形成创新创业精神的重要支撑。在大学教育中思想政治教育是贯穿于大学教育始终的。树立正确的学习观，必须运用合理的学习方法，养成主动学习的习惯。一方面，学校要将创业能力、创业意识的培养贯穿于知识学习、技能训练之中，在增强学生学习的针对性和实用性的同时，避免空洞说教；另一方面，要开设创业教育类课程，如创业知识和创业技能训练课、创业教育学、创造技能与方法等课程。

2. 创建创新创业文化，营造创业氛围

环境是创业精神培养的外部条件，是决定创业精神培养效果的客观因素。因此，对大学生创业精神的培养需要一种氛围，形成一个合力。高校的校园环境是大学生学习的主要场所，也是大学生创业精神培养的重要环境。学校要广泛利用广播、电视、校刊、校报、板报等宣传工具，大力宣传创业的重要意义，宣传创业的经验，宣传成功创业的典型，树立勇于创业的榜样，弘扬创业精神，在校园形成讲创业、想创业、崇尚创业、以创业为荣的校园舆论氛围。大学生作为国家的栋梁，只有敢于创业，弘扬创新创业精神，才能使创新创业精神成为助推我国社会发展的重要因素。

3. 树立创业榜样

榜样的力量是无穷的。他人的创业行为和成就是一笔宝贵的财富。古往今来，创业成功者具有一些共同的精神品质，如自信、心态积极、喜欢独立思考、具有寻根究底的好奇心和探索精神、敢于创新、敢于竞争和承担风险、热情、专注、意志坚定、不怕挫折、情绪稳定等。

学校可以借鉴历史上的创业榜样，编选创业成功的案例，让大学生明确创业目标，激发创业热情，树立创业志向，也可以让大学生学习现实生活中的创业榜样。各行各业的创业典型是大学生学习的活教材，学校可通过“请进来，走出去”的方式，让大学生耳濡目染，受到熏陶。

4. **提供创业实践锻炼的机会**

良好的创业精神品质的形成重在实践训练。积极的实践能带来及时的反馈和成就感，也能带来成功的喜悦。切切实实地投入创业实践中，定能磨炼出坚强的创业心理品质。

一方面，学校要构建创业实践基地，为大学生提供创业实践的便利，如创业见习基地、创业实习基地和创业园等，实现产、学、研一体化；另一方面，要鼓励大学生课余主动参与创业实践，从小商品推销到自己开店，熟悉各种职业特点和自己的能力特点，积累创业经验，增长创业才干，减少将来创业的盲目性。只有经过创业实践的锻炼，创业目标才会更加明晰，创业信念才会更加强烈，良好的创业习惯和人格才会形成。

5. **提供创业心理指导**

心理指导是在专门人员的指导下，参与者自己练习、实践、锻炼的方法，实质上是一种特殊的教育过程。首先，学校可开设心理课程，如“心理与情商教育”“心理训练”“大学生创业心理品质的陶冶”等，传授心理知识，将心理知识内化为大学生的心理品质。其次，学校可开展心理咨询活动，帮助大学生分析创业过程中出现的心理问题，进行咨询指导。

第三节　训练创新思维

一、创新思维

• 案例分享

黑暗餐厅①

你尝试过在黑暗的环境中吃饭吗？相信很多人从来没有过这样的体验。巴黎蓬皮杜艺术中心广场对面一条小街上，有一家小有名气的黑暗餐厅。

餐厅的特色是里面一丝光亮都没有，侍应生全是盲人。它打出的广告语是“美食新体验”“感官新经历”“法国独此一家”。

---

① 郝任. 哈佛公开课［M］. 华夏出版社，2020：157.

黑暗餐厅的吧台与寻常酒吧无异。墙上黑板写着当日菜单。4样冷盘、5样主菜和4种甜点任人挑选。顾客还可以点“悬念套餐”。“悬念套餐”有全版和简版两种，分别为37欧元和29欧元。这是巴黎闹市区中档餐馆的正常价位。这种黑暗餐厅开设的初衷是让顾客忽略食物的样子而专心体会食物的味道，但是从黑暗中走出的人们似乎没有谁把注意力放在食物的味道上。大家津津乐道的都是摸黑吃饭这种奇特的感受。

黑暗餐厅建成以后，引得很多游客慕名而来，从而一炮而红。后来在全球各地也有类似的餐厅开业，都引起极大的轰动。

在自然界优胜劣汰的竞争中，人类之所以能够成为世界的主宰，是因为人类有着其他任何动物都无法比拟的思维能力。人依靠思维，不断利用自然，征服其他动物，繁衍生存。思维是人类区别于其他动物的最根本特征。

（一）思维与创新思维

1. 思维

众所周知，与动物相比，人类的肢体构造并没有特别优越的地方，人的手掌比不上虎豹的利爪，人的眼睛比不上鹰隼的锐眼，人的双脚追不上奔跑的麋鹿，人的耳朵听不见许多小动物都能感知的超声波…… 但是，人类凭着自己的力量改造自然，炸平高山，开挖河渠，围海造田，建起蛛网般的公路、铁路，修起一座又一座耸入云霄的高楼大厦…… 不仅如此，人类现在还可以做到“上九天揽月，下五洋捉鳖”…… 很显然，人类神奇的力量并非来自肢体，而是来自头脑的思维。

思维最初是人脑借助语言对客观事物的概括和间接的反映过程。思维以感知为基础，又超越感知界限。通常意义上的思维，涉及所有的认知或智力活动。它探索与发现事物的内部本质联系和规律性，是认识过程的高级阶段。

思维是对事物的间接反映，是通过其他媒介作用认识客观事物，及借助已有的知识和经验、条件推测未知的事物。思维的概括性表现在它对一类事物非本质属性的摒弃和对其共同本质特征的反映。

2. 创新思维

所谓创新思维（或称创造性思维），就是以创新的意识、开放的心态，突破各种思维定式的束缚进行思考，并产生创新成果的思维。简单来说，就是不受现成的、常规的思路约束，寻求全新的、独特的解决问题的方法的思维过程。

这里所说的创新成果，主要是指对事物的新认识、新判断和解决问题的新方案、新途径等“思维的创新产物”。

创新思维不是一般性思维，它不是单纯依靠现有的知识和经验进行抽象和概括，而是在现有知识和经验的基础上进行想象、推理和再创造，是对前人尚未解决的问题进行探索，找出新答案的思维活动。创新思维不是天生就有的，是人们通过学习和实践不断培养和发展起来的。

（二）创新思维的特点

• 案例分享

马嘉鱼思维

有一种长得非常好看的鱼类叫马嘉鱼（图 2-1），它们平常生活在深海里，到了春夏之交的产卵期，就会随着海潮来到浅海。这种鱼喜欢成群结队，而且非常固执，可以说是一条道走到黑，撞到南墙也不回头。

图 2-1　马嘉鱼

渔人捕捉马嘉鱼的方法很简单：用一个孔目粗疏的竹帘，在下端系上铁坠，然后将竹帘放入水中，用两只小艇拖着，拦截鱼群。马嘉鱼的个性很强，不爱转弯，即使闯入罗网中也不会停止。所以一只只“前赴后继”陷入竹帘孔中，帘孔随之紧缩。孔愈紧，马嘉鱼愈怒，瞪起鱼眼，张开脊鳍，更加拼命往前冲，结果被牢牢卡死，为渔人所获。

启示　“马嘉鱼思维”属于单向思维，是常规思维的一种。这种思维比较僵化，不够灵活。

创新思维与一般思维相比，就是以新颖独创的方式来解决问题。不同于一般的思维活动，创新思维要求打破常规，将已有的知识轨迹进行改组和重建，创造出新的思维成果。创新思维以不断发展变化的动态社会为基础，不局限于某一种思维模式，是灵活多变的、富于探索性的、以不断变化的现实为标准的思维形式。和充满活力的年轻人一样，创新思维也追求个性。

1. 求异性

创新思维的本质是求异、求新，具有前所未有的特征。创新思维本身就是一个具有求异性的思维方式。而所谓求异性，是指在别人司空见惯、习以为常、不认为有问题的地方能看到问题，表现出常中见奇、标新立异、独树一帜、非同寻常的能力。也就是说，学会用“新眼光”去看待问题，突破思维的惯性。

一个好的创意会让人产生眼前一亮的感觉，这就源于创新思维的新奇，也就是求异性。如果老调重弹、平平淡淡，必然乏味。

2. 突发性

突发性，就是在极短的时间里，创造性的思想火花突然迸发出来，新的概念脱颖而出。弗朗西斯·培根（Francis Bacon）曾说：“人类主要凭借机遇或其他，而不是逻辑创造了艺术和科学。”当然，创造性成果的产生，是研究者长期观察、研究、思考的结果，是创新思维活动的产物。这一过程中往往存在着对于形成创造性成果有关键、决定性作用的突发性思维转折点。“山穷水尽”时突然看到“柳暗花明”。这种突发性和偶然性表现在：思想火花的爆发没有固定的时机，它的出现带有极大的随机性。

不管是突然悟到还是灵光一现，均表现了创新思维的这种突然出现的特征，都是在长时间思考的基础上的一个突破。一种新思想，可以是在读书时由于某段精辟的论述而突然萌发的；也可以是在乘车、漫步、看戏、参加体育比赛时由一句台词或一个偶然的动作得到启发而爆发出来的。创意的迸发不分地点和时间。任何事物和事件都会带来灵感，并在思维领域产生突破。

• 案例分享

王致和与臭豆腐

清朝康熙年间，安徽举人王致和进京赶考，但屡试不中。为谋生路，他在北京前门外延寿街开了一家豆腐坊。一年夏天，王致和急等着用钱，就让全家人拼命地多做豆腐。说来也巧，做得最多的那天，来买的人却最少。时值夏季，有时卖剩下的豆腐很快发霉，无法食用，但他又不甘心废弃。他苦思对策，就将这些豆腐切成小块，稍加晾晒，寻得一口小缸，用盐腌了起来。之后歇伏停业，一心攻读，渐渐地便把此事忘了。

秋风送爽，王致和又想重操旧业，再做豆腐来卖。蓦地想起那缸腌制的豆腐，赶忙打开缸盖。一股臭气扑鼻而来。取出一看，豆腐已呈青灰色。用口尝试，觉得臭味之余却蕴藏着一股浓郁的香气。这豆腐虽非美味佳肴，却也耐人寻味。邻里品尝后，都称赞不已。

王致和屡试不中，只得弃学经商，按过去试做的方法加工起臭豆腐来。此物价格低廉，可以佐餐下饭，适合收入低的劳动人民食用，所以渐渐有了销路，生意日渐兴隆。后经辗转筹措，王致和在延寿街中间路西购置了一所铺面房，自产自销，批零兼营。据其购置房屋的契约所载，时为康熙十七年（1678）冬。

王致和创造了独一无二的臭豆腐以后，又经多次改进，逐渐摸索出一套臭豆腐的生产工艺。之后，生产规模不断扩大，质量更好，名声更高。清朝末叶，臭豆腐传入宫廷。传说慈禧太后在秋末冬初也喜欢吃它，还将其列为御膳小菜，但嫌其名称不雅，便按其青色方正的特点，取名“青方”。

如今的“王致和”品牌被不断发扬光大，成为老百姓喜爱的日常食品品牌。

3. **敏捷性**

思维的敏捷性是良好心理品质的前提。敏捷性是指在短时间内迅速调动思维的能力，具体表现在积极思维、周密考虑、准确判断上，还依赖观察力及良好的注意力等优秀品质。没有对事物敏锐的洞察力和反应能力，就很难从众多事物中发掘到“潜力股”、找到创新的起点。

4. **专一性**

所谓专一性，是指导引思维目标的确定性，是导引思维过程中已有概念、事物在显意识与潜意识两个层次的集中与凝聚的特征。而创新思维最重要的条件是所研究的问题已经成为研究者的优势目标，即心理学上所说的“优势灶”。专一性是创新思维的基本特性。

好创意的产生不是“三天打鱼，两天晒网”的结果，它需要专一的目标、持之以恒的思考、坚持不懈的努力。它与毫无根据的胡思乱想是有根本区别的。人们要进行创新思维，就要有专一性和确定性。创新思维心理学实验证明：当人具有专一目标时，效率高；而当人“一心二用”时，效率会大大降低。专一的目标越鲜明、越强烈，思维活动就越易集中，聚集于一个突破点上，产生聚焦突破效果。托马斯·爱迪生（Thomas Edison）一生拥有1 000多项专利，这个纪录至今仍无人打破。他给自己和助手确立了创新的定额：每10天有一项小发明，每半年有一项大发明。有一次他无意中将一根绳子在手上绕来绕去，便由此想起可否用这种方法缠绕碳丝。如果没有思维的连贯性和专一性，是不会有如此灵敏的反应力的。

（三）创新思维是创新能力的核心

• 案例分享

如何把鸡蛋竖起来[①]

1492年，哥伦布发现了新大陆。归来之后，他收获了巨大的名望，不仅成了国王和王后的座上宾，受封海军上将，还成了西班牙人民心目中的英雄。他的成功使一些

① 杨颖．给孩子的50堂情商课［M］．成都：成都地图出版社，2019：160.

贵族很嫉妒，于是有人常常在公开场合诋毁他："哼，这有什么稀罕？只要坐船出海，谁都会到那块陆地的。"

在一次宴会上，哥伦布又听见有人在讥笑他："大海西边那块陆地不是一直都存在吗？发现它又算得了什么！"于是一群人哄笑起来，这种赤裸裸的羞辱让人难堪，哥伦布沉默了一会儿，他决定反击。

只见他忽然从盘子里拿个鸡蛋，站了起来，提出一个古怪的问题："女士们、先生们，谁能把这个鸡蛋竖起来？"有人用手扶着鸡蛋，使其保持微妙的平衡，但是一松手，鸡蛋就倒了，只能换一个人，但还是失败。就这样，一个鸡蛋在这群名流手中传来传去，但是没有一个人能让鸡蛋竖起来。

"鸡蛋根本没办法竖起来！"有人叫嚣道，于是鸡蛋被传回哥伦布手里，所有人都等着看他的笑话。只见哥伦布不慌不忙，他拿过鸡蛋，把鸡蛋的一头在桌上轻轻一敲，磕破了一点儿壳，鸡蛋就稳稳地直立在桌子上了。

"我能想到你们想不到的，这就是我胜过你们的地方。"哥伦布说完这句话就离席而去。

启示 哥伦布只提出"谁能把这个鸡蛋竖起来"，并没有提出"不能使鸡蛋破裂"这个前提，其他人却都保持"不能使鸡蛋破裂"这个根深蒂固的理念，怎么都无法成功。哥伦布打破了思维的障碍，竖起了鸡蛋。

创新思维是一种富有首创性、发散性、综合性的思维形式。它在思维形式中居于核心的位置，是创新的源动因。创新思维是在常规思维的基础上发展起来的，但它是思维活动中最积极、最有价值的形式，是思维的高级形式，是人类探索事物的本质，获得新知识、新能力的有效手段。人类的发明、创新与创造，造就了今天社会和科技的飞速发展，而且当前所有的物质及非物质文化形式都是创新思维的结果。因而人们常说："没有思路就没有出路。""思路决定出路。"换句话说，搞创新，最根本、最核心的是要靠创新思维发挥作用。

二、创新思维障碍

创新思维的产生不可能是一帆风顺的，我们要培养和开发创新思维，就必须根据存在的问题，有的放矢地采取各种方法和措施，努力破除和扫清抑制创新思维产生的各种主观障碍，为创新思维的产生创造良好的环境和条件。

（一）思维定式

思维定式，也称"惯性思维"，是由先前的活动造成的一种对活动的特殊的心理准备状态或活动的倾向性。在环境不变的条件下，定式使人能够应用已掌握的方法迅速解决问题。而在情境发生变化时，它会妨碍人采用新的方法。消极的思维定式是束缚创造性思维的枷锁。

1. 思维定式的积极作用

思维定式对于问题解决具有极其重要的作用。在问题解决活动中，思维定式的作用是：根据面临的问题联想起已经解决的类似的问题，将新问题的特征与旧问题的特征进行比较，找出新旧问题的共同特征，将已有的知识和经验与当前问题情境建立联系，利用处理过类似旧问题的知识和经验处理新问题，或把新问题转化成一个已解决的熟悉的问题，从而为新问题的解决做好积极的心理准备。

思维定式是一种按常规处理问题的思维方式，它可以省去许多摸索、试探的步骤，缩短思考时间，提高效率。在日常生活中，思维定式可以帮助人们解决每天碰到的90%以上的问题。但是思维定式不利于创新思考，不利于创造。

2. 思维定式的消极作用

• 案例分享

思维定式的消极作用

拿破仑被流放到圣赫勒拿岛后，他的一位善于谋略的密友通过秘密方式给他捎来一副用象牙和软玉制成的国际象棋。拿破仑爱不释手，从此一个人默默下起了象棋，打发着寂寞痛苦的时光。象棋被磨光滑了，他的生命也走到了尽头。

拿破仑死后，这副象棋被多次转手拍卖。后来一个拥有者偶然发现，有一枚棋子的底部居然可以打开，里面塞有一张如何逃出圣赫勒拿岛的详细计划！

思维定式对问题解决既有积极的作用，也有消极的作用。它的消极作用表现在容易使人产生思想上的惰性，养成一种呆板、机械、千篇一律的解题习惯。当新旧问题形似质异时，思维定式往往会使解题者步入误区。大量事例表明，思维定式确实对问题解决具有较大的负面影响。当一个问题的条件发生质的变化时，思维定式会使解题者墨守成规，难以产生新思维，做出新决策，造成知识和经验的负迁移。

从思维过程的大脑皮层活动情况看，定式的影响是一种习惯性的神经联系，即前次的思维活动对后次的思维活动有指引性的影响。所以，当两次思维活动属于同类性质时，前次思维活动会对后次思维活动起正确的引导作用；当两次思维活动属于异类性质时，前次思维活动会对后次思维活动起错误的引导作用。

猜一猜：你产生思维定式了吗？

有一位既聋又哑的人，想买几根钉子，他向售货员做了这样一个手势：左手两个指头立在柜台上，右手握拳做出敲击的样子。售货员给了他钉子。接着进来了一位盲人想买一把剪刀。请问：盲人将会怎么做？

（二）创新思维障碍类型

1. 经验型创新思维障碍

• 案例分享

马尔科夫之死[①]

在日常生活中，因凭经验处理问题而产生偏差和失误的事例不胜枚举。马尔科夫之死就是一个典型的例子。1978 年 9 月，保加利亚叛逃者马尔科夫在英国首都伦敦被刺客用装有暗器的雨伞击中。人们很快将他送到了医院。医生检查他的伤口，未发现炎症，便根据经验对他进行了处理，并认为他很快就会痊愈。不料 4 天以后，马尔科夫突然死亡。医生大吃一惊，经仔细研究发现，刺客用的是带剧毒的铂-铱子弹，由于铂具有抑制细菌的作用，因此在伤口处找不到炎症，但毒液进入了马尔科夫的体内，最终导致了他的死亡。

在一般情况下，经验是我们处理日常问题的好帮手。只要有某一方面的经验，处理问题时就得心应手。特别是一些技术管理方面的工作，非要丰富的经验不可。但是我们也要看到，经验是具有稳定性的，有其负面效应。这种负面效应的表现就是，可能导致人们对经验的过分依赖，形成固定的思维模式。这样一来，就会削弱人们头脑中的想象力，制约创新意识。也就是说，经验具有很大的狭隘性，在某种情况下，甚至可能成为束缚思维的枷锁。美国石油大王保罗·盖蒂（Paul Getty）说过："在快速变化的年代，经验可能是你最大的敌人。"张瑞敏说："创新就是创造性的破坏。将原有的成功的经验统统打破，不断打破既有的平衡，否定自我，重塑自我，那么企业将在所有的竞争中取胜！"因此，我们既要借鉴以往的好经验，又不能仅仅依赖经验，要善于根据新的实践，创造性地总结新的经验。

过分相信和依赖自己现有的优势从而意外跌倒的情况在现实中并不少见。从方法论上说，这是被过去成功的经验和方法所束缚，忽视了原有优势在认识和实践上存在的局限性，陷入了盲目性的误区，因而在面对新情况时就出现了不适应。

---

① 吴晓义. 创新思维训练［M］. 北京：国家行政学院出版社，2019：29.

2. 权威型创新思维障碍

• 案例分享

天灾？人祸？[①]

1938年9月21日，一场凶猛异常的飓风袭击了美国的东部海岸。美国著名历史学家威廉·曼彻斯特在他的名作《光荣与梦想》中记载并描述了这场罕见的风暴。书中写道："下午两点三十分，海水骤然变成了一堵高大的水墙，以迅猛之势，向巴比伦和帕楚格小镇（位于纽约长岛）之间的海滩劈头压来。"

第一波海浪的威力如此之大，以至于阿拉斯加州锡特卡市的一台地震仪上都记录下了它的影响。与此同时，飓风携带着巨浪以每小时超过100英里的速度向北挺进。这时，水墙已经达到近40英尺高，长岛的一些居民手忙脚乱地跳进他们的轿车，疯狂地向内陆驶去。没有人能精确地知道，多少人在这场生死赛跑中失去了生命。幸存者后来回忆道，一路上，人们都将车速保持在每小时50英里以上。

其实，当地气象学家们已预测到了这场飓风的规模和到来时间，但因为一些不便公开的原因，气象局并没有向公众发出警告。事实上，绝大多数的居民通过家中的仪器或者其他渠道得知飓风即将来临，但由于作为权威部门的气象局并没有发出任何预报，因此居民都出人意料地对即将到来的大灾难漠然视之。

后来，许多令人吃惊的故事被披露出来。曼彻斯特写道："这里有一个长岛居民的经历，早在飓风到来前几天，他就到纽约的一家大商店订购一台崭新的气压计。9月21日早晨，新气压计邮寄了过来。令他恼怒的是，指针指向低于29的位置，刻度盘上显示'飓风和龙卷风'。他用力摇了摇气压计，并在墙上猛撞了几下，指针也丝毫没有移动。气愤至极的他立即将气压计重新打包，驾车赶到了邮局，将气压计又邮寄了回去。当他返回家中的时候，他的房子被风吹得无影无踪了。"

这就是绝大多数当地居民采取的方式。当气压计指示的结果没有得到权威部门的印证时，他们宁愿诅咒气压计，或者忽略它，或者干脆扔掉它！

巴尔扎克曾说过："打开一切科学的钥匙，毫无疑义的是问号。我们大部分的伟大发现应该都归功于'如何'，而生活的智慧大概就在于逢事都要问个为什么。"质疑观念的核心特征是它的疑问性——"为什么"或"是什么"。这是求索问题的切入点，也表达了一种探索、求知、解疑的心理欲望，是一把发现问题、提出问题的钥匙。

在思维领域，不少人习惯于引证权威的观点，不假思索地以权威的是非为依据。

---

① 朱彤．事半功倍的心理学［M］．北京：新世界出版社，2008：121-122.

在小学作文中，为了证明自己的观点是正确的，学生往往会引述某些名人名言，如“伟大的发明家爱因斯坦曾经说过”“伟大的物理学家牛顿曾经说过”…… 甚至某句话明明是自己想出来的，但是为了提高可信度，学生可能就会在前面加上“某个伟大的数学家曾经说过”等。这些都源于对权威的某种崇拜。可以说，有人类群居的地方就有权威。权威是任何时代、任何社会都存在的现象。人们对权威普遍存在崇拜之情，这是可以理解的，然而这种尊崇常常演变为神化和迷信。一旦发现与权威相违背的观点或理论，便想当然地认为其必错无疑。这就是创新思维的另一重大障碍，即权威型创新思维障碍。

3. 偏见型创新思维障碍

• 案例分享

海顿和莫扎特的打赌①

有一次，音乐大师海顿和莫扎特打赌，莫扎特写了一首乐曲，看海顿能不能弹出来。刚开始时，海顿弹奏得很顺利，可当他的双手被高、低音支配到键盘的两端时，曲谱上又跳出了一个在键盘正中间的音符，海顿这时便无法处理了。他大嚷道：“这是世界上无人能弹的曲子!”莫扎特笑眯眯地说：“我能弹!”对那个几乎无法处理的音符，莫扎特弹的时候居然用上了鼻尖。假设海顿的头脑中没有钢琴必须用手弹的主导观念，那么海顿肯定也会想到用其他方法触碰琴键。这位在音乐领域里很有创造力的大师尚且如此，可见主导观念无处不在，固执和偏见是创造性思维的克星和杀手。

某种观念普遍为人们所接受后，会在人们的头脑中相对固定下来，成为一种固定的观念。人们常说的传统观念就是固定观念的一种重要表现形式。固定观念对于人们学习知识、阐述问题、利用知识从事常规性工作可以说是必不可少的，然而对于发展、拓宽创新思维而言就会成为一种阻碍。它在人们和新事物、新现象之间形成了某种屏障，让人们觉得熟悉的事物比较有安全感，易对新事物有所猜忌、犹豫，使人们的思维无法实现突破。在固有观念的影响下，人们往往会利用已有的经验过早地做出判断，而把新构想的幼芽扼杀在摇篮里。

① 王如平．创造性思维的开发与培养［M］．北京：光明日报出版社，2012：276.

4. 书本型创新思维障碍

• 案例分享

铁路的道轨是两匹马屁股的宽度4.85英尺？①

美国铁路两条铁轨之间的标准距离是4.85英尺。这是一个很奇怪的标准，究竟从何而来的呢？原来这是英国铁路的标准，因为美国的铁路最早是由英国人设计和建造的。而英国早期的铁路是由建造电车的人所设计的，4.85英尺又正是电车所用的标准。

那么，电车轨道标准是从哪儿来的呢？原来最先造电车的人以前是造马车的，所以电车的标准是沿用马车的轮距标准。那么，马车为什么要用这个轮距标准呢？因为如果那时的马车用任何其他轮距的话，马车的轮子很快就会在英国的老路上撞坏的。为什么呢？因为这些路上的辙迹宽度为4.85英尺。这些辙迹又是从何而来的呢？答案是从古罗马人那里来的。因为整个欧洲包括英国的长途老路都是由罗马人为他们的军队所铺设的，而4.85英尺正是罗马战车的宽度。那么，罗马人为什么要用4.85英尺作为战车的轮距宽度呢？原因很简单，这是两匹战车的马的屁股的宽度。

当电视上播放美国的航天飞机立在发射台上的雄姿时，如果留意看，在它的燃料箱的两旁有两个火箭助推器。如果可能的话，工程师希望把这些助推器造得再胖一点，这样容量可以再大一些。但是他们不可以，因为这些推进器造好以后要用火车从工厂运到发射点，路上要通过一些隧道，而这些隧道的宽度只比火车轨道的宽度宽了一点点。因此，火箭助推器的宽度是由铁轨的宽度所决定的。

所以，最后的结论是：路径依赖导致了今天世界上最先进的运输系统——航天飞机火箭助推器的宽度竟然是由两千年前两匹马屁股的宽度所决定的！

不少人都有这种习惯或者毛病，就是总以为书上的内容是对的，无须考证。因此，读书时不怀疑、不辨别，而是全盘接受。书本上怎样说，自己也就怎样说、怎样做，最终被书本主宰，成了书本的“奴隶”。这种读书的态度是错误的、有害的。科学是在新的发现基础上不断纠正以往的错误而发展的。世界上从来就没有一成不变的事物。因此，当理论与事实发生矛盾的时候，人们只能修改理论，使之与事实相适应，这才是正确的选择。

---

① 杨建峰. 你不可不读的西方哲学故事［M］. 汕头：汕头大学出版社，2014：42.

三、创新思维训练

（一）排除创新思维障碍训练

1. 排除“以往经验”的束缚

• 案例分享

青霉素的发现[①]

发现青霉素而获得1945年诺贝尔医学奖的英国细菌学家亚历山大·弗莱明（Alexander Fleming），他之所以成功，就是因为他研究事物能摆脱经验的束缚，把熟悉的事物有意识地看作陌生的，并不轻易放过它。他在1928年研究各种葡萄球菌变种时，在实验桌上留置了一些培养皿，以备不时检查。盖子被不时地打开，培养液不免被空气中的微生物所污染。一天，他突然发现培养皿边沿生长了一堆奇特的霉菌。在这堆霉菌的周围，葡萄球菌不仅不能生长，而且某些较远的葡萄球菌也被溶解了。对于这一很容易凭经验被认为是污染引起的一般现象，弗莱明却给以应有的重视，他摆脱了经验的束缚，认为它可能是不同于一般污染的特殊现象，继而深入细致地研究，结果发现了青霉素，为人类做出了伟大贡献。

然而，早在弗莱明以前，日本科学家古在由直在实验室里也同样观察到了葡萄球菌被污染的霉菌所吞噬的现象。可是他凭经验将之看成一种普遍熟悉的污染现象，放弃了进一步深入研究。这一念之差，失去的却是科学界最高的诺贝尔奖。这个实验说明了一个道理：经验丰富固然很好，但是动用经验来解决问题必须与时间、条件、地点等具体情况相结合，若不假思索，想当然地生搬硬套经验，就势必会犯错误，这样一来经验反而成了解决问题的绊脚石。因此，我们在解决问题时要多利用以往的经验，但是，在思考问题时切不可被以往的经验束缚住头脑。

2. 不要受学术权威“结论”的束缚

在研究工作中，许多人如果发现其中某一个问题已有专家的定论，往往就会终止探讨，而以专家的结论为准。然而，这样做是不严格和不科学的，有时会使整个研究工作走入歧途，因为专家的有些结论不一定正确。这时，我们应该针对问题深入研究下去，得出自己的研究结果，然后再跟专家的定论相比较。如果研究结果与专家的定论有出入或者相悖，这时切不可盲目迷信权威，放弃自己的研究成果，而应该严格地、

① 付生德，桑振平，黄天利. 大学生创新创业指导教程［M］. 北京：现代教育出版社，2018：23-24.

仔细地检查自己的研究过程，看是否有哪个环节或步骤出现了错误。如果没有发现错误，重复研究、考证的结果仍然与自己的结论相一致时，我们就不能被专家的结论束缚，而必须鼓起勇气，挑战权威。

著名的意大利科学家伽利略·伽利雷（Galileo Galilei）就是人们学习的榜样。科学界的“教皇”亚里士多德（Aristotle）认为：落体的速度和它的重量成正比。年轻的数学家伽利略却怀疑它的科学性。他经过反复实验，确信亚里士多德错了。于是在比萨斜塔的顶上做实验，向亚里士多德的学说提出挑战，结果证明亚里士多德的理论是错的。要成为一个具有创造性能力的人才，就要像伽利略那样敢想、敢干、敢说，思维不受学术权威“结论”的束缚。对待权威的态度应该是尊重，而不是迷信。

3. 用“搁置法”摆脱习惯性思维的束缚

这主要是对于已经形成习惯性思维的人而言的。一些有经验的科学家，在写完了他们的论文以后，往往把它搁置起来“忘掉它”，过了一段时间以后再来读它，把自己设想成一个带有怀疑眼光的挑剔的读者。这样往往就能发现从前没有发现的新问题。习惯性思维的形成和影响都是具有时间性的。人们通过实验证明：习惯性思维的痕迹就像记忆的痕迹一样，时间久了也会淡薄和消失。人们往往以为成功在于不倦地思考，在于最后坚持一下。事实上，从思维定式的角度来说，把问题放一放有好处，有利于消除习惯性思维痕迹的影响，有利于得到新的思路、新的方法。

4. 依靠别人帮助摆脱习惯性思维的影响

萧伯纳说过，倘若你有一个苹果，我也有一个苹果，而我们彼此交换这个苹果，那么，你和我仍然各有一个苹果。但是，倘若你有一种思想，我也有一种思想，而我们彼此交流这种思想，那么，我们每个人将各有两种思想。现在成功的活动，越来越趋向于互相合作，一方面，由于知识信息的爆炸增长，每个人的知识都有限，合作可互相补充；另一方面，合作可以相互帮助，克服习惯性思维的影响。科学研究扎根于讨论。其根源在于讨论可以打破习惯性思维，了解他人的思路，从而带来启发和灵感。讨论不仅可以找同行，而且可以找一些聪明的外行，向他们讲述自己的工作及碰到的问题，和外行进行讨论，看起来好笑，但结果可能出人意料。

（二）创新思维训练

所谓创新思维训练，就是采用一定的方案，对思维能力、思维方法、思维知识和思维态度等进行训练，从而使人的创新思维水平得到提高的过程。

1. 逆向思维训练

• 案例分享

拍集体照[①]

有个摄影师常拍集体照。对数十人甚至上百人的集体来说，当“一、二、三”快门打开的瞬间，总会有个别坚持不住的人眨了一下眼睛，影响洗出照片的效果。摄影师换了一个思路，先让所有人闭上眼睛，喊“一、二、三”时一齐睁眼，结果大获成功，洗出来的照片个个神采奕奕。

和同学们试一试吧，看这个“逆向思维”的方法是不是很管用？

逆向思维，也称求异思维，它是对司空见惯的似乎已成定论的事物或观点反过来思考的一种思维方式，表现在敢于“反其道而思之”，让思维向对立面的方向发展，从问题的相反面深入地进行探索，树立新思想，创立新形象。

我们都听说过“司马光砸缸”的故事。小孩落水会被淹死。要救出落入水缸的小孩，常规方法是把人拉出水面。把一个小孩拉出水缸，对大人来说不成问题，但对还是未成年人的司马光来说却不是一件容易的事情，弄不好自己也可能被对方拉下水。司马光考虑的不是人们常想的“人离水能活”这一条方法，而是“水离人，人也能活”这种思维方式。结果他砸破水缸救出了小孩。这就是一种逆向思维。

逆向思维可分为功能反转、结构反转、因果反转、状态反转等几种。

（1）功能反转：从已有事物的相反功能去设想和寻求解决问题的新途径，获得新的创造发明的思维方式。

（2）结构反转：从已有事物的相反结构形式去设想和寻求解决问题的新途径的创造性思维方式。如一般的门锁锁舌有斜口，便于关门，但容易被人通过塞入硬片等方法撬开，防盗功能差。有人在门框上锁孔内侧焊个斜片，将锁舌改成方形，关门照样方便，但由外往里撬门时，锁舌由于是方形的，就不易被撬开，其防盗性能大大增加。

（3）因果反转：根据已有事物的因果关系，反过来由“果”去发现新的“因”（现象、规律），寻找解决问题的方式。例如，磁生电（发电机）—电生磁（电磁铁），声转电（话筒）—电转声（听筒）。

（4）状态反转：从已有事物的另一属性，反转过来发现或创造一种新的产品或技术的方式。

思维训练

① 网络是当今社会不可缺少的元素。请问网络对人们来说有哪些有利作用，有哪

① 史梅，徐俊祥，白冰．大学生创新与创业指导［M］．北京：现代教育出版社，2015：27.

些不利作用？对于不利作用，如何将其变为有利作用？

② 生活中有哪些状态反转的例子？

2. **发散思维训练**

· 案例分享

杯子掉下来的多种可能性①

一只杯子掉下来，碎了。

这个可以是个什么问题呢？

物理题：因为这是自由落体运动，多高才能碎呢？

化学题：杯子里装着酒精，掉进了火堆里。

经济题：那是刚买的，如今碎了还要再买一个，去取钱的时候卡忘在了 ATM 机里。

语文题：你太让我伤心了，伤得就如同这只杯子一样……

社会问题：杯子从大厦楼顶掉下，砸死了一个人，引起骚乱，被定性为恐怖袭击。

心理问题：那一声破碎的声音触动了一个女孩，于是她花了一下午的时间去查询“为什么噪声会让人紧张”。

情感问题：那是男朋友送给自己的情侣杯，这个会造成一个感情风波。

时间问题：杯子摔碎了，乱了心情，还要再买，直接提升了时间成本。

历史问题：那是乾隆用过的杯子，有很多关于它的故事，它是那些历史的唯一承载，如今杯子破了，结果一段历史就这样彻底消失了。

…………

启示 同样的事物，运用发散思维去思考，就会呈现不同的效果。

围绕一个问题，突破常规思维的束缚，沿不同方向去思考、探索，寻求解决这一问题的各种可能性，由一点到多点的思维形式就叫作发散思维，又称扩散思维、多向思维、辐射思维（图 2-2）。

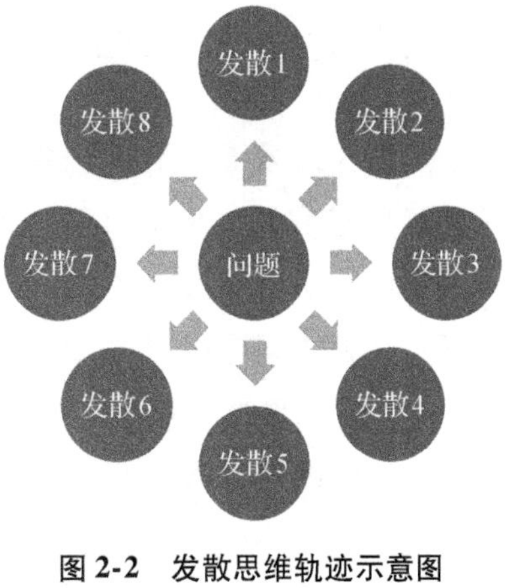

图 2-2 发散思维轨迹示意图

通常人们思考问题，总是喜欢按一条思路进行，走不通就打住，进而导致问题被搁置。也许，换一个思路从多个不同角度去考虑就很容易解决问题。思维扩散的范围愈广，产生的设想愈多，解决问题的可能性就愈大。面对一个新方法、新技术、

① 杜鹏举，罗芳．大学生创新创业基础［M］．北京：中国铁道出版社，2018：57.

新规律、新产品、新现象，对一个训练有素的创新者来说，他会考虑能否有其他更多的用途，制作更多类型的作品，设计新的装置，开创一个个新的技术种类、一项项新的系列化产品、一片片新的应用领域。

思维训练

① 以钢笔为发散点，思考钢笔有多少种用途？至少回答 20 种。

② 夏天天气特别炎热，如何达到凉快的目的？

③ 利用白色可以做什么或办什么事情？

④ 用吸的方法可以办哪些事情或者解决哪些问题？

⑤ 猫和狗有哪些关系？

3. 收敛思维训练

• 案例分享

黄曲霉素的发现[①]

1960 年，英国某农场为了节约开支，购进一批发霉花生喂养农场里十万只火鸡和小鸭，结果这批火鸡和小鸭大都得癌症死了。之后我国某研究单位和一些农民用发霉花生长期喂养鸡和猪等家畜，也导致同样的结果。1963 年，澳大利亚又有人用霉花生喂养大白鼠、鱼等动物，结果被喂养的动物大都得癌症死了。研究人员从这些资料中得出一个结论：在不同地区，不同种类的动物吃了霉花生都患了癌症，因此霉花生是致癌物。后来研究人员又经过化验研究发现：霉花生内含有黄曲霉素，而黄曲霉素正是致癌物质。这就是收敛思维的运用。

启发 当不同的场合发生同一现象时，我们应排除其他的情况，找到他们的共同点。这个共同点在各个场合出现，而在这些场合里，只有一个条件是相同的（其他条件均不相同），据此我们就可以推断说，这个共同条件就是各个场合出现的共同现象的原因。

所谓收敛思维，是指以某个思考对象为中心，尽可能运用已有的经验和知识，将各种信息重新组织，从不同的方面和角度，将思维集中指向这个中心点，从而达到解决问题的目的。该思维又称聚合思维、集中思维、求同思维、综合思维、辐辏思维等（图 2-3）。

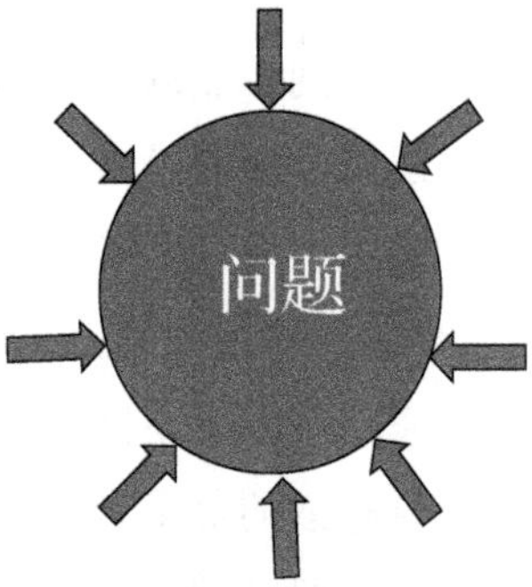

图 2-3 收敛思维轨迹示意图

收敛思维具有集中性和最佳性的特点，即收敛思维的过程是集中指向的，目标单一，就像瞄准靶心。

① 白庆祥. 素质是怎样提高的［M］. 哈尔滨：东北林业大学出版社，2016：27.

其结果是寻求最佳，或者说在一定条件下是最佳的。思维在这个阶段，要进入实质性的实施阶段，往往与发散思维相辅相成。

收敛思维能力的强弱，取决于一个人的分析、比较、综合、抽象、概括、判断和推理能力。在现实生活中，学生最常用到的是集中思考。一般课堂教学的主要内容之一就是训练学生的收敛思维，培养其集中思考的能力。让学生参加许多考试和测验的目的就是培养学生根据所掌握的信息资料得出正确结论的能力。

思维训练

① 请说出家中既发光又发热的东西，找出它们的共同点。

② 请写出海水与江水的共同之处，越多越好。

③ 鸽子、蝴蝶、蜜蜂与苍蝇有什么相同之处？

发散思维和收敛思维，是人们进行创造活动时运用的两种不同方向的思维。发散思维与收敛思维的辩证关系是：发散思维与收敛思维在思维方向上互补，在思维过程中也互补，这是创造性解决问题所必需的；发散思维向四面八方发散，收敛思维则向一个方向聚集；在解决问题的早期，发散思维起到主要的作用，在解决问题后期，收敛思维则扮演着更重要的角色。

4. 联想思维训练

联想思维是指人脑记忆表象系统中，某种诱因导致不同表象之间发生联系的没有固定思维方向的自由思维活动。主要思维形式包括幻想、空想、玄想。其中，幻想，尤其是科学幻想，在人们的创造活动中具有重要作用。联想思维主要包括相似联想、相关联想、对比联想、因果联想、接近联想等。日本创造学家高桥浩曾说过：联想是打开沉睡在头脑深处的记忆的最简便、最适宜的钥匙。联想是开发创新创意能力的翅膀。通过联想，人可以发现无生命物体的象征意义，可以寻到抽象概念的具体体现，从而使信息具有更强的刺激性和冲击性，可以使认识大大超越时间、空间等具体条件的限制。联想极大地丰富了人们的精神世界，成为推进人类发展、社会进步的精神动力。

事物之间都是可以相互联系的。只要投入足够的脑力，一定可以在任意两个事物之间建立联结，获得新的创意。

思维训练

将下列故事整理成三个可供选择的结局，一个悲伤的，一个幽默的，一个富有道德教育意义的。

在战争时期，一个士兵牵着驴去牧场吃草。此时，敌人突然进犯，使他惊慌。他试图用各方法促使驴子快跑，但是枉然。

“敌人朝我们来了！”他对驴子说。

“敌人干什么？”驴子问，“他们要在我背上放一对篮子，而不是像你这样放一个？”

“不，”士兵回答说，“这并不可怕。”

“那为什么？”驴子说。

5. 灵感思维训练

灵感思维也称作顿悟。它是人们借助直觉启示猝然迸发一种领悟或理解的思维形式。诗人、文学家的“神来之笔”，军事指挥家的“出奇制胜”，思想战略家的“豁然贯通”，科学家、发明家的“茅塞顿开”，等等，都属于灵感思维。灵感思维有偶然性、突发性、创造性等特点。灵感是新东西，即过去从未有过的新思想、新念头、新主意、新方案、新答案。灵感思维是三维的，它产生于大脑对接收到的信息的再加工。灵感来自信息的诱导、经验的积累、联想的升华、事业心的催化。

思维训练

（1）假如……

① 假如有外星人，想象一下外星人的样子。

② 假如世界上只剩下你一个人了，想象一下你的生活会怎样。

③ 假如你能够穿越时空隧道回到清朝，想象一下那里的情景。

④ 假如飞机由你设计，想象一下它的外观、性能。

（2）电话铃突然响起。在接听电话之前，运用直觉思维，预测一下谁打来的，有什么事情。

（3）在大街上遇到一个陌生人，运用直觉思维，猜测一下他的年龄、职业或家庭状况。

拓展阅读

头脑风暴法训练

头脑风暴法的所有参与者都应具备较高的联想思维的能力。在进行“头脑风暴”时，组织者应尽可能提供一个有助于把注意力高度集中于所讨论问题的环境。有时某个人提出的设想，可能正是其他准备发言的人已经思维过的设想。其中一些有价值的设想，往往是在已提出设想的基础之上，经过“思维共振”的“头脑风暴”，迅速发展起来的设想，以及对两个或多个设想的综合设想。因此，头脑风暴法产生的结果，应当认为是所有参与成员集体创造的成果，是成员组这个宏观智能结构互相感染的总体效应。

假设您是市政府信息处的工作人员。信息处的主要职责是将关于本市政治、经济、生活等方面的重要信息每日摘要向市领导呈报。下面有两条信息：

信息一：某居民小区原有一个菜市场，在前一阶段的全市拆除违章建筑大行动中被拆除了。市政府一直没有重新给菜市场安排场地。导致该小区的居民要到距离很远的其他菜市场买菜。这给居民尤其是家中仅有老人的居民生活带来极大的不便。居民呼吁市政府尽快解决该问题。

信息二：本市有一家国有企业，常年亏损，开不出工资。年初新厂长及领导班子上任后，通过完善内部管理，改变经营思路，半年多时间使企业扭亏为盈，成为本市纳税大户。现在这家企业在银行贷款方面遇到了困难，向市政府请求帮助。这笔贷款关系到这家企业的新项目是否能够投产。

由于各种原因，上述两条信息只能报一条给领导。

请问，您认为应该将哪一条信息报给市领导？理由是什么？

各小组成员发表自己的意见，对于不同的观点进行辩论后得出统一的意见。然后选举一位代表，汇报你们小组的意见，并阐述你们做出这种选择的原因。

创业英雄榜

刘吉平：生命不止，奋斗不息

不畏艰难，勇往直前

1982 年出生于江西万载县的刘吉平，家境平平。由于母亲生病，原本不富裕的家庭陷入困境。穷则思变。父亲决定经商，让一家人重新燃起了生活的希望。在父亲和母亲的不懈努力下，亏本十几年的合作社第一年就转亏为盈。父母的这一做法，在刘吉平心中种下了创业的种子。他希望自己未来也能创业成功，为家乡树立正能量的形象。

2002 年，刘吉平从江西外语外贸职业学院顺利毕业，开始踏入社会。刘吉平先后做过服务员、快递员等工作。住着漏水的房屋，拿着低微的工资，送着快递走遍上海的大街小巷，这是他当时生活的真实写照。在底层的工作环境中，他看到了竞争的残酷，体味到了生活的艰辛，也有过迷茫甚至怀疑自己的时候。但是，他的创业梦并没有被现实生活浇灭。这段辛苦的经历使他看到，要想在一座城市生存、立足、发展，必须脚踏实地，承受普通人难以承受的压力。每当承受挫折或遇到困难时，他都能坚强地挺过去。他在工作过程中，始终不忘自己的创业梦想，一有机会，他就会物色各种创业项目及商机。快递行业创业需要投入大量的资金，这对当时的刘吉平来说是无法承受的，所以他并没有把创业的目标选择在自己所熟悉的快递行业，而是选择了他平时在送快递过程中发现的集成电路行业作为自己的创业项目。

2003 年年底，刘吉平看到了集成电路良好的发展前景，他相信集成电路将会成为未来世界发展的重点。凭着自己对创业敏锐的嗅觉，刘吉平辞去了快递公司的工作，转行到集成电路行业中去工作，从助理做起，继续发扬不怕苦、不怕累、不怕吃亏的精神。凭借自己坚持不懈的奋斗，3 个月后他被提拔为市场营销经理。在两年的工作中，刘吉平跑遍了整个华东地区，不断学习，不断总结经验，为他自己的创业奠定了坚实的基础。终于在2005 年成立了自己的企业——上海航顺微电子有限公司，从事代理进口与国产集成电路等业务。

展翅高翔，成就梦想

创业是艰难的。特别在创业初期，刘吉平没有资金、没有固定的客户、没有背景，承受着普通人难以承受的巨大压力。同时创业也是快乐的，因为他有的是奋斗、努力、坚持，看着自己的企业一步步成长，自己的付出一点点得到回报，那种喜悦也是别人体会不到的。尤其是回报亲人、回报乡亲、回报社会所带来的快乐，更是回味无穷。

2008 年，上海航顺微电子有限公司开始转型，走上研发道路；2010 年，成立子公司——深圳市航顺芯片技术研发有限公司，注册资金 500 万元，立志让航顺品牌芯片遍及全世界，服务全人类。2013 年，公司销售额达到 8 000 万元。

2013 年，刘吉平又投资成立江西火工生态农业发展有限公司。主要依托江西万载县绿色有机农业及清华大学农业研究院的有利条件从事高端绿色养殖种植，首期投资 2 000 万元，发展家乡。

80 后的刘吉平，有过迷茫，有过困惑，有过艰辛，也有过挫折，但是，他从来没有放弃自己的梦想。正是因为他对梦想的执着，他成功地踏上了创业的道路。他经常说的一句话是：未来的路还很长，很宽广，我们还需努力奋斗。

【课后实训】

实训主题：

纸飞机竞赛。

实训目的：

（1）通过对纸飞机设计方案的思考，培养创新思维。

（2）通过对团队设计创意的推介，锻炼表达能力，培养自信心。

实训要求：

以个人或小组为单位，设计并创造一架纸飞机。这架纸飞机要能够承载一元钱的硬币，在空中飞行尽可能长的时间。可以选择使用硬币的数量和面值，唯一的限制是总重量必须是一元钱的重量。

你或小组需要准备 2 分钟的演讲，来说服其他同学相信你或小组的设计会表现得最好。

实训步骤：

（1）向同学们推销你或小组的创意，时间严格限制在 2 分钟内。

（2）记录下你认为会在每个指标（距离和时间）上表现最佳的设计的投票。只允许在每个指标上投票给一个小组，但不要求在每个指标上都投票给同一小组。注意不能给自己的设计方案投票。

（3）对纸飞机进行测试。每一小组找一个人投掷纸飞机，记录下纸飞机飞行的时间和距离。

（4）请飞行表现不同的几个小组分享设计的流程和心得。注意他们是如何把局限转化成机会，如何从失败中得到教训的。

① 你如何看待硬币的问题？将其视为负面局限吗？为什么？你将其视为一个机会并将其纳入设计中以改进飞机性能吗？

② 你如何努力差异化自己的设计？

③ 你试图在时间或距离上优化纸飞机或者二者兼得吗？

④ 你制作原型并测试纸飞机了吗？

（5）讨论有效推销的特点。需要理解创业者对投资者推销的重要性。对于初创企业来说，投资者一般会注意创业者“推销”创意的能力，以及其演讲的能力和信心。

① 努力将你的设计“推销”给你的同学，感觉如何？最大的挑战是什么？

② 你决定如何投资？创业者展示概念的方式有多重要？信心有多重要？创业者引人入胜的方面是什么？

③ 你如何看待投票或不投票给你的设计的人？为了改进你的演讲，你会做些什么？

第三章 创业团队的组建与管理

名言警句

不管是在哪行哪业，一家创业公司能够取得成功，团队、用户体验、成本、效率这四点都最重要，而且基本能够判断一个全新的商业模式是否有价值。

——刘强东

案例故事

难得的黄金创业团队①

1998年11月，马化腾与他的同学张志东共同出资注册了深圳腾讯计算机系统有限公司。之后又吸纳了三位股东：曾李青、许晨晔、陈一丹。这5个创始人的QQ号，据说是从10001到10005。为避免彼此争夺权力，马化腾在创立腾讯之初就和4个伙伴约定清楚：各展所长，各管一摊。马化腾是CEO（首席执行官），张志东是CTO（首席技术官），曾李青是COO（首席运营官），许晨晔是CIO（首席信息官），陈一丹是CAO（首席行政官）。

之所以说腾讯的创业五兄弟难得，是因为直到2005年的时候，这五人的创始团队还基本保持这样的合作阵形，不离不弃。

都说一山不容二虎，尤其在企业迅速壮大的过程中，要保持创始人团队的稳定合作尤其不容易。在这背后，工程师出身的马化腾从一开始对于合作框架的理性设计功

① 宋俊骥，刘华，陈倩．大学生创新创业实务教程［M］．天津科学技术出版社，2020：63－64．

不可没。

从股份构成上来看，5 个人一共凑了 50 万元，其中马化腾出资 23. 75 万元，占 47. 5%的股份；张志东出了 10 万元，占 20%的股份；曾李青出了 6. 25 万元，占 12. 5%的股份；其他两人各出 5 万元，各占 10%的股份。虽然主要资金为马化腾所出，他却持有不到一半的股份——47. 5%。“要他们的总和比我多一点，不要形成一种垄断、独裁的局面。”而同时，他自己又一定要出主要的资金，占大股。“如果没有一个主心骨，股份大家平分，到时候也肯定会出问题，同样完蛋。”

保持稳定的另一个关键因素，就在于搭档的合理组合。

《沸腾十五年》作者林军回忆说：“马化腾非常聪明，但非常固执，注重用户体验，愿意从普通用户的角度去看产品。张志东思维非常活跃，对于技术很沉迷。马化腾技术也非常好，但是他的长处是能够把很多事情简单化，而张志东更注重把一个事情做得很完美。”如果说其他几位合作者都只是搭档级人物的话，那么只有曾李青是腾讯 5 个创始人中最好玩、最开放、最具激情和感召力的人。其大开大合的性格也比马化腾更具备攻击性，更像拿定主意的人。不过或许正是这点，导致他最早脱离了团队，单独创业。后来，马化腾在接受多家媒体的联合采访时承认，他最开始也考虑过和张志东、曾李青三个人均分股份的方法，但最后还是采取了 5 人创业团队，根据分工占不同的股份结构的策略。在马化腾看来，未来的潜力要和应有的股份匹配，不匹配就要出问题。如果拿大股的不干事，干事的股份又少，矛盾就会发生。

当然，经过几次稀释，最后他们上市所持有的股份比例只有当初的三分之一，但即便是这样，他们每个人的身价还是达到了数十亿元人民币，是一个皆大欢喜的结局。可以说，在中国的民营企业中，能够像马化腾这样，兼收并蓄，选择性格不同的合作者，成功开拓局面后依旧保持着长期默契合作，是很少见的，而马化腾的成功之处就在于其开始就很好地设计了创业团队的责、权、利。

第一节　创业者素质与创业团队

创业者和创业团队是创业活动的主体与核心，从开始的识别创业机会到创建新企业及创业管理，创业者和创业团队都是这一系列活动的组织者和执行者。

一、创业者素质

（一）创业者素质要求

著名演说家马丁·J·格伦德认为，成功创业者的素质是选择一个爱好、制定一个目标、拿着薪水学习、与成功者为伍、相信自己、以己之长发财致富、敢于提问、不循规蹈矩、不墨守成规、努力工作等。事实上，创业者的表现形形色色，纷繁复杂，成功的途径各有千秋，领域也各不相同，所以有关创业者素质的界定也不尽相同。但纵观中外成功的创业者，下列基本素质应该是他们共同具备的。

1. 知识素质

创业者的知识层面关系到创业者分析问题、判断问题、解决问题的能力和将来企业发展的前途。在竞争日益激烈的今天，单凭热情、勇气、经验或只有单一专业知识，要想成功创业是很困难的。具体来说，创业者应该具有以下几方面的知识。

（1）专业知识。创业者不仅应该具备一些基本的专业知识，还应掌握与本行业、企业相关的科学技术知识，依靠科技进步来增强竞争能力。

（2）经营管理知识。创业者应通过掌握科学的经营管理知识和方法来提高管理水平。这直接关系到创业活动的效率和成败。

（3）市场经济知识。市场中蕴藏着无限商机。创业者应该在创业之前掌握一些市场经济知识，如财务会计、市场营销、国际贸易、国际金融知识等，只有这样，才能更好地认识市场经济的发展变化规律，发现并利用其中的机会。

（4）法律知识。创业者应该充分了解、掌握国家的有关政策、法规，如《中华人民共和国民法典》《中华人民共和国公司法》《中华人民共和国劳动合同法》《中华人民共和国反不正当竞争法》《中华人民共和国产品质量法》《中华人民共和国商标法》《消费者权益保护法》等，做到用足、用活政策，依法行事，用法律维护自己的合法权益。

（5）财务会计知识。赢利是公司的首要目标。创业者只有具备相关的财务会计知识，才能做出基本的财务预算和盈亏平衡分析。如果一个创业者连公司有没有赚钱都不知道，何谈成功创业。创业者需要掌握的财务会计知识包括企业的财务计划、基本账务处理、会计报表的制作和分析、盈亏平衡分析、利润率计算及依法报税纳税等。

2. 能力素质

创业者应该具备四种核心能力，即策划能力、管理能力、交际能力和创新能力。

（1）策划能力。作为创新思维、创造市场竞争奇迹的技术手段，作为科学的思维方法，作为企业竞争中最有利的新武器，对于每一位创业者来说，策划能力都是必须具备的首要能力。创业的路径要如何走，创业者不能盲目，首先应该具有大局观，能够在头脑中规划出自己的行动路线图，善于把伟大的梦想和战略目标细分到每一个步骤，并且能够把每个步骤要做的工作细分到团队的每个部门甚至每个人，这样才能顺利地实现创业的目标。

（2）管理能力。管理学大师彼得·德鲁克认为："一个成功的企业首先需要有一个一流的管理者，其次才需要有一大批一流的技术人才。"管理者是在基于一定目标的前提下，运用科学的方式把规划中的事情进行实践，并且获得成果的人。一个伟大的管理者是管理的实践者。管理能力主要表现在对人、财、物、时间、空间等资源的合理组合和利用上，同时做到有序和高效。

（3）交际能力。创业者必须是个外交家，是穿梭于各方关系中的交际活动积极分子。外交能力对于创业者来说必不可少。一个不懂得与他人沟通的创业者，不可能将事业做大。首先，创业者要会处理自己和下属的关系、企业内部员工之间的关系，这是基本的要求。其次，创业者要处理好自己和合作伙伴的关系，这是事业成功的保证。广泛的人际网络、强大的人脉是创业者重要的财富。

（4）创新能力。创业者是创新的先锋。创业者应当具备的一项基本能力就是创新能力。创造新事物首先应具有创新能力。没有创新能力就不会有创新活动。当今的商业环境瞬息万变。在变化的环境中，创业者不变，势必就会落后。成功的创业者通常具有突破常规、勇于创新的能力，在处理问题的时候能够选择新的思路和方法，准确洞悉社会的变化，带领组织不断求新、求变，因而能够迅速、高效地解决棘手的问题。创新是创业得以成长、发展、延续的动力，主要包括产品和技术的创新、观念和思维的创新、经营模式的创新等。

英特尔公司副总裁威廉·达维多认为，一家企业要想在市场中占据主导地位，就要做到第一个开发出新产品，第一个淘汰自己的产品。通用公司总裁杰克·韦尔奇认为通用公司之所以能够成为世界500强中最优秀的公司之一，主要原因就是通用公司愿意不断地尝试新事物。

课堂游戏：找变化（评价自己的创造力）

① 找一个你身边的同学结成伙伴。

② 背对背，用3分钟时间，在自己身上做3个变化。

③ 转过头，彼此找找对方的变化。

④ 再背对背，用3分钟时间，在自己身上做10个变化。

⑤ 转过头，彼此找找对方的变化，双方都找出10个变化的，举手示意。

（5）心理素质。在严峻的环境下，创业者的心理素质成了创业者创业成败的一个关键点。所谓心理素质，是指创业者的心理条件，包括自我意识、性格、气质、情感等心理构成的要素。作为创业者，其自我意识特征应为自信和自主；其性格应刚强、坚忍、果断和开朗；其情感应更富有理性色彩。

（6）身体素质。良好的身体素质是进行各种工作的基础，对于创业者来说，这一点尤为重要。所谓身体素质，是指身体健康、体力充沛、精力旺盛、思路敏捷。创业是一项繁重和复杂的工作。创业者工作繁忙、时间长、压力大，因此创业者对健康风险要有充分的准备。如果创业者身体不好，必然力不从心，难以承受创业重任。

（二）大学生创业者创业特质的培养

创业者所具备的天赋是人人所向往的，但创业者的一些特质是可以通过后天学习来获得的。因此，大学生创业者要想成功创业，必须先提高个人的创业特质。潜在创业者要全面提高个人的创业特质，可以采用以下几种方法。

（1）与企业人士交谈，向成功的企业人士学习，做一个成功企业人士的助手或学徒。

（2）参加一个培训班或学习班，接受培训。

（3）阅读一些可以提高经营技巧的书籍。

（4）制订未来企业计划，增强创业动机。

（5）增强思考问题、评价问题及应对风险的能力。

（6）学习并思考如何更好地处理危机局面。

（7）对别人的观点和新的想法要多多接受。

（8）遇到问题时，要有分析问题的前因、后果及教训的能力。

（9）加强对工作的投入，并且要认识到：只有努力工作，才能获得成功。

· 相关知识链接

彼得·德鲁克经典五问

现代管理之父彼得·德鲁克提出，企业和管理者必须正视以下5个最重要的问题。

（1）我是谁？我的优势是什么？我的价值观是什么？

（2）我在哪里工作？我属于谁，是决策者、参与者还是执行者？

（3）我应做什么？我如何工作？会有什么贡献？

（4）我在人际关系上承担什么责任？

（5）我的后半生的目标和计划是什么？

二、认识创业团队

创业团队是一群才能互补、责任共担、有着共同目标并能做到利益让渡的特殊群体。根据不同的角度、层次和结构，创业团队可以划分为不同类型。

（一）按创业团队的组成者划分

依据创业团队的组成者来划分，创业团队大体可以分为三种：星状创业团队、网状创业团队和从网状创业团队中演化来的虚拟星状创业团队。

1. 星状创业团队

星状创业团队也称核心主导创业团队。一般团队中有一个核心主导人物充当领军的角色。这种团队在形成之前，一般是核心主导人物有了创业的想法，然后根据自己的设想组织创业团队。因此，在团队形成之前，核心主导人物已经就团队组成进行过仔细思考，根据自己的想法选择相应人物组成团队，团队的其他成员更多的是扮演支持者的角色。

2. 网状创业团队

网状创业团队也称群体性创业团队。这种创业团队的成员主要来自因为经验、友谊和共同兴趣的关系而结缘的伙伴。在一般情况下，网状创业团队的成员共同认可某一创业想法，并对创业达成了共识以后，开始共同进行创业。这种团队中没有明确的核心人物，大家根据各自的特点进行自发的组织角色定位。因此，在企业初创时期，各位成员基本上扮演协作者或者伙伴的角色。

3. 虚拟星状创业团队

虚拟星状创业团队是由网状创业团队演化而来的，基本上是前两种的中间形态。团队中有一个核心成员，但该核心成员地位的确立是团队成员协商的结果，因此核心成员在某种意义上说是整个团队的代言人，而不是主导型人物。其在团队中的行为必须充分考虑其他团队成员的意见，不像星状创业团队中的核心主导人物那样有权威。

（二）按创业动机划分

1. 生存型创业团队

这类创业团队的成员大都因迫于生计，而走向创业。这是中国数量最大的一拨创业人群。根据清华大学的调查报告，这一类型的创业者占中国创业者总数的90%。一般创业范围均局限于商业贸易，少量从事实业。当然也有因为机遇成长为大中型企业的，但数量极少。

2. 变现型创业团队

变现型创业团队就是在过去工作期间拥有了大量资源的人，在机会适当的时候，自己出来组建的团队。这类创业团队实际是将过去的权力和市场关系变现，将无形资源变现为有形的货币。

3. 主动型创业团队

主动型创业团队又可以分成两种情况，一种是盲动型创业团队，一种是冷静型创业团队。前一种创业团队大多极为自信，做事冲动。这样的创业团队很容易失败，可一旦成功，往往会成就一番大事业。冷静型创业团队是创业者中的精华，其特点是谋定而后动，不打无准备之仗，或掌握资源，或拥有技术，一旦行动，成功概率通常很高。

课堂活动：感受团队

活动目标：理解团队和团队精神的内涵，学会沟通和团队协作。

活动过程：

（1）小组成员到一个空场地围成一个圆圈站好。

（2）指导老师宣布：开始2分钟的小组沟通（没有任何明确的任务）。

（3）沟通时间到了以后，提醒戴眼镜的人可摘下眼镜，然后给每个成员分发眼罩。

（4）要求每个成员戴上眼罩，原地转2圈。

（5）指导老师分别给小组成员发号码牌（事先准备好），并让成员确认自己的号码，然后检查眼罩佩戴情况，防止作弊。

（6）请小组成员在3分钟内，按号码牌的大小，依次排成一队，在排队过程中，不允许发出任何声音。

（7）换另外一个小组，重复以上步骤，对比两组的过程和结果。

（8）参与活动者或观察者代表做总结发言。

三、创业团队的构成要素

（一）创业团队的构成要素

创业团队的构成要素，简称“5P”，即目标（Purpose）、人员（People）、定位（Place）、权力（Power）和计划（Plan）。

1. 目标

创业目标是创业团队成立的基础。创业团队应该以共同的目标为团队成员导航。只有具有共同目标的团队才有凝聚力、战斗力。创业目标为团队成员指明创业的方向，指明实现此目标需要付出的行动和努力，同时，也能使创业团队清楚地知道需要哪些方面的人才和技能。但团队共同目标并不是一蹴而就的，而是经过不断整合和提炼形成的。初次创业的创业者，要选择最有可能实现的目标而不是最有价值的目标，因为宏伟目标在运行过程中必然会遇到一些障碍。

2. 人员

创业团队的构成是人。创业目标是通过创业人员具体实现的。所以，创业团队中人力资源是所有创业资源中最活跃、最重要的资源。一般创业团队都是由拥有共同价值观和目标的人建立的。团队既需要“一切行动听指挥”，又需要通过不同的分工来完成共同目标。创业者应该考虑团队成员的能力、性格等方面的因素，以此来达到团队的平衡，充分发挥团队的优势。

3. **定位**

定位是指创业团队中具体成员在创业活动中扮演什么角色，即创业团队的角色分工问题。创业定位主要体现在：一是创业团队在创业企业中处于什么位置，由谁选择和决定团队的成员，最终应对谁负责及采取什么方式激励下属；二是创业者在创业团队中扮演什么角色。定位问题关系到每一个成员是否对自身的优劣势有清醒的认识。创业活动的成功推进，不仅需要整个企业寻找到合适的商机，还需要整个创业团队各司其职，并且形成良好的合力。

4. **权力**

为了实现创业团队成员的良好合作，赋予每个成员一定的权力是必要的。在创业团队中，权力主要包括两层含义：一是团队领导人的权力。团队领导人的权力与创业团队的发展阶段相关。一般来说，在创业团队发展初期，领导权相对集中；团队越成熟，领导者拥有的权力相应越小。二是团队权力。要确定整个团队在组织中拥有什么决定权，比如财务权、人事权等。

5. **计划**

详细的创业计划是创业团队成功的前提，也是实现创业目标的保障。创业目标最终的实现需要一系列具体的行动方案，而创业计划是创业目标的具体工作程序。制订的计划应包括创业团队的短期目标和长期目标，目标的有效实施方案，以及实施过程中的控制与调整措施，等等。

（二）影响创业团队筹建的因素分析

影响创业团队筹建的因素很多，可以划分为基本因素和其他因素。其中基本因素包括创始人、商业机会、外部资源、机会成本、失败的底线；其他因素则包括创业目标与个人目标的契合程度、个人偏好等。下面主要介绍基本因素。

1. **创始人**

团队的类型取决于商业机会的性质和创始人的能力、作用。对创业战略进行准确的评价是创始人建立团队的一个关键步骤。创始人首先需要考虑建立团队是否必需，以及能否把企业发展成一个更具潜力的企业，然后具体评价拥有的人才、专业技术、接纳功能、实战业绩、关系网络和其他资源，即已经获得的“资源组合”。一切就绪时，创始人就要进一步考虑企业必须具备什么条件才能获得成功，以及在什么时候需要什么样的人才与自己形成优势互补。最好的创始人是乐观的现实主义者，他们真心希望提高自己的工作绩效，努力去弄清哪些是他们所知道的，哪些是他们不知道的，并对此实事求是。创始人需要考虑的问题主要包括以下几个方面。

① 需要哪些与行业、市场及技术有关的技术知识和经验？

② 是否拥有所必需的关系网络（以及已有的网络能否为企业带来竞争优势），是否需要在这方面寻找合适的合伙人？

③ 是否能够吸引各方面的一流合伙人组成一支“全明星队”，是否能够有效协调这些人和其他团队成员之间的关系？

④ 是否知道将来要做出的牺牲和贡献有多大？为此做好准备了吗？

2. 商业机会

需要什么样的团队取决于创业者与商业机会之间的匹配程度，以及打算以多快的速度和多大的举措来推进企业。大多数的新创企业都会依靠自身的资源来求得发展，而且只有在企业负担得起的情况下才会招募其他团队成员，然而企业如果打算寻找风险资本或者私人投资者支持的话，越早地将团队组建起来，其价值就越高。这方面要考虑的问题主要包括以下几点。

① 做这项业务的附加值和经济利益如何？与谁共同获利？

② 影响拟建企业成功与否的关键变量是什么？需要什么因素或什么人来对这些变量产生积极影响？

③ 是否拥有把握商业机会所必需的关键外部关系，如投资人、律师、银行家、顾客、供应商、管理机构等？需要这方面的帮助吗？

④ 应该具有哪个方面的优势和竞争战略？什么样的人是推行这一优势或竞争战略的必要人选？

3. 外部资源

企业者需要通过获取外部资源来弥补企业的一些空白点，如董事会、会计师、律师、咨询顾问等。通常来说，税务和法律方面的专家在最初阶段最好以兼职的方式聘请，如果某些外部资源只需要一次或只在某个阶段有需求，或者这些需求对企业经营的关键任务、目标和活动来说并不重要的话，那么比较妥当的做法是聘请咨询顾问。创业者需要考虑的问题主要有：

① 那些专业性强、具有一次性特点或可请兼职人士提供的专业知识对于企业来说是不是至关重要的？

② 如果从外部获得专业技能，是否会泄露商业机密？

4. 机会成本

一个人一生的黄金岁月大约只有 30 年，其间要经历学习、发展与收获等不同阶段。而为了这项创业机会，你将放弃什么，可以从中获得什么？在决定进行创业之前，所有参与创业的成员都需要仔细思考创业所要付出的机会成本，必须通过对机会成本的客观判断，才能得知创业机会是否真的对个人生涯发展具有吸引力。

5. 失败的底线

古人说：“留得青山在，不怕没柴烧。”创业必然要面对可能失败的风险。创业者不必也不宜将个人声誉与全部资源都投入一次创业活动中。理性的创业者（团队）必须设定承受失败的底线，以保留下次东山再起的能力与机会。因此，需要了解团队成员对失败底线的看法。

四、高效创业团队的主要特征

（一）清晰的目标

高效的团队有清晰的目标，并坚信这一目标包含重大的意义和价值，而且这种目标的重要性还激励着团队成员把个人目标升华到群体目标。在有效的团队中，成员愿意为团队目标做出承诺，清楚地知道自己做什么工作，以及怎样共同工作并实现目标。

成员间相互信任是有效团队的显著特征，也就是说，每个成员对其他人的品行和能力都确信不疑。人们在日常的人际关系中都能够体会到，信任这种东西是相当脆弱的，它需要花大量的时间去培养而又很容易被破坏。而且只有信任他人才能换来他人的信任。所以，维持群体内的相互信任，还需要引起管理层足够的重视。

（二）相关的技能

高效的团队是由一群有能力的成员组成的。他们具备实现目标所必需的技术和能力，而且相互之间有良好合作的个人品质，从而能出色地完成任务。后者尤为重要，但常常被人忽视。有精湛技术能力的人并不一定就有处理群体内关系的高超技巧，而高效团队的成员往往兼而有之。

（三）一致的承诺

高效的团队成员对团队表现出高度的忠诚。为了能使群体获得成功，他们愿意去做任何事情。这种忠诚和奉献被称为一致承诺。对成功团队的研究发现，团队成员对他们的群体具有认同感，他们把自己属于该群体的身份看作自我的一个重要方面。因此，一致承诺的特征表现为对群体目标的奉献精神，愿意为实现这一目标而调动和发挥自己的最大潜能。

（四）良好的沟通

毋庸置疑，这是高效团队一个必不可少的特点。群体成员通过畅通的渠道交流信息，包括各种言语和非言语交流。此外，管理层与团队成员之间健康的信息反馈也是良好沟通的重要特征，它有助于管理者指导团队成员的行动，消除误解。高效团队中的成员能迅速而准确地了解彼此的想法和情感。

（五）谈判的技能

以个体为基础进行工作设计时，对员工的角色要有工作说明、工作纪律、工作程序及其他正式或非正式文件明确规定。但对高效的团队来说，其成员角色具有灵活多变性，总在不断进行调整。这就需要成员具备充分的谈判技能。由于团队中的问题和关系时常变换，成员必须能面对和应付这种情况。

（六）恰当的领导

高效的领导者能够让团队跟随自己共同度过最艰难的时期，因为他能为团队指明方向，向成员阐明变革的可能性，鼓舞成员树立自信心，帮助成员更充分地了解自己的潜力。优秀的领导者不一定非得指示或控制，往往担任的是教练和后盾的角色，他们对团队提供指导和支持，但并不试图去控制团队。对于那些习惯于传统方式的管理者来说，这种从上司到后盾的角色变换，即从发号施令到为团队服务实在是一种困难的转变。当前很多管理者已发现这种新型的权力共享的好处，或通过领导培训逐渐意识到它的益处。但现实中仍然有些管理者无法接受这种新观念，这些人应当尽快转变观念。

（七）内部和外部的支持

从内部条件来看，团队应拥有一个合理的基础结构。这个基础结构应当包括适当的培训、一套易于理解的并用于评估员工总体绩效的测量系统，以及一个起支持作用的人力资源系统。恰当的基础结构应能够支持并强化成员行为以取得高绩效水平。从外部条件来看，管理层应给团队提供完成工作所必需的各种资源。

第二节　组建创业团队

一、创业团队组建的程序

创业团队的组建是一个相当复杂的过程。不同类型的创业项目所需的团队不一样，创建步骤也不完全相同。概括来讲，大致的组建程序如图 3-1 所示。

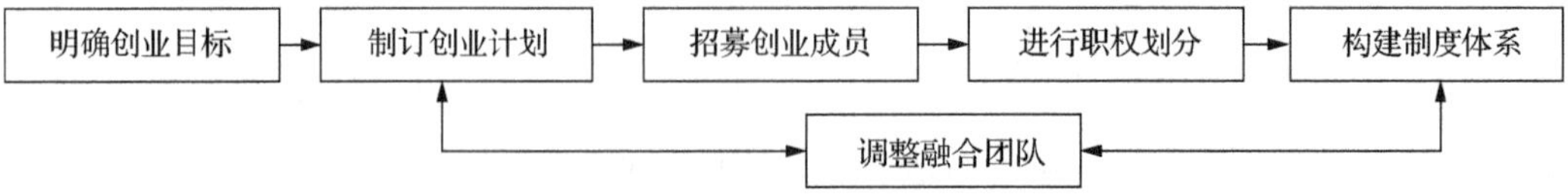

图 3-1　创业团队的组建程序

1. 明确创业目标

总目标确定之后，为了实现创业目标，企业团队须将总目标加以分解，设定若干可行的、阶段性的子目标。

2. 制订创业计划

一份完整的创业计划必然包含创业核心团队的计划和人力资源计划。创业计划可以进一步明确创业团队的具体需求，比如人员的构成、素质和能力要求及数量要求等。创业团队的组建需要契合创业计划的要求，以匹配创业项目的运作。

3. 招募创业成员

招募合适的人员是创业团队组建中最关键的一步。招募创业团队成员主要应考虑两个方面：一是互补性。一般而言，创业团队至少需要管理、技术和营销三个方面的人才。只有这三个方面的人才形成良好的沟通协作关系，创业团队才可能稳定高效。二是适度规模。适度的团队规模是保证团队高效运转的重要条件。团队成员太少则无法实现团队的功能和优势，而团队成员过多又可能产生交流的障碍，可能导致团队分裂成许多较小的团体，进而大大削弱团队的凝聚力。一般来说，创业团队的规模控制在 2 ~ 12 人最佳。

4. 进行职权划分

创业团队的职权划分应根据执行创业计划的需要，具体确定每个团队成员所要担负的职责及所享有的相应权限。团队成员间职权的划分既要避免职权的重叠和交叉，也要避免无人承担造成工作上的疏漏。当然，创业团队成员的职权也可以根据创业环境和创业的需要不断地进行调整。

5. 构建制度体系

创业团队制度体系体现了创业团队对成员的控制和激励能力，主要包括团队的各种约束制度和各种激励制度。约束制度包括纪律条例、组织条例、财务条例、保密条例等；激励制度包括利益分配方案、奖惩制度、考核标准、激励措施等。一方面，创业团队要通过各种约束制度指导成员避免有损团队发展的行为，保证团队的秩序稳定；另一方面，创业团队要通过有效的激励机制来充分调动团队成员的积极性，最大限度发挥团队成员的作用，实现团队高效运作。

6. 调整融合团队

保证创业团队的秩序稳定，实现团队高效运作对实现创业目标非常重要。然而这种稳定并非一成不变，应该是“动态的稳定”。因为随着团队的运作，团队组建时在人员匹配、制度设计、职权划分等方面的不合理之处会逐渐暴露出来，这时团队就需要进行调整融合，而这也应是一个动态持续的过程。在调整融合团队的过程中最为重要的是保证团队成员间有效的沟通与协调，强化团队精神，提升团队士气。

二、创业团队的构成原则及组建方式

（一）创业团队的构成原则

创业团队的构成应遵循以下三点原则。

1. 互补原则

创业者之所以寻求团队合作，目的在于弥补创业目标与自身能力间的差距。只有当团队成员相互间在知识、技能、经验等方面实现互补时，才有可能通过相互协作发挥“1 +1 >2”的协同效应。

2. 精简高效原则

为了减少创业期的运作成本，最大比例地分享成果，创业团队人员应在保证企业高效运作的前提下尽量精简。

3. 动态开放原则

创业过程是一个充满不确定性的过程。团队中可能因为能力、观念等多种因素而不断有人离开，同时也有人要求加入。因此，组建创业团队时应注意保持团队的动态性和开放性，使真正匹配的人员被吸纳到创业团队中来。

（二）创业团队成员的选择和组织设计

不管何种类型的创业团队都必须在创业前慎重选择成员。选择成员时必须注意如下问题。

1. 团队成员加入的目的

根据马斯洛的需求层次理论，我们知道人的需求大体上可以分为 5 个层次：生理需要、安全需要、社交需要、尊重需要、自我实现需要。团队成员基于哪个层次的需要而加入团队，对其在组织中的行为方式起着决定性作用。比如，对一个目前还缺乏基本生活保障的人来说，他更注重组织的获利能力，更迫切地想赚钱养家糊口，这就可能导致企业追求利润上的短期行为。而基于自我实现需要的成员，更注重企业的未来发展，想把事业做大，充分发挥自己的能力，企业对他来说是实现抱负的最好舞台，因此，他更注重组织战略目标的确定和执行。

2. 团队成员的知识结构

在一个创业团队中，成员的知识结构越合理，创业越可能成功。纯粹由技术人员组成的公司容易形成技术为王的情况，从而使产品的研发与市场脱节；全部由市场和销售人员组成的创业团队缺乏对技术的领悟力和敏感性，也容易迷失方向。因此，在创业团队的成员选择上，人员的知识结构很重要，技术人员、管理人员、市场人员、销售人员缺一不可。创业团队成员的性格、个性、兴趣特征都影响团队的稳定性。在创业初期，大家同甘苦、共患难，怀着满腔热情工作。在这种情况下，团队成员在性格上、个性上和兴趣爱好上的差异和处理问题的不同态度就容易被掩盖。而一旦企业发展到某个阶段的时候，由个性冲突导致的矛盾就会激化，使创业团队出现裂痕，严重的还会导致团队分裂。

3. 团队成员的价值观念

在一个创业团队中，成员的价值观念和道德品质决定了今后的企业文化。甚至可以说，企业文化的最初源头就是企业创始人自身价值观念和道德品质的体现。有的人以诚信为本；有的人坚持利益至上；有的人信奉“天下兴亡，匹夫有责”，具有极强的社会责任感；有的人“事不关己，高高挂起”，只求独善其身……一个人的价值观念很难改变，因此，在创业团队形成之前，必须通过深入的交流和充分的了解，由价值观念相近、个人素质较高的人组成团队，这样创业成功的可能性更大。在团队成员确定以后，企业的组织结构就可以基本确定了。组织结构的设计归根结底是组织中个体层次需要与组织目标相协调的问题，是个体价值发挥与群体绩效达成的问题。为了避免创业团队在今后的组织行为中因为利益分配、企业决策等方面产生分歧，创业团队在形成之初，必须通过企业章程或者协议的方式，确定企业的发展目标、业务领域、出资及退股原则、利润分配方法、分歧解决原则等。尤为重要的是，创业团队要有好的分配制度，不仅要充分照顾现有团队成员的利益，还要考虑吸收新的成员或者员工后股份的再分配。

（三）创业团队的组建方式

创业团队最初有很多种组建方式、大多由亲戚、同学、同事或朋友组成。各种组建方式具有不同的特征，对企业的运作也有不同的影响。组建方式主要包括以下几种类型。

1. 亲友组合型

很多创业者最初的融资都是通过最传统的融资方式——亲情融资，随后建立出资方组成的创业团队。这种创业方式最容易实现，因而也是最具普遍性的。

这种组合团队的优势是创业之前团队成员有感情基础且彼此了解，可以使创业快速进入实质进程。但是因为掺杂了感情，创业者在决策和管理时不能太理性，稍有不适就会影响感情，导致团队解散。

2. 同学组合型

目前，大学生创业团队很多都是由同学组成的。从最初有了创业点子，建立团队，到参加大学生创新创业比赛，随着创业项目的不断深化和推进，许多创业者最后决定付诸实践，开启创业之路，这时的同学团队就自然演变成了创业团队。

这种组合团队的优势是大家对自己亲自打造出来的项目非常了解；团队成员自由搭配，相互间较为熟悉和信任，减少了团队磨合时间。但如果团队没有共同的价值观，创业路也很难走远。

3. **兴趣相投型**

这一类型的创业团队是指对某个创业项目感兴趣，且在项目所要具备的技术、资源、服务等要素或创业前景上达成共识，并以此为基础自由组建的创业团队。

这种组合团队的优势是团队成员彼此了解和有默契，可以降低情绪冲突的风险，且因为兴趣相投，团队成员的积极性会比较高；但是不足的地方在于团队的建立一般没有考虑团队成员之间的优势互补性，增加了创业实施的难度。

4. **志同道合型**

志同道合的团队成员有着共同愿景，并且都愿意为了同一个目标而共同奋斗。大家能将各自的强项发挥至极致，使创业工作更有效率。企业在初创时期是非常脆弱的，尤其需要创业者之间紧密团结，抵御外界的压力；否则企业经营到一定阶段后，可能会因创业合作伙伴的意见不一致而停滞不前，甚至解体。

这种组合团队的优势是团队目标清晰明确、团队成员忠诚、凝聚力强，在责、权、利的划分及管理上也多了几分理性和约束。

• 相关知识链接

创业初期团队需要注意的事项[①]

创业团队组成之初，可能彼此都有高度的承诺与无悔的付出，但随着时间的流逝和事业的不断发展，矛盾、认知差距、利益冲突等问题就会逐渐浮出水面。其中经常会出现的问题有如下几个方面。

（1）团队中唯一权威主管问题：企业需要权威的主管，同样，创业团队要成功也必须有强势领导人。但大家一同创业，谁应该是主导者？谁来做最后决定？当发生严重厉害冲突或彼此意见不一致的时候由谁来仲裁决定？

解决办法：

在创业企业中，团队的创始人是至关重要的。他必须有创业者的胸怀和品质，有素养和能力来组建团队并发挥团队的作用，在企业的发展过程中，随时做好团队成员间的协调工作，使团队的整体水平不断提高，以适应企业发展的需要。

（2）团队成员间的互相信任问题：互信是形成团队的基础，但互信往往要经过长期合作才能形成。

解决办法：

不能互信，难以形成团队；盲目互信，又要冒很大的风险。可见，要想实现团队

① 戚雪娟，杨景胜．“互联网＋”背景下大学生创新创业研究［M］．北京：中国原子能出版社，2018：197-198.

成员间的互信，既要建立和发展团队中人与人之间的信任，又要建立正常的监督机制，以避免用错人的现象发生。

(3) 妥善处理不同意见和矛盾的问题：创业团队成员时常会过于执着于创业构想，极力维护自己的主张，却掩盖了自己的缺点。这种固执己见、争权夺利、逃避弱点的做法往往会使团队难以找到问题的最佳解决方案。有的团队成员会非常在意自己的地位与利益，将感性凌驾于理性之上。尤其是初期就参加创业的个别成员很难接纳比自己更为优秀的新成员加入团队。

解决办法：

必须有善于倾听意见，并善于概括、总结出正确意见的领导者来克服这些矛盾。创业者在组织团队和领导团队时，应体现出高超的领导能力和协调能力。

(4) 合理分配股权问题：创业团队成员股权分配也是一个敏感、困难但又十分重要的问题。尤其当几个人一起创业时，经常会采取平均分配股权的方式，但这种平均主义会带来许多负面后果。事实上，成员间因为能力与动机的差异，贡献程度必然不一。采取平均主义来平分股权，显然会造成“大锅饭”心理，影响一些成员真心投入的程度。如果贡献与获利不成比例，团队整体力量就更加难以发挥。另一种情况是把股权高度集中在几个人手里。这种方式不能发挥团队全体成员的积极性，更不能发挥员工的积极性，这种股权结构也是有问题的。

解决办法：

股权分配本身就是在创建团队时首先要解决的问题。在企业发展过程中，创业者还需要及时调整股权，使新进入企业的主要技术骨干和高级管理人员也能合理得到股权。

(5) 妥善处理团队成员间的利益问题：除了能否把股权分给对企业发展有贡献的新伙伴外，能否及时转让股权以使企业加快发展，也是个重要的问题。是死死守住对企业的绝对控制权，还是为了企业发展，可以不要控制权或仅相对控制，这些问题都涉及创业者和创业团队的利益，必须妥善处理。事实上，创业的目的不应该是掌控企业。

解决办法：

自己所拥有股权的比重并非最重要。创业者要懂得利用股权交易来增加企业的价值。拥有一个平庸企业的100%股权，还不如拥有一家成功企业的20%股权，因为后者的价值往往是前者的很多倍。

综上所述，组建团队遇到的主要问题实际上是创业者能否挑选合适的合作伙伴并组织好团队的问题。挑选团队成员与组织团队又包括两方面问题：一是能否团结人，善于把不同意见综合并评估；二是能否处理好团队成员间的利益关系。

第三节　管理创业团队

一、创业团队的管理技巧

（一）创业团队精神的培育

团队精神体现了大局意识、协作精神，是个人与群体在目标一致的基础上的融合，并保证组织的高效率运转。通过最佳的排列组合，个体能量以及由个体能量相乘所形成的整体能量的超水平释放，形成整体大于部分之和的裂变效应。只有在大家认同目标的基础上，所有成员凝聚在一起，才能形成坚强的团队，才能激励团队成员团结奋进。

1. 培育共同的企业价值观

企业领导者首先要以身作则、言行一致。其次还要不断地向员工灌输企业价值观，同时建立、健全和完善必要的规章制度，特别是相应的激励和约束机制，使员工既受价值观的导向，又有制度化的规范。

2. 充分发挥领导者自身的影响力

领导者是组织的核心。一个富有魅力和威望的领导者，自然会把全体员工紧紧团结在自己的周围。领导者的威望取决于他的人格、品德和思想修养，取决于他的知识、经验、胆略、才干和能力，取决于他是否严以律己、率先垂范、以身作则、全身心地投入事业中去，更取决于他能否公平、公正待人，与员工同甘共苦、同舟共济等。

3. 激发参与热情

奥运精神强调“重在参与”，同样企业团队精神的形成也有赖于员工的全员参与。只有全方位参与企业的经营管理活动，把个人的命运与企业的未来捆绑在一起，员工才会真心关心企业，才会与企业结成利益共同体、命运共同体。为了激发员工的参与热情，领导者可以请员工提合理化建议，让员工参加管理，实施“从群众中来，到群众中去”的群众路线，让员工成为股东。企业通过合理的激励机制，能使员工摆脱给企业打短工的心理，使企业与员工之间形成荣辱与共、休戚相关的组织命运共同体。

4. 具有危机和忧患意识

危机和忧患意识是团队精神形成的外在客观环境。不管承认与否，没有压力的企业是不存在的，世界 500 强企业每年排名的变化就说明了这一点。“我们的公司离破产只有 12 个月”，这是世界著名的微软公司总裁发出的声音。

5. 经常进行良好的协调和沟通

沟通主要是通过信息和思想上的交流达到认识上的一致，协调是取得行动的一致性，两者都是形成有效运作团队的必要条件。企业中的各种例会、内部刊物、有线电视、内部联网、电话、文件传递、汇报总结、非正式接触等，都激活了组织信息的上下、左右各个方向的流动，使领导层及时掌握各方信息，及时对政策做出调整。

（二）创业者的产权安排

产权是经济所有制关系的法律表现形式。它包括财产的所有权、占有权、支配权、使用权、收益权和处置权。在市场经济条件下，产权的属性主要表现在三个方面：产权具有经济实体性，产权具有可分离性，产权流动具有独立性。产权的功能包括：激励功能、约束功能、资源配置功能、协调功能。以法权形式体现所有制关系的科学合理的产权制度，是用来巩固和规范商品经济中的财产关系，约束人的经济行为，维护商品经济秩序，保证商品经济顺利运行的法权工具。

（三）创业团队的绩效评估

为了确保企业各个团队能够卓有成效地进行工作，管理者有必要制定适用于团队模式的评估体系和激励机制。制定的评估体系和激励机制必须是针对整个团队而不是针对个人的，只有如此，才能体现团队的价值。在制定评估体系时，管理者要明确评估的目的是促进团队工作业绩，让成员了解工作进展情况，明确要做的工作，鼓励成员增强能力，促进成员之间的交流，纠正行动上的偏差，培养员工的主人翁意识和责任感。根据这一目的，创业团队可以制定如下评估体系。

1. 团队内部成员互相评议

每个成员的贡献由其他成员来进行评议，这些评议反映成员对团队所做的贡献。团队成员在此基础上进行充分的讨论、沟通，达成新的共识，以便进行下一步更有效的行动。

2. 用户满意程度

由外部用户及内部用户评估团队的表现。一方面是自我评估，由团队成员评估团队的表现；另一方面是团队负责人评估，由团队负责人或主管人员评估每一个成员。在这个过程中，团队负责人要注意的是以平等交往而不是以上下级的关系与成员进行沟通。

3. 管理层评估

由团队的上级管理部门对团队的工作业绩进行评估。在设计激励机制时，管理者要从外在和内在两方面进行考虑。外在激励包括工资、奖金、奖章、名誉、在报刊上刊登事迹、在公司大会上表扬、证书、礼物及开展旅行和宴会活动等。内在奖励包括实现小组目标后所获得的满足感，从牢固和谐的工作关系、创造性的挑战、增加的责任感和学习机会中所获得的幸福感。

（四）创业团队报酬的合理分配

1. 形成分享财富的理念

创业团队的分配理念和价值观可以归结为以下简单的原则：首先，与帮助企业创造价值和财富的人一起分享财富。其次，吸引到风险投资的企业的创业者往往应该获得5～10倍于原始投资的报酬。从美国创业企业首次公开发行股份（简称IPO）的经验来看，创始人一般可以获得100万～300万股，价值1 200万～4 500万美元。由此就很容易理解，为何寻找好的创业机会、建立优秀创业团队并采取分散型持股方式实行财富共享，远比拥有公司多少股权份额重要。另外，成功的创业者往往不只是创建一个企业，当前的企业可能并非其唯一一家企业，最重要的事情是取得这次创业的成功。做到这一点之后，将来还会有很多商机。

2. 综合考虑企业与个人目标

一个企业如果不需要外部资本，就可以不考虑外部股东对报酬问题的态度或影响，不过还是需要考虑其他一些有关事宜。例如，如果一家企业的目标是在未来5～10年获得大量资本收益，该企业就需要从如何完成这一目标及如何保持大家的长期敬业精神来达到这个目标两个方面来制定报酬制度。

3. 规范制定报酬制度的程序

创业带头人要建立起一种氛围，让每个团队成员都觉得自己的付出对得起所得的报酬。每一个团队成员都必须致力寻找有关合理制定报酬制度的最佳方案，使它能够尽可能公平地反映每位团队成员的责任。

4. 实施合理的分配方案

关于如何分配的问题，目前还没有任何有效的公式可以套用，也没有简单而行之有效的方案。在制订方案时，创业带头人需要对各团队成员的贡献大小进行衡量。可以重点考虑以下几个方面。

（1）创业思路。创业带头人应当对创业思路提出者的贡献予以充分考虑，尤其是提供了对原型产品或服务极为重要的商业信息、特定技术，或是对产品、市场进行了调研的当事者。

（2）商业计划准备。制订一份优秀的商业计划往往需要花费很长时间、很大精力。因此，商业计划书制订者的贡献也应该被适当考虑。

（3）敬业精神和风险。一个把大部分个人资产投入企业的团队成员，不仅要在企业失败时承担巨大的风险，还将牺牲一定的个人利益，投入大量的时间和精力并接受较低的报酬。因此，创业带头人应充分考虑员工的敬业精神和所承担的风险。

（4）工作技能、经验、业绩记录或社会关系。团队成员可能为企业带来工作技能、经验、良好的工作记录，或在营销、金融和技术等方面的社会关系。如果这些对于新创企业而言是至关重要的，而且是来之不易的，那么相关团队成员的贡献必须被考虑。

（5）岗位职责。团队成员在不同的岗位上为企业做贡献，而岗位所需技能和工作强度各不相同。创业带头人应该考虑为不同的岗位分配不同的权重，而在衡量团队成员的贡献率时，需要充分考虑上面列举的各项因素。团队成员不仅要协商，达成对各项贡献价值的一致意见，而且应该保持充分的灵活性，以适应今后的变化。

5. 综合考虑分配时机和手段

报酬分配制度往往会在企业发展的第一阶段就制定出来并加以实施，不过这应该按个人在企业整个周期内的业绩来定。创业团队可以综合采用月薪、股票期权、红利和额外福利等方式，用以反映业绩变化。但是如何运用上述手段，在一定程度上取决于企业发展的程度。以现金报酬为例，将现金作为报酬分给员工还是留着用于今后企业发展，这存在一个平衡问题。因此，在企业成立的初期，薪金往往需要维持在较低的水平甚至不发薪金，其他红利和福利等则先不予以考虑。薪金、红利和福利都要吞噬现金，而在企业赢利之前，现金往往优先用于支持企业的经营和发展。就算企业在获得盈利之后，现金的支付仍然会制约企业的成长。只有在企业顺利实现盈亏平衡后，薪金的提高才会增强企业的竞争力。红利和额外福利还是保持在较低水平比较好，企业只有持续多年获利，才可以考虑提高。

课堂思考：分粥

7个人的小团体，每人都平凡、平等，但不免自私自利。想通过制定制度，解决每天的吃饭问题——分食一锅粥。但他们并没有称量工具，只有7个碗，但是碗的大小不一。试问哪种方法最公平、最公正。

方法一：拟订一人负责分粥事宜。很快大家就发现这个人为自己分的粥最多，于是换了人，结果总是主持分粥的人碗里的粥最多。

结论：权力可能导致腐败，绝对的权力可能会导致绝对腐败。

方法二：大家轮流主持分粥，每人一天。虽然这看起来平等了，但是每个人在一周中只有一天吃得饱且有剩余，其余6天都饥饿难耐。

结论：浪费资源。

方法三：大家选举一位值得信赖的人来分粥。开始这位品德尚属上乘的人还能基本公平地分粥，但不久他就开始为自己和溜须拍马的人多分。

结论：一个人始终如一很难做到。

方法四：选举一个分粥委员会和一个监督委员会，形成监督和制约机制。公平基本做到了，可是由于监督委员会经常提出多种议案，分粥委员会又据理力争，粥没分完，已经凉了！

结论：类似的情况很多。

方法五：每人轮流值日分粥，但是分粥的人最后一个领粥。结果是每次7只碗里的粥都是一样多。每个主持分粥的人都意识到，如果7只碗里的粥不一样，自己将无疑享用最少的那一份。

结论：公平的分粥制度才能产生最有效的结果。

点评："分粥理论"告诉我们："先进适用而高效化、公平公正而民主化、奖惩分明而激励化"的制度，是搞好内部管理的基础。我们需要根据自身实际而创新这样的制度。

二、创业者的决策与行为策略

（一）创业者的角色扮演

"一只狮子领着一群羊，胜过一只羊领着一群狮子。"这一古老的西方谚语说明了创业领导者的重要性。伟大的创业构想并不难产生，但实现创业构想需要一位能够塑造愿景、坚持信念，并且具有领导魅力的伟大创业者。比如通用电气公司的韦尔奇、海尔集团的张瑞敏等，都是通过人格魅力迅速地集结兵力，成立无坚不摧的创业团队。张树新说过："对任何一个员工或者合伙人永远要有一句话，就是这家公司因为你的加入而不同。我们最大的资产是人，既然如此，每个人能不能把他的最大潜力发挥出来，看你领导的能力，是不是发挥了所有人的潜能。"所以对创业者而言，如何组成、发展、凝聚团队，已成为一项必要的创业管理能力。杰出的精神领袖必须同时扮演以下三种不同的角色。

1. 强势的企业领导人

但凡创业时期的团队，人力资源必定是极其匮乏的。已有的人员不是缺乏知识技能，就是缺少经验素养，再加上社会关系生疏，可以调动、借用的外部资源稀缺。创业者必须清醒地意识到，你是这个团队的领导人，应当对团队最终的结果负全部责任。作为创业者的你，就要增强自己对内点石成金的功夫、对外借力整合的能力。对员工和下属，必须在布道传经、授业解惑、指导说服、设立标准、转变观念、纠正习惯、校正行为等方面下功夫，提高员工素养、培养团队精神、凝聚团队力量。只有这样，这个团队才有中流砥柱，员工才有主心骨，你才能赢得所有相关人员的尊重和信赖，才能使这个团队有战斗力、有持久力。创业团队的核心领导者必须具有强大的凝聚力，而这个凝聚力就是个人魅力。史玉柱在二次创业初期的很长一段时间内，身边的人连工资都发不出。但是有4个人始终不离不弃，他们后来被称为"四个火枪手"——史玉柱大学时期的"兄弟"陈国、费拥军、刘伟和程晨。马云创业的时候，初期的50万元是18名员工一起凑出来的，9年过去后，这18个人中有做到总裁级的孙彤宇，也有做到经理的麻长炜，无论被外界如何误解，公司陷入怎样的困境，追随的人始终都没有放弃。

2. 亲密的创业伙伴

曾有管理专家这样说："一流的老板是员工拼命为他拼；二流的老板是他和员工一起拼；三流的老板是自己拼；四流的老板没得拼。"也有管理专家说："没本事的老板做事；有点本事的老板做市；很有本事的老板做势。"一个企业的成功绝对不是一个人坚持的结果，而是一个团队坚持的结果。领导者的内心真诚是团队成员不离不弃的真正原因。当你的企业不能给员工足够的物质利益时，能够让员工信赖的就是你的内心真诚和你的坚定理想。正如太平洋建设集团董事长严介和所说："丢了顾客还可以从另外的市场找回来，而部下只有一个。是部下创造了财富，是部下创造了太平洋建设。部下才是最可爱的人。"创业团队的愿景、核心价值观和使命，是企业稳健发展的命脉，是企业战略决策的保证，是照亮企业前进航程的灯塔。塑造愿景，沟通及宣扬愿景，说服他人共同追景，是创业领导人的重要职责。

3. 温和的家庭大家长

"卖鱼，卖鱼，卖会飞的鱼！新鲜的鱼，会陪你聊天的鱼，快来买啊！"一个充满生机的鱼市场，一阵阵热情洋溢的吆喝声，一条条活蹦乱跳的鱼飞到了顾客指定的地点。这是美国作家史蒂芬所著《会飞的鱼》一书中的卖鱼场面。本书中的主人公玛西雅来到肯尼街鱼市场，依靠从那里学来的工作哲学，改变了整个团队成员的工作态度，在很短的时间内让没有活力的销售部门脱胎换骨，变成了一支具有生机与活力精干的超级团队，并使公司扭亏为盈。对大多数管理者来说，缺少的不是理智，而是情感。员工归属感就如同企业的生命。凭借归属感，员工不仅可以释放出潜在的巨大能量，而且可以造就坚强的个性；凭借归属感，员工可以把枯燥乏味的工作变得生动有趣，使自己充满活力。凭借归属感，管理者可以感染员工，得到员工的理解、支持，拥有良好的人际关系；更重要的是，凭借归属感，管理者可以感染顾客，获得丰厚的业绩。今天，工作的目的不仅仅是生存，而是通过工作获得成就感。员工工作的目的包括一份满意的薪水、一个快乐的工作和一个好的工作环境。其中最重要的就是在企业中能快乐地工作。所以，管理者要做一个"远景规划者""煽情高手""内部员工的服务者"。

（二）创业者的素质与能力

创业活动是由创业者主导和组织的商业冒险活动。要想成功创业，创业者不仅需要富有开创新事业的激情和冒险精神、面对挫折和失败的勇气及各种优良的品质素养，还需要具备解决创业活动面临的问题的知识和能力。

1. 创业的激情与创新意识

创业激情不是一时冲动，而是持久的追求与不懈的努力。创业需要百折不挠、坚持不懈的意志。创业是一个长期努力奋斗的过程。立竿见影、迅速见效的事是极少的。

确定方向、目标后，创业者就要朝着既定的目标一步步迈进，纵有千难万险，也不能轻易放弃。保持创业的激情，是创业者成功的关键因素之一。创新意识是创业者的一个重要素质，能在瞬息万变的市场环境中不断推陈出新是创业的一个重要环节。许多创业者都是依靠在市场竞争中不断推出新产品、新服务、新方法来获得企业生存与发展的空间，最终创业成功的。创新的方式与途径通常来源于创业者对产品服务的认识、开放式的思考、市场触觉和多样化的资料信息。

2. 自信、自强、自主、自立的创业精神

自信就是对自己充满信心。自信能赋予人主动积极的人生态度和进取精神。要成为一名成功的创业者，必须拥有使命感和责任感，要坚定信念，顽强拼搏，直到成功。信念是生命的力量，是创立事业之本，是创业的原动力。创业者要相信自己有能力、有条件去开创未来的事业，相信能够主宰自己的命运，成为创业的成功者。自强就是在自信的基础上，不贪图眼前的利益，不依恋平淡的生活，敢于实践，不断增长各方面的能力与才干，勇于成为生活与事业的强者。自主就是具有独立的人格，具有独立思考能力，不受传统和世俗偏见的束缚，不受舆论和环境的影响，能自己选择道路，善于设计和规划未来，并采取相应的行动。自主还要有远见、有敢为人先的胆略和实事求是的科学态度，能把握住自己的航向，直至达到成功的彼岸。自立就是凭借头脑和双手，凭借智慧和才能，凭借努力和奋斗，打下生活和事业的基础。

3. 一定的创业知识素养

创业知识是进行创业的基本要素。创业需要专业技术知识、经营管理知识和综合性知识三类知识。创业实践证明，良好的知识结构对于成功创业具有决定性的作用。创业者不仅要具备必要的专业知识，还要掌握必备的现代科学、文学、艺术、哲学、伦理学、经济学、社会学、心理学、法学等综合性知识和管理科学知识。

4. 优秀的创业人格品质

创业人格品质是创业行为的原动力和精神内核。在创业人格品质中，创新冒险、坚忍执着、正直诚信等这些意志品质与创业成败息息相关。创业是开创性的事业。尤其在困难和不利的情况下，人格品质魅力在关键时刻往往具有决定性的作用。使命感和责任感是驱动创业者勇往直前的力量之源。成功的创业者具有高度的使命感和强烈的责任感。创业活动是社会性活动，是各种利益相关者协同运作的系统。只有对自己、对家庭、对员工、对投资人、对顾客、对供应商及对社会拥有高度使命感和负责精神的创业者，才可能赢得人们的信任、尊重和支持。

5. 良好的创业心理品质

在市场经济中，机会与风险共存。只要创业，就必然会有风险。事业的范围和规模越大，伴随的风险也就越大。没有承担风险的意愿与能力，创业时就会缩手缩脚、裹足不前，创业的理想也就成为空谈。自主创业就等于是一个人去面对变化莫测的激烈竞争及随时出现的问题和矛盾。这需要创业者具有非常强的心理调控能力，能够持续保持一种积极、沉稳的心态，即具有良好的创业心理品质。它反映了创业者的意志和情感。创业的成功在很大程度上取决于创业者的创业心理品质。正因为创业之路不会一帆风顺，所以，如果不具备良好的心理素质、坚韧的意志，一遇挫折就垂头丧气、一蹶不振，那么，在创业的道路上是走不远的。只有具备处变不惊的良好心理素质和愈挫愈强的顽强意志，才能在创业的道路上自强不息、竞争进取、顽强拼搏，才能从小到大、从无到有，闯出属于自己的一番事业。

6. 创业者的经营管理能力

当今市场经济社会中，小企业要生存、发展，创业者必须具有良好的经营管理能力。俗话说，“麻雀虽小，五脏俱全”，小企业虽小，但它也和大中型企业一样，天天与人、财、物打交道。如何利用现有的人、财、物，通过管理，赚取最大的效益；如何调动成员的积极性使之全力以赴为企业工作；如何使自己的产品或服务项目被社会认可，受用户欢迎……这些都是创业者需要认真思考的问题。世界“钢铁大王”卡耐基生前曾说过：“将我所有的工厂、设备、市场、资金全部夺去但只要保留我的组织和人员，四年以后，我将仍是一个钢铁大王。”由此可见经营管理体系和经营管理能力的重要性。

7. 创业者的综合能力

在创业活动中，综合能力是最高层次的能力，主要包括：把握机遇的能力、信息的获取和加工处理能力、交往公关能力、创新能力等。这些特殊能力一旦与经营管理能力相结合，就从整体上全方位地影响和作用于创业实践活动，使创业实践活动的方式和效率发生显著的改变。例如，日本某店铺有一名店员，名叫岛村芳雄。有一天，他在街上散步时，发现女性们除了手上拿着自己的皮包以外，还都提了一个纸袋，而这是买东西时商店赠给她们装东西用的。他经过认真思索，认为纸袋一定会流行起来。接着他又参观了做纸袋的工厂，工人非常繁忙。他毅然决定大干一番。他并没有选择纸袋加工或纸袋印刷，他想：“将来纸袋一定会风行一时，做纸袋绳索生意是错不了的。”这样，他辞去了原来的店员工作，立即注册创立了一个小公司，开始了经营绳索的业务。靠着他那善于把握机遇、捕捉信息的能力及良好的经营管理能力，他获得了成功，成了日本著名的企业家。

（三）创业团队的社会责任

创业团队的社会责任具体体现在以下三个方面。

1. 创业企业生存的基础

创业企业要生存就必然要追逐利润。创业团队经营企业的重点在于讲究效益，在于充分合理地利用有限的资源，以最低的成本，获取最大的利润。在追逐利润的同时，创业企业也向国家缴纳了税款，为社会建设做出了贡献。因此，创造最大的经济效益，是创业团队首要的社会责任。

2. 创业企业内部管理

创业团队还要注重创业企业内部员工在分配上的公平合理，注重对员工的培训和教育。要按规定给员工办理各种保险，要保证员工的各种合理的福利。员工素质的提高、员工收入的不断增长是社会稳定的重要基础，也是创业企业对社会稳定做出的重要贡献。

3. 创业企业和外部的关系

在创业企业利益和社会利益发生冲突时，创业企业宁可牺牲自己的利益也要保护社会利益。比如，有的创业企业经营活动和社会责任具有密切的关系，如教育机构和新兴的网络公司等，其经营活动直接影响社会大众的思想观念。这些创业企业在追逐利润的同时更要注重社会道德的培养。

拓展阅读

优化创业团队的六种方法①

以下6种方法有助于创业者更好地优化团队，并从中收益。

1. 与热爱事业的人一起工作

一群有共同事业追求的人会为共同的目标而努力，所做的一切事情都是为了支持这项事业。

创业者需要定义自己的事业，然后吸引志同道合的人加入，不要忽略自己真正想要什么。

2. 推动团队行动整齐一致

一个团队需要保持一致，并且从一个单一的方向入手，一起工作，向同一个方向共同努力，这样会比各自为政更容易走向成功。但在此过程中，团队还需要不断地调整方向。保持一致是指既要保持团队内部的一致，又要有一个面对客户的统一流程。不论形式是书面还是口头，只要正确，就要采纳并遵循。

3. 减少不必要的繁文缛节

对于小型企业或微型企业而言，尤其要认识到以下几点。

（1）自身规模不大。

（2）团队无法创造并维持复杂的流程。

（3）许多庞大的流程实际上是非常低效的。

---

① 付生德，桑振平，黄天利．大学生创新创业指导教程［M］．北京：现代教育出版社，2018：121-122.

一家小型企业或微型企业，应当尽量减少不必要的烦琐程序。

4. 确保团队坦诚地反馈，且提出富有建设性的建议

创业者要鼓励多元性的思维和方法，尤其是那些富有经验并有娴熟技能的队员。只要他们的反馈是专业的，并经过深思熟虑，且有利于团队的，那么他们的建议就应该被采纳。只有这样，才能塑造出一个积极拼搏的团队。

5. 团队要集中目标，抓大放小

设定目标时应把精力集中在不多的几项工作上，不应该撒大网捞小鱼。在达成上述几个目标后，团队可以进一步努力达成更多的目标。因为设定太多的目标往往容易无从下手。但如果团队制定了合理目标，团队成员就不需要做过多判断，可以少走弯路。

6. 保持稳定而集中的沟通

对于一个团队来说，一个很重要的因素就是顺畅的沟通。不管是电子邮件、电话会议、面对面会议还是网络会议，开放的沟通渠道对公司的成功至关重要。要想获取较好的效果，可以打造一个集中沟通的平台。

创业英雄榜

“江院微生活”——校园最后一公里的商机

师小豪，江西九江人，江西外语外贸职业学院 2017 级计算机网络技术专业学生。在大学期间他一直都是一位“爱折腾”的学生。刚入校不久，师小豪就参加了学院组织的实践活动，因经常外出就容易错过学院快递店开门领取快递的时间。此外，他和一群“懒癌患者”共处一室，经常外出回来还要帮他们带饭买零食。一次两次还好，次数多了他总觉得有些负担。这时“爱折腾”的他就萌生了一个创业的想法——做一个大学生综合服务平台，帮助同样存在这些困惑的同学们解决问题。为了解自己的这个创业想法是否具有可行性，他设计了一个电子问卷，尽可能多地去发现同学们生活中存在的不方便的地方。通过调研，他发现同学们在日常生活中面临的不便之处主要呈现出以下两个特征：第一，在学校，大学生生活服务平台单一、零散。比如做兼职、办水卡、学生 QQ 群代买饭等服务都分布在不同的点，办事麻烦且服务效率不高。第二，学生日常生活中需要的服务种类多却比较集中，基本为代取快递、送饭上楼、晚上代购零食、资格证办理、影票代理等，而这些服务目前在学校还未形成综合服务体系。如果有这么一个平台能够满足大家的这些需求，为大家提供一条龙服务，再通过提升学生的线上线下消费体验，将会在很大程度上方便同学们的日常生活并降低平台的运营成本。

师小豪把自己想创业的想法和市场调研结果与室友林晓峰和老乡毛凯文分享。两位对他知根知底的朋友毫不犹豫，立马要求加入一起干。之后他们又吸纳了四位同学，有在校学长、有同班同学。一个由 7 位小伙伴构成的创业团队由此诞生。他们来自不同的学院、不同的专业，却有着共同的想法，想在学校创业实践中真正做成一件事情。经过两个月的筹划、对接，学院第一个综合性的校园服务平台——“江院微生活”诞生了。但平台创办的过程不是那么的一帆风顺，团队成员因难以协调学业和创业之间的关系，是引入外部已成熟平台还是先自建 QQ 群、微信群等，而后再进行引流而发生过多次争执。这些矛盾的出现让师小豪非常困扰。他要花很多时间在团队中发挥润滑剂的作用，但思想成熟的他同样也觉得，若一个创业团队内部没有争执、一片和谐，这是非常危险的事情，说明团队成员参与度不高，没有融入，缺乏活力。所以，想想这些，他也非常乐意去充当“和事佬”的角色。

在团队成员的共同配合及努力下，“江院微生活”不断开发出新的符合大学生生活服务需求的功能模块。在对各服务模块进行推广中，团队成员分工合作。通过下寝室扫码送小礼品、校内摆摊做宣传、设计优惠服务组合套餐等活动，平台运营不到两个月就吸引近万人，实现了初步盈利。团队成员开发的“表白墙”服务项目更是创造了日均两万人访问数量的纪录；主要盈利模块“校园外卖项目”，日均订单达到 500 多单，第一季度营业额达 4 万余元，团队也由最初的 7 人核心团队扩大为三个层级 7 个部门共计 36 人的“外院微校战队”。不断增长的利润及用户的认可极大地鼓舞了团队成员开拓更多市场的士气。

高校市场面临着很多机会和挑战。师小豪说：“高校市场的机会就是提升用户的体验。只要方便用户，肯定就有市场。把校园平台做得有特色和差异化，让用户对平台的体验感更好，这是对我们自身的一个挑战。困难就像弹簧，你弱它就强。走校园综合服务平台创业这条路，最大的收获就是能认识一群志同道合的朋友，一起去做一件事情。能做出成绩就有成就感，非常令人引以为傲。”

【课后实训】

实训主题：

组建最佳创业团队。

实训目的：

（1）从创业角度认识自我及创业团队的重要性。

（2）熟悉创业团队的类型。

（3）掌握创业团队组建的程序和原则。

（4）了解创业团队成员的分工。

实训要求：

（1）明确实训目的。

（2）进行创业能力自我分析。

（3）懂得团队成员分工合作。

（4）积极参与实训。

实训步骤：

（1）以自荐或推荐的方式选出总经理候选人。

（2）通过总经理模拟竞聘的方式，确定创业团队核心领导人。

（3）拟订准备启动的项目名称。

（4）列出项目需要的岗位名称及胜任条件。

（5）进行团队组织成员设计，招募合适的团队成员，形成 5 ~7 人的创业团队。

（6）评选最佳创业团队，所有成员分享实训心得。

第四章 创业机会识别与评估

名言警句

创业就是把注意力集中在识别和挖掘先前未被开发的机遇过程中。

——［美］理查德·多尔夫

案例故事

想做能飞的猪，找到风口很重要[1]

顺势而为，看起来不够有情怀，却是成功的真谛。

“飞猪理论”是雷军在很多场合反复谈到过的。1998 年，雷军升任金山总经理。在他带领金山 5 次冲击 IPO，试图将其转型成一家多元化软件公司的过程中，互联网风潮席卷中国，百度、阿里、腾讯纷纷抢占先机。2007 年，金山终于成功上市，然而今天看来，它的市值与百度、阿里相比相去甚远。事实上，雷军担任金山总经理时，李彦宏只是一名工程师，马化腾的腾讯刚刚成立；更有趣的是，2000 年，马化腾曾找到金山，希望金山收购 QQ，可惜雷军错失良机。

别人做互联网的时候，雷军继续做软件，最后软件行业整体不行了，他已错过互联网发展的黄金时期，惨痛的教训让他陷入痛苦而纠结的反思之中。

40 岁那年，雷军突然领悟：“人是不能推着石头往山上走的，这样会很累，而且会被山上随时滚落的石头给打下去。要做的是，先爬到山顶，随便踢块石头下去。”他提醒创业者要顺势而为：“我只要一认命、顺势，我就发现干事情风生水起。原来不认

① 宋俊骥，刘华，陈倩. 大学生创新创业实务教程［M］. 天津：天津科学技术出版社，2020：96－97.

命的时候老干逆天而为的事情，那叫‘轴’。”

那什么是命呢？雷军又给出自己的解读：“所谓命，就是在合适的时间做合适的事。创业者需要花大量时间去思考，如何找到能够让猪飞起来的台风口。只要在台风口，稍微长一个小的翅膀，就能飞得更高。”

怎么找到命？又如何顺势而为？雷军的经验是“看五年、想三年、认认真真做好一两年”。他在演讲中解释道：“在十年前，我可以很轻松地回答你：看五年，去美国；想三年，去台湾；认认真真干好一两年，看看大家都是怎么干的就行了。接下来，我就开始想，五年后什么东西会发生，谁会是五年后的百度、五年后的腾讯、五年后的阿里巴巴?”

在国内智能手机更新换代浪潮来袭之时，雷军相信“其中的机会大得惊人”，所以“尝试用互联网的方式去做电子消费”，于是二次创业，创办了小米科技。这让他成为一只越飞越高的“功夫猪”。谈到小米的成功，雷军说：“我认为最最重要的是，我们遇到了一个台风口，就是一头猪都能飞得起来的台风口。”

任何人成功，在任何领域都需要一万个小时的苦练

“飞猪理论”鼓舞了无数创业者，也让雷军遭到“机会主义者”的批评。在雷军看来，大家对他说这句话的背景可能不太熟悉。在一次会议上，雷军以自身为例，进一步解释自己的“飞猪理论”，他说：“我觉得第一点，任何人成功，在任何领域都需要一万个小时的苦练。如果没有基本功谈飞猪那真的是机会主义者。没有一个成功者不经过一万个小时的苦练能够成功。所以，大家千万不要忽略今天在空中飞的那些猪，他们都不只练了一万个小时，可能练了十万个小时以上，这就是被大家忽略的前提。”他坦言在职业生涯的前二十年“失败比比皆是”，在用了十年时间思考互联网的本质以后，才创办起小米科技并获得成功。

“第二点，飞猪的最关键问题是什么呢？是有很多勤学苦练的人只顾得上埋头拉车，顾不上抬头看路。当我们很羡慕成功者的时候，千万别忘了他们只是一头猪而已，包括我雷军在内。不管小米多火，我们都是在空中飞的猪，没什么，赶上这一拨了。如果大家真的有这样的态度，你有良好的积累，应该花足够的时间研究风向、研究风口，这样你成功的概率要大很多。”

雷军坚信，移动互联网时代的机会一定比互联网时代更大。创业者要想成为“会飞的猪”，就要花足够的时间研究风向和风口，在对的时间做对的事情。

雷军的“飞猪理论”其实想表达两层意思：第一，没有坚实的基本功，没有勤奋，是成功不了的。第二，有了勤奋，有了坚实的基础，也不一定能成功。还需要什么呢？还需要台风口，还需要把握大的发展机遇。将这个机遇把握好，抓住这个机会，才能成功。

第一节　认识创业机会

杰弗里·蒂蒙斯认为，创业过程的核心是创业机会，创业过程是由创业机会驱动的。创业机会属于广义的商业机会范畴，但并不是一般意义上的商业机会。奥地利经济学派认为创业机会与商业机会的根本区别在于利润或价值创造潜力的差异，创业机会具有创造超额经济利润的潜力，而其他商业机会只可能改善现有利润水平。在这里，我们不做具体的区分，统称为创业机会。下面，我们一起来看与创业息息相关的创意及机会的相关概念。

一、创意

创意是具有一定创造性的想法或概念，其是否具有商业价值存在不确定性。社会经济的发展和科学技术的进步，会不断激发人们的想象和需求，为创业者不断提供新的创业机会。有句话说得好："没有饱和的市场，只有饱和的思想。"

一般来讲，创意来源于三个方面：趋势的把握，没有解决的问题，闲置的资源。

需要注意的是，创意与点子不同，区别在于创意具有创业指向，进行创业的人在产生创意后，很快甚至同时就会把创意发展为可以在市场上进行检验的商业概念。商业概念既体现了顾客正在经历的，也是创业者试图解决的种种问题，又体现了解决问题所采取的手段。例如，帮助球手把打丢的球找回来是一个创意，容易把球打丢是实际存在的问题，而有人试图要解决这个问题，在高尔夫球内安置一个电子小标签，开发手持装置搜索打丢的球是解决问题的手段。

二、机会

机会有四个本质特征，有吸引力，持久性，及时性，并依附于为购买者或终端用户创造或增加有价值的产品、服务。创意是一种思想、概念或想法，它可能达到也可能达不到机会的标准。

创业因机会而存在，而机会是具有时效性的有利情况。纽约大学伊斯雷尔·柯兹纳（Israel Kirzner）教授认为，机会就是未明确的市场需求或未充分使用的资源或能力。机会具有很强的时效性，甚至瞬间即逝，一旦被人把握也就不存在了。而机会又总是存在的，一类机会消失了，另一类机会又会产生。大多数机会都不是显而易见的，需要人去发现和挖掘。如果机会显而易见，总会有人开发，有利因素很快就不存在了。

对机会的识别源自创意的产生，而创意是具有创业指向同时具有创新性的想法。在创意产生之前，机会的存在意义并不大。有价值潜力的创意一般具有以下特征：

1. 独特、新颖，难于模仿

创业的本质是创新，创意的新颖性可以是新的技术和新的解决方案，可以是差异化的解决办法，也可以是更好的措施。另外，新颖性还意味着一定程度的领先性。不少创业者在选择创业机会时，会关注国家政策优先扶持的领域，这其实就是在寻找领先的项目。不具有新颖性的想法不仅无法吸引投资者和消费者，对创业者本人也不会有激励作用。新颖性还会增加模仿的难度。

2. 客观、真实，可以操作

有价值的创意绝对不会是空想，而是有现实意义的，具有实用价值。简单的判断标准是能够开发出可以把握机会的产品或服务，而且市场上存在着对产品或服务的真实需求，或者可以找到让潜在消费者接受产品或服务的方法。

3. 有潜力的创意应同时满足用户及创业者的价值

创意的价值特征是根本，好的创意能给消费者带来真正的价值，创意的价值要靠市场检验。同时，好的创意必须给创业者带来价值，这是创业动机产生的前提。

看到机会、产生创意并发展成清晰的商业概念意味着创业者识别到机会。至于发展出的商业概念是否值得投入资源进行开发，是否能成为有价值的创业机会，创业者还需要认真论证。

- 案例分享

机会有限，创意无限

先来看看图4-1中的几款造型奇特的光电鼠标，不仔细看的话还以为是汽车模型呢。其制作非常小巧精致。别看它小，该有的功能一应俱全，两个车灯分别是左右按

图4-1 汽车形鼠标

键，车头中间是滚轮，设计得十分巧妙，让人爱不释手。其尺寸为29.6 mm ×49 mm ×28.9 mm（宽度×纵深×高度），分辨率达到了400 cpi。当然它采用USB接口，只是售价稍微贵了一些，在450元左右。

三、创意并不必然等于市场机会

创意可以漫无边际，异想天开，不一定注重创意实现的可能性。创意远比市场机会丰富。市场机会常指市场上尚未被满足的需求，它可以是现有产品（或服务）找到了新的或潜在的消费群体，也可以是创造开发新的产品（或服务）来满足人们变化的需求。可见，市场机会源于创意，但市场机会必须能够实实在在地为企业带来价值。

四、创业机会

创业机会是具有商业价值的创意，表现为特定的组合关系。好的商业想法未必是好的商业机会，还需要经过商机评估来最后确定其是否值得经营。

英国经济学家马克·卡森（Mark Casson）认为，创业机会是指在新的生产方式、新的产出或新的生产方式与产出关系的形成过程中，引进新的产品、服务、原材料和组织方式，得到比生产成本更高价值的情形。因此，创业机会并不简单等同于新产品、新服务、新原材料和新的组织方式。换言之，创业机会就是通过把资源创造性地结合起来，迎合市场需求并传递价值的可能性。

奥地利经济学家伊斯雷尔·科兹纳（Israel Kirzner）认为，机会的最初状态是“未精确定义的市场需求或未得到利用或充分利用的资源和能力”。后者可能包括基本的技术，未找准市场的发明创造，或新产品服务的创意。潜在的消费者可能很清楚自己的需要、兴趣或问题，也可能不明确自己的需要。即使消费者不清楚他们想要什么，当创业者把新产品推荐给他们并向他们说明产品的好处时，他们也能够识别这个新产品带来的价值。和有发展潜力的新能力或新技术一样，未得到充分利用的资源也有为潜在消费者创造和传递价值的可能性，尽管这种新价值的形式还不确定。例如，金属和玻璃的合成技术在明确用途之前就已经发展起来了，新药品化合物在未知其有效应用条件的时候已经被创造出来了。随着市场需求被创业者精确定义出来，未得到利用或充分利用的资源也被更精确地定义为潜在的用途，创业机会就从最基本的形式中发展起来，形成了商业概念。商业概念的核心观点是满足市场需求或利用资源。创业者的开发使其变得更加复杂，其中包括产品（或服务概念）、市场概念、供应链（或市场营销或经营概念）。

综上所述，创业机会主要是指具有较强吸引力的、较为持久的有利于创业的商业机会。创业者据此可以为客户提供有价值的产品或服务，并同时使创业者自身获益。

第二节　识别创业机会

创业机会识别是创业领域的关键问题之一。从创业过程角度来说，它是创业的起点。创业过程就是围绕着机会进行识别、开发、利用的过程。识别创业机会是创业者应当具备的重要技能。

但是，创业机会是很难识别的。仅有少数创业者能够把握创业机会从而成功创业。创业成功，不仅会改变人们的生活方式，甚至还能创造出新的产业。对创业机会价值潜力进行探索，会逐渐衍生出一系列的商业机会，从而产生更多的创业活动。所以创业者既要能够发现现有的市场机会，更要发掘潜在的和衍生的市场机会。

一、创业机会的特征

（一）普遍性

凡是有市场、有经营的地方，客观上就存在着创业机会。创业机会普遍存在于各种经营活动过程中。创业机会是客观存在的，因为市场信息分布不均衡，才导致许多机会没有被发现。持这一主张的代表是奥地利经济学派。

（二）偶然性

对一个企业来说，创业机会的发现和捕捉带有很大的不确定性。任何创业机会的产生都有意外因素。

（三）消逝性

创业机会存在于一定的时空范围之内。随着产业客观条件的变化，创业机会可能就会相应地消逝和流失。这也是机会之窗的意思，即将商业想法推广到市场上去所花的时间。若竞争者具有同样的思想并把产品推向市场，那么机会之窗就关闭了。

• 案例分享

在校大学男孩卖“姨妈巾”的创业故事[①]

王某是个普通的“95后”大男孩，他就读于扬州某职业技术学院。然而这个学建

---

① 宋俊骥，刘华，陈倩．大学生创新创业实务教程［M］．天津：天津科学技术出版社，2020：102－103.

筑的“理工男”却做了一件令所有老师和同学都大吃一惊的事情，还在上大学的他，竟开始做起了卫生巾的生意。更令人惊讶的是，这个男孩的生意居然十分兴隆，每月收入过万，甚至同学们都戏称他为“姨妈哥”。

生命不息，创业不止

王某说：“我家里很多人都做卫生巾生意。”他的大舅和大妗在北京做卫生巾生意，他的姑姑则把生意做到了长沙。王某受家人的影响，就想成为一个“姨妈哥”。2014 年，王某被扬州某职业技术学院录取，大一下学期，他就开始了创业，想在扬州做起来。

初出茅庐受挫折

初生牛犊不怕虎，说干就干，他一口气拿了 28 100 元的货。“拿货之后就是批发和零售，我自己就在扬州跑。”为了能够把卫生巾推销出去，他骑着自行车带着两箱货，开始了自己创业的第一步。然而事情并没有那么简单。“先去的是一家母婴店，对方说有微商供货，把我拒绝了。”他的第一次尝试失败了。

不撞南墙不回头，尽管第一次失败了，但在接下来的两个月时间里，他还是为自己的事业不断努力。扬州市区到处布满了他的足迹。养生会所、美容院，他都去过，也均被拒绝。两个月下来，一单生意都没谈成。

皇天不负苦心人，“姨妈哥”终于“开张”

接连的失败没有打击到王某，在第三个月，他的卫生巾生意终于“开张”了。“那是在 2015 年 5 月份，离我们学校不远的一家药店，老板娘拿了四箱卫生巾。”王某尝到了胜利的甜蜜，每箱卫生巾他挣了 170 元。

到了 2015 年 9 月 8 日，王某从走街串巷的卖货郎正式成了代理商，他也将自行车换成了电动车。“我现在有两辆电动车。扬州市区也小，骑车能跑一圈。”为了更清楚地向顾客介绍产品，他总是随身携带着产品示范箱，为了突出自己的产品，他就一家一家地跑养生会所，把各种品牌的卫生巾和自己代理的卫生巾做对比实验。

到了 2015 年 11 月份，王某越来越熟练，一个月大概可以卖出 50 箱卫生巾。除此之外，他又开始代理空气净化器、婴儿纸尿裤等产品。这样算下来，王某每个月的收入达到 1 万多元，最多时挣了 17 000 余元。

直面争议，勇敢创业

“刚开始做的时候，好多女生觉得不可思议，男同学也不理解、不支持。”王某笑着说，当初异样的眼光确实很多，毕竟卫生巾对于女生来说，是一个隐私话题。

“我们要选择合适时机，让王某给同学们讲讲创业历程。对于他来说，他已经对商品的货源、渠道做了充分的准备，而不是盲目创业。我们会对他提供一些创业咨询服务。”王某的老师如是说。

二、创业机会的来源

创业机会以不同的形式出现。虽然在以前的研究中，焦点多集中在产品的市场机会上，但是生产要素市场也存在机会，如新原材料的发现等。许多好的商业机会并不是突然出现的，而是对“一个有准备的头脑”的一种“回报”。在识别机会之前，创业者需要弄清楚机会在哪里和怎么去寻找。

（一）个人兴趣爱好

马化腾认为玩也是一种生产力。从玩中找到乐趣，把玩的心态和现实结合起来，不仅是马化腾发展事业的原则，也是他开发聊天软件的宗旨。

发现自己的兴趣、渴望、理想，专注地去发挥自己最擅长的那个部分，这就是有梦想、有行动力的创业者的精神，这也是我们国家、民族倡导的创业精神。

财商是一个人对商业价值的敏感性。这种敏感性与兴趣相遇时，将会碰撞出惊人的能量，成为孕育社会价值与财富的温床。比尔·盖茨、乔布斯等，他们的创业神话都证明了这一点。

（二）现实未被解决的问题

创业的根本目的是满足顾客需求，而顾客需求在没有满足前就是问题。寻找创业机会的一个重要途径是善于发现和体会自己和他人在需求方面的问题或生活中的难处。

共同事业（Common Cause）组织的创建人约翰·加德纳（John Gardner）也说过：“每个问题都是一个绝佳的隐藏着的机会。”许多企业的创建者都是在遇到了某个问题之后，在解决问题的过程当中领悟到了机会，进而创立了企业。

现实中未被解决的问题说不定就是市场的需求漏洞。把握住了这一点，也就把握了机会。

（三）外部环境的变化

创业机会大多产生于不断变化的市场环境。环境变化了，市场需求、市场结构必然相应发生变化。创业者要在变化中看到未来的发展方向，预测将来的潜力和机会。著名管理大师彼得·德鲁克将创业者定义为那些能“寻找变化，并积极反应，把它当作机会充分利用起来的人”。这种变化主要来自产业结构的变动、消费结构的升级、城市化的加速、人口思想观念的变化、政府政策的变化、人口结构的变化、居民收入水平的提高、全球化趋势等方面。比如随着居民收入水平的提高，私人轿车的拥有量将不断增加，这就会派生出汽车销售、修理、配件、清洁、装潢、二手车交易、陪驾等诸多创业机会。

（四）新的创造发明

创造发明提供了新产品、新服务，更好地满足了顾客需求，同时也带来了创业机会。比如电脑诞生后，随之而来的是电脑维修、软件开发、电脑操作的培训、图文制作、信息服务、网上开店等创业机会。即使是不发明新东西的人，也能成为销售和推广新产品的人，从而发现商机。

（五）竞争对手的缺陷

如果能弥补竞争对手的缺陷和不足，这也将成为创业机会。看看你周围的创业，你能比他们更快、更可靠、更便宜地提供产品或服务吗？你能做得更好吗？若能，你也许就找到了机会。

（六）新知识、新技术的产生

创新强调跨界，一些新技术的出现给这种跨界提供了可能。将现有的、两项以上的产品、技术或者服务等因素组合起来，就可以实现新的用途和价值，从而获得新的创业机会。近两年来，这样的创业机会可以说是遍地开花，最典型的例子就是“互联网+”行业，许多人通过各方面的技术，使产品与互联网结合，从而创造出一种新兴产业，推动我国经济结构的发展和变化。3D 打印技术和大数据的广泛应用也带来了很多创业机会。

发现创业机会不是一件容易的事情，但也不是高不可攀的。对于年轻的创业者而言，要想创业成功，找到市场、顺应需求、了解客户、培养良好的市场调研习惯是重中之重。创业者可以在日常生活中有意识地加强实践。

每个人的知识、经验、思维及对市场的了解都是有限的。多看、多听、多想能广泛获取信息，及时从别人的知识、经验、想法中汲取有益的东西，从而提高发现机会的可能性和概率。

三、创业机会的分类

创业机会可分为问题型机会、趋势型机会和组合型机会。

（1）问题型机会指的是由现实中存在的未被解决的问题所产生的一类机会。

（2）趋势型机会指的是在变化中看到未来的发展方向，预测将来的潜力和机会。

（3）组合型机会指的是将现有的两项以上的技术、产品、服务等因素组合起来，以实现新的用途和价值而获得的创业机会。

四、影响创业机会识别的关键因素

哪些因素有利于创业者更善于识别出有价值的创业机会？不少学者进行过研究，

下面是取得共识的四个主要因素。

（一）先前经验

在特定产业中的先前经验有助于创业者识别出商业机会。这被称为走廊原理。

走廊原理强调经验和知识对于个体发现和把握创业机会的重要性。个体在特定领域的经验和知识存量越高，就越容易看到并把握该领域内的创业机会，从而实施创业活动。调查发现，70%左右的创业机会其实是在复制或修改以前的想法或创意，而不是发现全新的创业机会。

（二）认知因素

机会识别可能是一项先天技能或一种认知过程。有些人认为，创业者有“第六感”或“警觉”。警觉很大程度上是一种个体的禀赋；拥有某个领域更多知识的人，比其他人对该领域内的机会更敏感。例如，一位计算机工程师就比一位律师对计算机产业内的机会和需求更为敏感。

（三）社会关系网络

社会关系网络能带来承载创业机会的有价值信息。个人社会关系网络的深度和广度影响着机会识别。研究发现，与强关系相比，弱关系更有助于个体识别创业机会。

（四）创造性思维

从某种程度上讲，机会识别是一个产生新奇思想或创意的创造过程，是不断反复的创造性思维过程。

尽管上述因素并非导致创业成功的必然因素，但创业者若具备了这些因素，往往较其他创业者具有更多的优势，也更容易获得成功。

五、识别创业机会的常见方法

（一）通过新眼光调查发现机会

1. 开展初级调查

与顾客、供应商、销售商交谈，直接与这个世界互动，了解正在发生什么及将要发生什么，就属于初级调查的形式。

2. 注重二级调查

阅读某人的发现和出版的作品、利用互联网搜索数据、浏览寻找包含所需要信息的报刊文章等都是二级调查的形式。

3. 记录想法

将自己的想法随时记录下来也是一种较好地用于识别创业机会的方法。瑞士最大的音像书籍公司的创始人说他有一本笔记，当记录到第200个想法时，他坐下来回顾所有的想法，然后开办自己的公司。

（二）通过系统分析发现机会

实际上，绝大多数的机会都可以通过系统分析发现。人们可以从企业的宏观环境（政治、法律、技术、人口等）和微观环境（顾客、竞争对手、供应商等）的变化中发现机会。借助市场调研，从环境变化中发现机会，是机会发现的一般规律。

（三）通过问题分析和顾客建议发现机会

1. 问题分析

创业者从一开始就要找出个人或组织的需求和他们面临的问题，这些需求和问题可能很明确，也可能很含蓄。一个有效并有回报的解决方法对创业者来说是识别机会的基础。这个分析需要全面了解顾客的需求，以及用来满足这些需求的手段。

2. 顾客建议

一个新的机会可能会由顾客识别出来，因为他们知道自己究竟需要什么。然后，顾客就会为创业者提供机会。顾客建议多种多样，他们可能会提出一些诸如“如果那样的话不是很棒吗”这样的非正式建议。留意这些建议，有助于发现创业机会。

课堂测试：你是否具备把握机会的能力？

1. 测试内容

有个年轻的朋友向你问路，他（她）要去的地方正好与你相同，你会怎么向他（她）指路？

A. 告诉他（她）方向相同，可以一起走。

B. 很详细地告诉他（她），再从后面跟着。

C. 你会默默地带他（她）到目的地。

D. 告诉他（她）走法，自己另走一条路。

2. 测试解析

选择A的人：人生何处不相逢，这是一种缘分，你能借此同行，可以说是个善于利用机会的人。你做事负责，也能有涵养地为对方着想，懂得尊重别人。

选择B的人：你把自己的事和别人的事分得很清楚，但不会只告诉人家方法，而自己摆脱。你喜欢跟在人家的后面求安全，也许由于这种原因，你容易得到许多成功的机会。

选择C的人：你是个只顾自己、自求满足的人。你无视对方的困难，而一味强求，因此容易树敌；但因为你的态度强硬，也有不少人会跟着你走。你是属于政治家型的人。

选择D的人：你是一个意志软弱、讨厌被人家误解或低估的人。一旦被人请托，会觉得是一种负担而感到厌烦。你没有志趣相投的朋友，也没有敌人，是个有作风担当、独特的人，所以，有时你会让机会白白溜掉。

（四）通过创造获得机会

通过创造获得机会在新技术行业中最为常见。这种机会可能始于一个明确未满足的市场需求，促使创业者积极探索相应的技术和新知识；也可能始于一项新技术发明，促使创业者积极探索新技术的商业价值。

通过创造获得机会比其他任何方式的难度都大，风险也更高。当然，如果能够成功，回报也更大。这种情况下所产生的创新在人类所具有重大影响的创新中，居于压倒性的主导地位。

· 案例分享

发现需求，专注学生服务的齐格网[①]

二手教材租赁并不是新鲜的点子。几乎所有上过大学的学生都讨论过如何处理旧教材。

然而来自美国的齐格网（Chegg. com），2007 年在加利福尼亚州的圣克拉拉大学开始提供课本租赁服务。仅一年半的时间，齐格网已经进入全美国、加拿大的 5 000 多个校园中。

他们是如何实现多数人没有行动的创业梦想的呢？

建立一个“有手的平台”接待所有的需求。

据《纽约时报》报道，齐格网的两位创始人当年也是大学生。他们发现，在之前建设的网站中，大部分学生都来找旧教材。看到了这个潜在的问题，两位创业人就专门针对这个需求来“改善”这个状况。他们开始思考，他们不要只做一个平台，而要做一个“有手的平台”——他们伸手，帮助所有有需求的人，就算没有“旧书”，他们也想办法弄几本“旧书”来给他们。

于是，一个租赁旧教材的网站 Chegg. com 就诞生了。而在一年半的时间里，他们通过 53 个调查表验证了该方案的可行性，其中包括学生是否想要租赁课本、可能存在的欺诈是否对公司的运营构成威胁等。

旧书只需租赁两个回合就开始赚钱。

在没有外界资金的帮助下，齐格网的创始人刚开始完全实施需求租赁。即有人来要指定的课本，他们通过关系找到比较便宜的课本买下来，然后邮寄给要租的学生，这个学生依约在学期末再寄回来，齐格网又可以将课本重新租出去。

---

① 宋俊骥，刘华，陈倩．大学生创新创业实务教程［M］．天津：天津科学技术出版社，2020：108－109.

他们大概以半价租给学生，然后外加大约10%的运费（书价一般是30～60美元，运费大约是4美元）。归还时学生无须支付运费。换句话说只要租两个回合，他们就开始赚钱了！

而且他们买的本来就是旧课本，因此成本可以压得很低。他们收购的旧书，卖书者无须支付运费。齐格网在收到书本确认合格后，在3～5个工作日内通过信用卡支付费用给卖书者。

有人会问，难道每一届学生用的课本都是一样的吗？据国外媒体介绍，美国一些大学通过使用定制课本的方式来应对二手教材市场对出版商的冲击。但齐格网并不担心这一现象。尽管每一届的新教材都增加了不少作业内容，但主要内容并没有改变。学生只要补充多出来的内容即可。齐格网为学生节省了65%～80%的课本费，学生自己辛苦点动手补充内容也值得。

尽管并购了一些网站，但齐格网的业务目前还是专注于传统教材行业。在公司所有销售和租赁的图书中，只有3%是电子书，公司总销售额中只有7%来自图书之外的业务。根据齐格网的统计，一年前，学生平均登录齐格网的时间约为3分钟，而现在他们停留的时间平均仅增加了30秒，但花在公司收购的其他网站上的时间高达15分钟。自从被齐格网收购之后，CourseRank用户已从5万上升到了40万，Cramster网站的用户量也已翻了一番。

罗森维格表示，也许有一天，当耐克公司计划向市场推出一款新的高尔夫鞋，想联络住在某球场附近的美国大学生高尔夫锦标赛球员时，他们将能通过齐格网来锁定目标。

第三节　评估创业机会

发现了创业机会，并不意味着要创业，更不意味着成功就在眼前。对创业者来说，关键在于如何能够从众多机会中找寻出有价值的创业机会，并采取快速行动来把握机会。创业活动的显著特点是机会导向。创业往往是从发现、把握、利用某个或某些商业机会开始的。创业者自身的特征及想法固然重要，但并不是每个想法都能转化为创业机会，也不是所有创业机会都必然会成功。创业机会存在一定的风险。因此，创业者在利用机会之前要对创业机会进行科学分析与评价，然后做出选择。

一、有价值的创业机会的基本特征

要评价创业机会的好坏，需要先进行初步简单的评价，再进行系统的评价。图4-2

总结了有价值的创业机会要具备的特征。

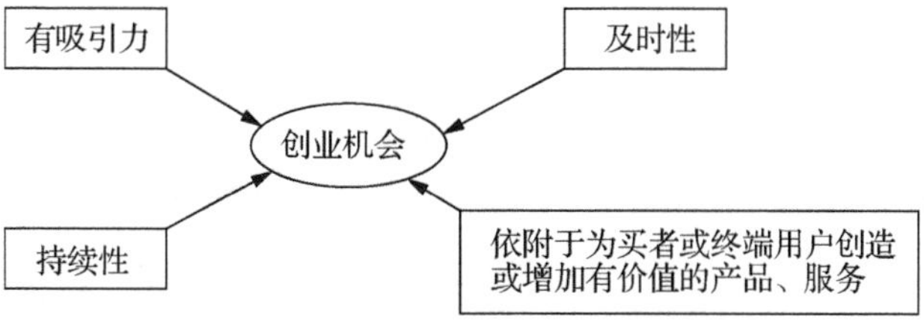

图 4-2 有价值的创业机会的特征

时间对创业者来说，既可以是朋友，也可以是敌人。如果想要通过深刻细致的方法来评价创业机会，一年不一定够，甚至 10 年都不一定够。这就是残酷的现实。而在这个现实中最困难的一点就是：创业者必须找到能把好的思路付诸实践的最佳时机，并准确把握这个时机。

二、评估创业机会的基本标准

研究创业机会评估标准比较典型的框架是杰弗里·蒂蒙斯的创业机会评价框架和刘常勇的创业机会评价框架。杰弗里·蒂蒙斯的创业机会评价框架涉及行业与市场、经济价值、收获条件、竞争优势、管理团队、创业家的个人标准、理想与现实的战略性差异、致命缺陷差异 8 个方面的 53 项指标。刘常勇的创业机会评价框架主要涉及市场和回报两方面共 14 个指标。结合这两位专家的研究及其他研究者的观点，我们认为应该从以下五个方面对创业机会进行评估，如图 4-3 所示。

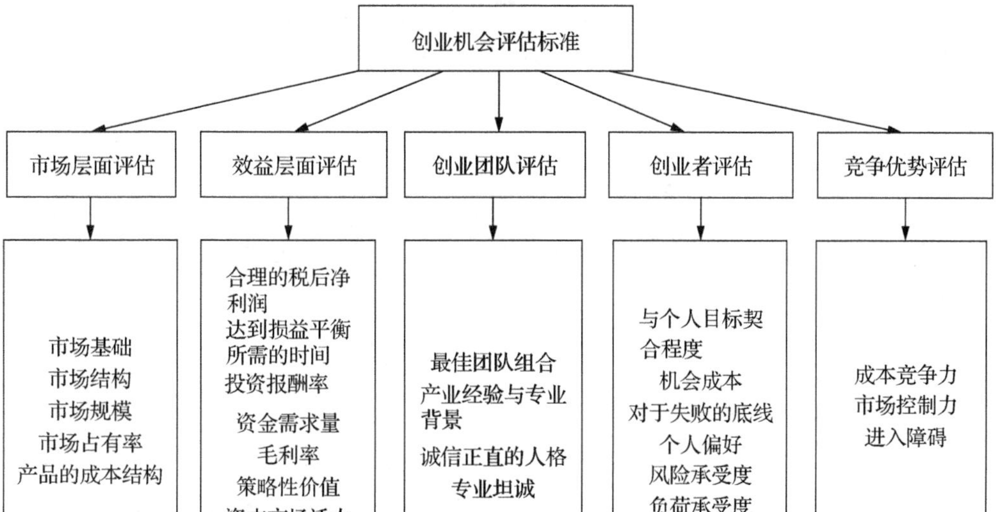

图 4-3 创业机会评估标准模型图

（一）市场层面的评估准则

1. 市场基础

一个好的创业机会必然具有特定的市场基础，专注于满足顾客需求，同时能为顾客带来增值的效果。因此，评估创业机会的时候，可由市场定位是否明确、顾客需求分析是否清晰、顾客接触途径是否流畅、产品线是否可以持续衍生等方面来判断创业机会可能创造的市场价值。能带给顾客的价值越高，则创业成功的机会也会越高。

2. 市场结构

针对创业机会的市场结构，创业者应从以下几个方面进行分析，包括进入障碍、上游厂商、顾客、渠道商的谈判力量、替代性竞争产品的威胁及市场内部竞争的激烈程度等。由市场结构分析可以得知，新创企业未来在市场中的地位，以及可能遭遇竞争对手反击的程度。

3. 市场规模

市场规模的大小与成长速度也是影响创业成败的重要因素。一般而言，市场规模大，进入障碍相对较低，市场竞争激烈程度也会略为下降。如果要进入一个十分成熟的市场，纵然市场规模很大，由于市场不再成长，利润空间也必然很小，因此，再创业恐怕就不值得投入。反之，一个正在成长中的市场，通常也会是一个充满商机的市场，所谓水涨船高，只要进入时机正确，必然会有获利的空间。

4. 市场占有率

创业机会预期可达成的市场占有率目标，可以显示这家新创企业未来的市场竞争力。一般而言，要成为市场的领导企业，最少需要拥有 20% 的市场占有率。但如果市场占有率低于 5%，则该新创企业的市场竞争力显然不强，自然也会影响企业未来的价值。

5. 产品的成本结构

产品的成本结构也可以反映新创企业的前景。例如，物料与人工成本比、变动成本与固定成本比及经济规模产量等，都可以反映出新创企业能够创造附加价值的幅度及未来可能的获利空间。

（二）效益层面的评估准则

1. 合理的税后净利润

一般而言，具有吸引力的新创企业，需要创造总投资 15% 以上的税后净利润。如果新创企业预期的税后净利润在 5% 以下，那么这就不是一个好的投资机会。

2. 达到损益平衡所需的时间

一般来说，损益平衡应该能在两年以内达到。如果企业在三年内还达不到损益平衡，恐怕就不值得投入了。不过有的新创企业确实需要经过比较长的耕耘时间，并经由这些前期投入，克服进入障碍，保证后期的持续获利。在这种情况下，创业者可以将前期投入视为一种投资，那么就能接受有较长的损益平衡时间。

3. 投资报酬率

考虑到新创业开发可能面临的各项风险，合理的投资报酬率应该在25%以上。一般而言，15%以下的投资报酬率预示这不是一个值得考虑的创业机会。

4. 资金需求量

资金需求量较低的创业机会一般会比较受投资者的欢迎。事实上，许多个案显示，资本额过高其实并不利于创业，有时还会带来稀释投资报酬率的负面效果。通常，越是知识密集的创业机会，对于资金的需求量越低，投资报酬率反而会越高。因此，在创业开始的时候，创业者不要募集太多的资金，最好通过盈余积累的方式来募集资金。

5. 毛利率

毛利率高的创业机会，相对风险较低，也比较容易达到损益平衡；反之，毛利率低的创业机会，风险则较高，遇到决策失误或市场产生较大变化的时候，企业很容易遭受损失。一般而言，理想的毛利率是40%。当毛利率低于20%的时候，这个创业机会就不值得考虑。

6. 策略性价值

能否创造创业机会在市场上的策略性价值，也是一项重要的评价指标。一般而言，策略性价值与产业网络规模、利益机制、竞争程度密切相关，而创业机会对产业价值链所能创造的增值效果，也与所采用的经营策略与经营模式密切相关。

7. 资本市场活力

资本市场的变化幅度极大。在市场高点投入，资金成本较高，筹资相对容易。但在资本市场低点时，投资新创业的诱因则较低，好的创业机会也相对较少。不过对投资者而言，市场低点投入成本较低，有的时候反而投资报酬会更高。一般而言，新创企业在活络的资本市场比较容易创造增值效果，因此资本市场活力也是一项可以被用来评价创业机会的外部环境指标。

8. 退出机制与策略

所有投资的目的都在于回报，因此，退出机制与策略就成为评估创业机会的重要指标。企业的价值一般也要由具有客观鉴价能力的交易市场来决定，而这种交易机制的完善程度也会影响创业机会退出机制的弹性。由于退出的困难度普遍要高于进入的困难度，所以一个具有吸引力的创业机会的创业者应该要规划好投资者的退出机制与策略。

• 相关知识链接

创新工场的投资合伙人赖晓凌谈如何把握创业时机

创新工场的投资合伙人赖晓凌凭借在移动互联网及SP领域多年的创业经验，深刻分析了“产品抓住当前市场痛点”这个观念的不足，并且提出将趋势、变化和时间点转化为投资机会。通过解决当前的痛点去创业，其实有巨大的风险。当下的痛点和刚需等到创业者着手去解决，以及产品上线，可能一年甚至两年已经过去了，到时痛点还是痛点吗？环境一直在变化。今天的痛点在两年后也许根本就不再是痛点，今天的需求也不再是需求。环境发生了变化，解决方案也发生了变化。所以他认为解决当前的痛点去创业其实是一个非常大的坑。从投资角度来说，我们判断一个项目解决的用户痛点是不是一个好的切入点，会看三个方面：趋势、时间点和变化。

趋势：看涨还是看跌

对于投资者来说，投资的是一种趋势。我们经常说要投资朝阳行业，买股票买涨不买跌，但是对于早期投资人来说，我们也很难判断什么是朝阳产业，就像你很难保证一只一直涨的股票会不会在买的第二天就掉头向下。大多数的总结、分析和判断其实都是事后诸葛亮。从经验来看，那些很难赚到钱，绝大部分从业者感到绝望的行业，有时反而很值得去关注。

当一个行业持续低迷，成本不断上涨，利润不断变薄，直到绝大多数从业者都亏损的时候，它有两种可能性：掉入深渊或者绝地反弹。如果新技术、互联网能对这个行业产生影响，那么绝地反弹的机会就会很大。比如2008、2009年的手机行业，业内人士应该还记得当年利润比刀片还薄的痛苦。而几年来都能保持百分之几的增长的行业，反倒很难找到足够大的机会，因为不断有新的参与者进来，市场会变得更加分散，很难有一家垄断型企业出现。这种平稳增长的市场对投资者来说可能是一个食之无味、弃之可惜的鸡肋机会，除非这种平稳增长能在几年后，因为技术发展、社会结构变化，或者其他的外因，出现较大的向上拐点，而这就是后面要说的“变化”。

时间点：东风是否就位

在创业和投资中，判断趋势相对来说还是有一定的章法可循的，但是对“时间点”的判断却是一件非常困难的事情。最乐观的人总是认为明天就该有翻天覆地的变化，急急忙忙地冲进去，就怕错过了这个时间窗，乐观的人一般都考虑三四年后会发生可观的变化，但是实际情况可能会比三四年更长；而悲观的人可能永远看不到这个变化，或者认为即使变化要发生，也需要满足很多很多的条件，怎么也得花5～10年的时间，所以什么都不敢做，他们恰恰忘了越来越多的技术领域呈现“摩尔定律”，出现令人惊讶的指数增长。“太晚了，已经很多人在做了”“可惜当年没有再坚持一两年”基本上都是描述创业过程中判断“时间点”的感悟。所以说把握创业的时间节奏尤其重要。

时间点的判断很容易引起另外一种“全民创业现象”，或者叫作“跟风创业现象”。当某个机会来临，市场上出现少数有两三年积累的公司时，很多创业者和投资者看到这几家公司的价值，于是快速跟进。类似曾经出现的全民做广告、做太阳能、做团购，以及后来出现的送餐、按摩、二手车，跟风创业有利有弊，需要创业者自己判断。

变化=机会

投资是投趋势，更准确地说是投资“变化”。持续缓慢地上升或者下降都不会是好机会。只有“变化”才是机会。这个变化更像几何学上的“拐点”。创新工场2009年决定做Andriod相关投资的时候，当时Symbian还是霸主，iPhone的生态链构建相对完善，开发者已经开始在App Store上获得收入。Andriod系统不完善，App稀少，市场还是荒芜一片。那么是应该选择依然有着巨大存量的市场，并且出货量巨大的Symbian，还是已经初步构建了生态体系的iPhone，还是对Andriod进行大量的投入？今天这个答案很明确，可是当时这个行业还是有各种不同的看法的。

现在已经是一个全民创业的时代，这对于整个社会、投资机构和创业者来说都是好事情。特别是智能手机普及之后，互联网已经不再是一个高科技、遥不可及的东西。它带来了非常多的创业机会和投资机会，无论在纯移动互联网应用、游戏还是在O2O等方方面面。这是一个巨大的变化，但是到具体的某个领域，特别是O2O领域，就需要具体分析。线上互联网发生了巨大变化，但是线下的具体产业随之发生变化了吗？如果因为移动互联网普及了，就轻率地认为线下服务都有机会了，这是很危险的。创业者一定要问自己：为什么我今天做这个事情会比五年前做成功的概率更高？为什么今天用Andriod/IOS调度车辆比五年前人们用PND、WinCE、Linux来调度车辆更好？除了这个技术的变化，行业是不是也积累了突破的势能？

乐观的是，中国在传统行业积累了几十年的经验，但信息化程度仍较低，大部分行业的组织方式和运营方式都处于低效状态。虽然原来的PC互联网改善了一些，但是移动互联网在重新构造一个商业系统。去中心化、去中介化、去组织化将会在接下来的几年内在不同的行业发生。

不要轻易谈颠覆

目前很多人认为找到出身传统行业同时又具备互联网思维的人很难，从传统行业转型到互联网比互联网人认识传统行业要难，对此有人持不同的观点。对于80后，他们虽然从事传统行业的工作，但是在一定程度上也具备了互联网能力和意识：第一，他们从学生时代起就在用互联网的产品，对互联网并不陌生；第二，他们的经验可以移植到互联网；第三，今天到处充斥着互联网相关的海量信息，他们有意无意地被互联网熏陶。所以理论上，传统行业中的“80后”学习互联网比互联网人理解传统行业要快。传统行业中懂互联网的人会是下一批创业者的生力军，他们将改变许许多多的行业。

互联网创业者喜欢谈“颠覆”，但大部分的行业是颠覆不了的，只是重建商业规则。如果食物不好吃，再怎么利用互联网也难以下咽；手表不好看、计时不准，再怎么联网，再怎么能安装App也不会有人用；空调不制冷，噪声还很大，即使能用手机远程遥控，又能怎样？互联网给了很多创业机会，但创业者还是应该回归产品要做好、服务要做好的前提。

（三）创业团队层面的评估准则

1. 最佳团队组合

由声誉卓著的创业家领军，各具专业背景的成员组成创业团队，再加上紧密的组织内聚力与共同的价值观分享，这种团队组合可以被视为新创业成功的最佳保证。因此，评价创业机会，绝对不可忽视创业团队组合的成分及团队整体能够对外发挥的力量。

2. 产业经验与专业背景

创业者及其团队成员对于所要投入产业的相关经验与了解程度也会影响新创业成功的概率。投资者一般可以通过产业内专家对于创业团队成员的背景经验与专业能力的评价来获得这项信息。再好的创业机会，如果单靠创业团队经验或专业背景，对于投资者恐怕也不会具有任何吸引力。

3. 诚信正直的人格

创业者的人格特质也是一项会影响创业成败的关键因素，尤其是创业者的人品和道德观。在业界具有良好声誉，重视诚信、正直、无私、公平等基本做人处事原则的创业者，对于评价创业机会通常都具有显著加分的效果。许多绝佳的创业机会，最后都是因为内部争权夺利而功败垂成。这也突显了领导者人格特质对于创业成功的重要性。

4. 专业坦诚

一个好的创业者与他的团队成员，在各项经营管理与技术专业工作上，通常以理性、客观的态度，坦诚面对各项问题，不刻意欺骗客户与投资者，不逃避事实，不否认自己的不足，并且创业团队成员也知道应该如何去做才能克服自己的缺点。在许多创业失败的个案中，创业团队生怕别人看穿自己的缺点，因此强烈不满他人质疑，一味掩饰问题，推诿责任，不但没有面对缺点的勇气，也没有解决问题的能力。精明的投资者经常可在访谈的过程中判断创业团队的专业坦诚度，并将之作为是否支持该项创业的重要决策参考。

（四）创业者层面的评估准则

1. 与个人目标契合程度

创业过程中遭遇的困难与风险极大，因此，了解创业者的创业动机有利于判断他愿意为创业活动付出的程度。一般认为，创业机会与个人目标的契合程度越高，则创业者的投入意愿与风险承受意愿自然也会越大，创业目标最后实现的概率也相对较高。因此，一个具有吸引力的创业机会，一定与创业者个人目标相契合。

2. 机会成本

在决定进行创业之前，所有参与创业的成员都需要仔细思考创业要付出的机会成本。必须通过机会成本的客观判断，才可以得知创业机会是否真的对于个人生涯发展具有吸引力。

3. 对于失败的底线

俗话说，留得青山在，不怕没柴烧。创业必然需要面对可能失败的风险，但创业者也不宜将个人声誉与全部资源都压在一次创业活动上。理性的创业者必须要自己设定失败的底线，以便保留东山再起的机会。因此，评估创业机会的时候，也需要了解有关创业团队对于失败底线的设定程度。通常铤而走险与成王败寇的创业构想，都不会被投资者视为好的创业机会。

4. 个人偏好

评估创业机会的时候，也需要考虑创业的内容与进行方式是否符合创业者个人的偏好，包括工作地点、生活习惯、个人嗜好等。

5. 风险承受度

每个人的风险承受度都不一样，这将成为影响创业机会评估的重要因素。一般而言，风险承受度太高或太低均不利于创业的发展。风险承受度太低的创业家，决策过于保守，拥有的创业机会就会比较少；但风险承受度太高的创业家，则会因为孤注一掷的举动，将企业带入险境。能以理性分析面对风险的人，才是比较理想的创业家，由他来执行的创业机会才会比较具有吸引力。

6. 负荷承受度

创业团队的耐压性与负荷承受度也是评价创业机会的一项重要指标。负荷承受度与创业团队成员愿意为创业投入工作量及愿意忍受的辛苦程度密切相关。一般来说，由负荷承受度较低的创业团队所提出的创业构想，成功的概率也一定会较低。

（五）竞争优势层面的评估准则

1. 成本竞争力

一个好的创业方案，通常具有以持续降低成本来创造竞争优势的能力。除了以发挥经济规模作用来降低成本外，良好的品质管理、高效率的生产管理、优越的采购能力、快速的产品设计、比较高的自制率等，也都是有助于降低成本的有效手段。总之，创业机会所呈现的成本竞争力，将是评价这项创业最后能否获得成功的重要指标。

2. 市场控制力

市场的产品价格、客户、渠道、零件价格，关系到企业的竞争优势，市场领导企业通常都具有比较强的市场控制力。一个缺乏市场控制力的创业机会，它的投资吸引力也一定比较小。如果一个创业机会对关键零件来源与价格缺乏控制力，对经销渠道与经销商也缺乏控制力，同时它的订单几乎依赖一两个客户，那么它面临的经营风险一定很高，要想持续获利也会非常困难。不过，如果创业机会具有持续推进产品创新的能力，那么就比较有机会摆脱这种为他人所控制的市场困局。

3. 进入障碍

具有较高进入障碍的市场，对于创业开发不太具有吸引力。同样地，创业如果无法制造进入障碍，也不是一个好的投资机会。制造进入障碍的方式，包括具备专利、核心能力、规模经济、商誉、高品质低成本，掌握稀有资源，掌握通路，能快速创新缩短生命周期，等等。在一个处处存在障碍的市场中，通常发掘好的创业机会比较困难。不过缺乏进入障碍的新市场，则往往容易吸引大量的竞争者，而使毛利率快速下降。因此，具有吸引力的创业机会，应该是一个进入障碍还不太高的新市场，但进去以后就需要具备制造进入障碍的能力，以用来保护自身的市场利益。

虽然给出的指标很多，但我们在具体评价时不一定全部都用，可以根据创业项目的实际情况选择最重要的指标进行评估。

思考　如果你正面对一个创业机会，你会重点考虑哪几个评估指标呢？

• 相关知识链接

表 4-1 为杰弗里·蒂蒙斯创业机会评价框架。

表 4-1　杰弗里·蒂蒙斯创业机会评价框架①

行业与市场	1. 市场容量识别，可以带来持续收入
	2. 顾客可以接受产品或服务，愿意为此付费
	3. 产品的附加值高
	4. 产品对市场的影响力大
	5. 将要开发的产品生命长久
	6. 项目所在的行业是新兴行业，竞争机制不完善
	7. 市场规模大，销售潜力达到 1 000 万～10 亿元
	8. 市场成长率为 30%～50%，甚至更高

① 陶金辉，曹东．大学生创新创业基础教程［M］．北京：国家行政学院出版社，2017：125-126.

续表

行业与市场	9. 现在厂商的生产能力几乎完全饱和
	10. 在5年内能占据市场的领导地位，达到20%以上
	11. 拥有低成本的供货商，具有成本优势
经济价值	1. 达到盈亏平衡点所需要的时间为1.5～2年
	2. 盈亏平衡点不会逐渐提高
	3. 投资回报率在25%以上
	4. 项目对资金的要求不是很大，能够获得融资
	5. 销售额的年增长率高于15%
	6. 有良好的现金流量，能占到销售额的20%～30%，甚至更高
	7. 能获得持久的毛利，毛利率要达到40%以上
	8. 能获得持久的税后利润，税后利润要超过10%
	9. 资产集中程度低
	10. 运营资金不多，需求量逐渐增加
	11. 研究开发工作对资金的要求不高
收获条件	1. 项目带来的附加价值具有较高的战略意义
	2. 存在现有的或可预料的退出方式
	3. 资本市场环境有利，可以实现资本的流动
竞争优势	1. 固定成本、可变成本低
	2. 对成本、价格和销售的控制较高
	3. 已经获得或可以获得对专利所有权的保护
	4. 竞争对手尚未觉醒，竞争较弱
	5. 拥有专利或具有独占性
	6. 拥有发展良好的网络关系，容易获得合同
	7. 拥有杰出的关键人物和管理团队
管理团队	1. 创业者团队是一个优秀管理者的组合
	2. 行业和技术经验达到了本行业内的最高水平
	3. 管理团队的正直廉洁程度能达到最高水平
	4. 管理团队知道自己缺乏哪方面的知识
致命缺陷	不存在任何致命缺陷
创业家的个人标准	1. 个人目标与创业活动相符合
	2. 创业者可以做到在有限的风险下实现成功
	3. 创业者能接受薪水减少等损失
	4. 创业者渴望进行创业这种生活方式，而不只是为了赚大钱
	5. 创业者可以承受适当的风险
	6. 创业者在压力下状态依然良好

续表

理想与现实的战略性差异	1. 理想与现实情况相吻合
	2. 管理团队已经是最好的
	3. 在客户服务管理方面有很好的服务理念
	4. 所创办的事业顺应时代潮流
	5. 所采取的技术具有突破性，不存在许多替代品或竞争对手
	6. 具备灵活的适应能力，能快速地进行取舍
	7. 始终在寻找新的机会
	8. 定价与市场价格几乎持平
	9. 能够获得销售渠道，或拥有现成的网络
	10. 能够允许失败

评价体系说明：

（1）该评价体系主要适用于具有行业经验的投资人或资深创业者对创业企业的整体评价。

（2）该评价体系必须运用创业机会评价的定性与定量方法，才能得出创业机会的可行性及不同创业机会间的优劣排序。

（3）该评价体系涉及的项目比较多，在实际运用过程中可作为参考选项库，结合使用对象、创业机会所属行业特征，以及机会、自身属性等，重新进行分类，梳理简化，提高使用效能。

（4）该评价体系及其项目内容比较专业，创业导师在运用时一方面要多了解创业行业、企业管理和资源团队等方面的经验信息，另一方面要掌握这50多项指标内容的具体含义及评估技术。

拓展阅读

大学生选择创业项目的原则①

1. 选择项目是搞对象

选择创业项目的重要性可以同谈恋爱相比，任何项目的本身，有一个怀胎、孕育、出生、发育的过程，这是一个自然的过程。创业者对一个具体项目，有一个认识、理解、通透、把握的过程，这是一个历史过程。由此决定了创业的过程是人与项目长期相互融合的过程，也决定了选择项目必须立足长远。

---

① 舒红群，王捷，张兰晴．大学生创业实务教程［M］．北京：北京理工大学出版社，2014：41-42.

2. 选择项目首先是认识自己

选择项目可用 4 个字概括："知己知彼"。知己，就是清醒地审视自己，如自己的优势、强项、兴趣、知识积累与结构、性格与心理特征等。知彼，就是要认识社会未来发展趋势，要善于发现稳定的、恒久的、潜在的需要。

3. 选择项目要舍得花工夫

有一个人，当过一周时间的世界首富，他就是软银公司的孙正义。他大学毕业后从美国回到日本，选出了 50 个创业目标，用一年时间逐个进行考察，写出了几尺厚的资料，最后选择了做软件。既然选择目标事关人生，就不可随随便便，必须要经过一个充分的论证过程。在这个过程中，要舍得花时间、花力气，要能够静下心，认真调查研究，寻找事实根据。

4. 选择的项目要有特色

选择的项目一定要有"根"，就是项目生命的根、生存的权利、活下去的条件。这个"根"可以表示成 4 句话：别人没有的，先于人发现的，与众不同的，强人之处的。"别人没有的"，可以是某种资源与某种特定需要的联系，可以是某种公认资源的新商业价值。一个走亲戚的人发现附近的山上有白色的土，可以制作陶器。他进一步了解到附近有铁路。于是他买下这块下面有陶土的地，把土晾干磨成粉卖起陶土来。再比如，"强人之处"。一个项目中不论哪个方面，哪怕有一点高人一等、优人一档就是"根"。比方说成本，谁能想到世界 500 强排名第一的是沃尔玛零售企业。它能把管理费用控制在销售额的 2%。据说，他们总部的办公室像卡车终点站的司机休息室，可见他们为降低成本所做的努力，背后是种什么样的精神。确定选择投资项目路径要按以下 4 个步骤：

（1）知道什么事情是不可以做的。比如说有个地方有 100 户人家，每家有 1 元钱；你就是本事再大，把人家的所有钱都赚来了也就 100 元。还有个地方有 100 户人家，每家有 10 000 元，你本事不大，只要把 1/10 人家的 1/10 的钱赚来就能有 10 000 元。

（2）画出一个圈。知道哪些事情是能长期做的。把社会恒久需要的、已初露端倪的大趋势画进来。例如，环境保护引发治理江河，导致中小造纸厂关闭，纸制品的供求不平衡，腾出了一块市场。如果用再生纸做资源去添补，会怎么样呢？

（3）把可能做的事情排列起来。过去 20 年中，做强、做长的企业属于哪些行业，在很大程度上能够证实行业与发展的前景。比如：房地产、医药、保健品、证券、建材、装修、交通、教育、通信等。那么，就把大的范围圈定在这里，选出若干项。

（4）切入一个点。成就事业的公认法则是集中和持续在已经缩小的范围内。可做的事仍然很多，这时，比较优势的概念是非常有用的。创业者认真地审视最强项、优势、兴趣何在，可能同时有几个，与他人比较哪个最有利。这时，机会成本的概念也是很有用的，即同样多的时间，同样多的付出，同样大小的能力，哪个机会所对应的事业有更大的前景。只要通过比较，结果就会一目了然。项目选择固然重要，但还需要记住：再好的项目也要付出创造性的艰苦努力，结果由过程决定，过程由细节决定。

市场是最终的试金石，所以选择创业项目时在考虑了个人的兴趣与特长，以及对拟选项目是否熟悉之后，还要认真调查分析拟选项目是否有市场机会及创业者本人是否具有利用市场机会的能力。所谓“东风不与周郎便，铜雀春深锁二乔”，纵使周郎雄略，也需借得东风，因而创业者也需考虑各种市场因素，注意利用任何可能出现的市场机会。

例如，你准备开家服装店经营服装，经过调查发现，某段时期唐装、中山装等旧式服装很受欢迎，而当地市场上无人经营这种服装，也就是说，这种服装的需求尚未达到饱和，这就是一个市场机会。但对于创业者来说，这种客观存在的市场机会未必一定会成为你的创业项目。市场机会成为创业项目是有一定条件的：首先，创业者必须具有利用该机会的资源能力和技术能力；其次，创业者利用机会能够实现其经营目标。

为什么 Lee 能够凭借同一款型牛仔裤百年不倒？为什么可口可乐能够凭借同一品牌百年风行？

市场是一面旗帜。经济社会里包括创业在内的一切经济活动都要围绕市场进行。创业不但要趁“需”而入，还要尽量做到经久不衰。产品的市场支持力、市场容量及自身接受能力对创业者来讲至关重要，所以创业者要通过市场调查和预测，考察所选项目在目标地的发展状况及目标群体的现实消费和潜在消费状况，以及自己是否可以顺利进入市场等，尽可能选择那些具有广阔市场前景的项目。

创业英雄榜

发现商机，做精小市场

李玫是江西外语外贸职业学院商务英语专业的一名学生，因自身优质的外在条件及对模特职业的极大兴趣，高考结束后，她拿着父母给她的 8 000 元独自一人去往北京，报名参加了某模特培训公司，开始了为期两个月的模特训练。在北京学习的两个月，李玫看到了模特这一行业存在的一些问题，同时也发现里面存在的新商机。培训结束后，李玫开始了自己的大学生涯。

一进入大学，李玫就主动联系各类模特商演公司寻找兼职工作。一到周末，当有些同学蜗居在寝室追剧、玩游戏时，李玫奔波于各大商场做商演展示。一个月七八个商演接下来，她的收入大概在 3 000 元。与此同时，也有商家跟她抱怨，大型商演公司看不上一些小单，有时请到的模特虽然外在条件不错，但个人素质较差，没有责任感。这个信息被李玫收集在自己的脑库中。大一课程快结束时，李玫决定组织一个大学生模特队。她在校内贴吧上发帖，一下就有四十多人报名。李玫筛选了二十四人。因创业资金有限，她亲自对这批成员进行集中培训，设计形象，自学设计线上宣传视频。她的创业项目名声越来越大，吸引了同样在外做兼职模特的同年级同学张婷婷。两个人分工，李玫做市场拓展，张婷婷做团队内部管理。李玫的第一单是为她之前做过宣传的一家服装店提供 6 位模特新品发布会走秀。这个单除去兼职模特的劳务费、车程费余下不足 1 000 元，挣得不多，却给了李玫很大信心。创业总是充满不确定性。2017 年 10 月底，南昌有个汽车展对模特有需求，有关人员主动联系了李玫。欣喜的李玫带了 12 名大学生模特前去，到现场后发现对方显然已经有了签约模特，只是把她的队伍作为“备份”，最后只要了 1 人。展会上，李玫团队唯一上场的模特以其学生的清纯气质吸引了众多眼球，其任劳任怨的职业精神令客户满意，其也成为客户主推的模特。

李玫后来说：“那次我没挣到钱，还贴了模特来回的路费。因为之前没有签订具体协议，对方一些口头承诺没有兑现。但通过这件事我增长了经验，也明白了这个行业里的许多事，懂得了如何与人交往。虽然对方没有兑现给我的承诺，但我仍然兑现给了模特，这让我与模特们有了很‘铁’的关系。做生意，人缘很重要。”李玫的模特队很快扩大到 40 多人，南昌工程学院、江西师范大学、江西现代职业技术学院都有学生加入她的队伍。她注册成立了一家文化传媒有限公司。公司以大学生为主要招聘群体，集模特挖掘、培训、包装、推广于一体，主攻那些大型文化传媒公司和商演公司看不上的小型商家业务。2018 年年中，李玫的文化传媒公司与江西电视台少儿频道合作，承接了全省幼儿模特大赛的整个活动。不懈的努力，专业的服务，精准的市场定位，让李玫和张婷婷在模特商演市场有了一席之地，项目也吸引了越来越多的兼职大学生参与。

机会之门总是为有准备的人开的。及时把握机会是关键。李玫的成功就是因为她平时是个有心人，及时发现并抓住了身边的机遇，通过自己的执着和努力组建了符合市场需要的模特公司，从而让一个人的梦想成就了一群人的梦想。

【课后实训】

实训主题：

寻找创业机会。

实训目的：

能够运用本章节所学知识内容，从自己的生活环境中寻找创业机会。

实训要求：

整合本校大学生创业的政策条件及校园环境等信息，遵循创业思路、创业备选项目、创业商机的方向，挖掘身边的创业机会。

实训步骤：

（1）以团队为单位，每个团队至少挖掘5个创业项目。

（2）每个团队形成汇报文案，派代表分享创业项目。

（3）其他团队从投资人或消费者角度对一个团队的创业项目进行点评，提出要进一步完善的意见或建议。

（4）每个团队对创业项目进行修正和完善。

第五章 商业模式设计

名言警句

21 世纪企业之间的竞争，已经不是产品与价格之间的竞争，甚至不是服务之间的竞争，而是商业模式之间的竞争。

——［美］波得·德鲁克

案例故事

从付费到免费——商业模式变迁的底层逻辑

关于免费，很多人认为这是一个互联网时代再普通不过的概念，然而我们今天熟悉的很多互联网或软件产品并非一开始就是免费的，从付费到免费，中间经历了什么？而当人们对免费习以为常的时候，补贴悄然来临，从滴滴到趣头条，不仅不收钱还倒贴，这背后的逻辑又是什么呢？来看两个问题：① 为什么同为操作系统，1991 年发布的 Windows 是收费的，而 2008 年发布的安卓却是免费的？② 为什么同样做知识付费，逻辑思维在开始是免费的，而樊登读书会却从一开始就收费？梳理这些背后的逻辑，对充分理解互联网商业模式有非常重要的意义。

从付费到免费的底层逻辑。对于免费，很多人能理解并脱口而出的逻辑是“因为它生产的边际成本基本为 0，用户翻十倍，成本不会翻十倍，或许只要增加几台服务器而已，所以能做到免费”。这个说法是大多数人的看法。没错，边际成本为 0 的确是免费的一个重要前提，它是研究免费的起点。从宏观上讲，在互联网诞生之前，软件行业的主流商业模式是收费，从微软公司到莲花公司、SUN 公司；而在互联网诞生之后，主流模式变成了免费，从 Facebook 到谷歌，从腾讯到百度。Windows 等软件采取收费的方式并不是偶然，而是某种意义上的必然，主要因为在互联网诞生之前，软件公司缺乏两个核心能力，而互联网公司则拥有这两个核心能力：① 触达用户的能力。在互联网诞生之前，软件公司和用户之间就是一锤子买卖。软件卖出之后，软件公司和用户之间的联系就断了。软件公司和用户并没有建立实时的连接，即软件公司没有触达用户的能力，而这个触达用户的能力正好就是今天互联网公司的核心能力。② 产生“正外部性”的能力，即个体的行为对系统中的其他个体产生的正向效应。在软件时代，软件公司卖一件产品给用户，交易即结束。用户除了给公司贡献营收之外并没有任何“正外部性”。互联网公司则不同，当增加一个用户的时候，这个用户就会和系统里的其他用户建立联系，同时贡献数据。互联网公司拥有的触达用户和产生“正外部性”这两种能力直接对应了它们最主流的两种变现模式，即前向收费和后向收费。产生“正外部性”直接对应前向收费——对一部分用户收费，即增值业务，腾讯的各种钻和游戏就是这种业务；而触达用户特别是精准触达用户对应了后向收费——对企业收费，即通常所说的广告模式，百度、头条等就开展了这类业务。

商业模式就是赚钱的工具，它既可以做产业链、做平台，也可以玩跨界、多种经营。总之，商业模式就是做综合服务。

第一节 商业模式的内涵

用最通俗的话来说，商业模式就是赚钱的方法，即企业实施相关商业活动的一套逻辑化的方法。将原本做不成的事做成，做不好的事做好，这就是商业模式的内涵。

在信息化时代，商业模式被称为新创企业的法宝。每个创业者都希望自己的公司能为目标客户提供独一无二的产品和服务，能颠覆传统企业，从而开辟新的市场，就像阿里巴巴曾经创新了淘宝的免费模式，苹果、亚马逊和 Uber 都以创新商业模式成为令人羡慕的公司一样。

如今，世界各国已步入“低碳时代”。中国经济发展模式变革势在必行，受此影响的中国新创企业也要与之相适应，企业的商业模式必将发生变革。

那么，究竟什么才是商业模式？企业要如何设计它、使用它？对这些问题，都将在下面一一为大家解答。

一、商业模式的定义

商业模式的定义可谓五花八门。有人说“商业模式就是赢利模式”，也有人说

“商业模式是企业创造价值的独特逻辑路径”，还有人说“商业模式就是战略”，等等。相对而言，更严密的表达是：“商业模式是以价值创造为核心，描述了企业创造价值、传递价值和获取价值的基本原理，目标企业为了最大化企业价值而构建的与其利益相关者的交易结构。”以此为基础，还可以引申出“共生体”和“商业生态”的概念。共生体是指目标企业与利益相关者共同构成的商业模式总和；商业生态则是目标企业的共生体与其商业伙伴、竞争对手、相关企业等的总和。

近年来，市场上涌现出各种商业模式的浪潮。企业争相在商业模式方面进行摸索与创新。商业模式描述了企业如何创造价值的过程。无论商业模式、共生体、商业生态的总体描述，还是前面关于商业模式的五花八门的描述，我们从中都可以看出，所有描述都不能回避一个关键问题：商业模式的核心在于价值创造和交易，也可以理解为企业产品增值模式。

二、商业模式的创新

投资者关心的是商业模式创新的问题，有些投资者甚至认为，商业模式的创新比产品技术的创新更重要。

商业模式是一个企业关于生产流程、经营方式、营销手段的统称，是企业利用自身资源选择经营范围、组织生产或服务、甄别用户的全过程。商业模式区别于传统的运营管理模式，更强调各商业要素之间的协同发展。商业模式和战略管理也有很大的不同。商业模式的结构组成正是战略管理理论中有关战略结构的内容，而商业模式的创新更像是一种战略变革。

在互联网时代，商业模式创新更能得到创新资金，因为在信息化社会，拥有潜在用户，就是拥有稀缺资源，就能带动企业的发展。腾讯公司的用户数量上亿，但真正产生经济交换的用户可能不到10%。腾讯之所以能够飞速发展，就是因为具备用户接触平台模式。由此可见，商业模式创新在信息化时代的今天尤其重要。

（一）商业模式创新的四种方法

一般而言，商业模式创新有以下四种方法。

1. 改变收入模式

改变收入模式就是改变一个企业的用户价值定义和相应的利润方程或收入模型。国际知名电钻企业喜利得公司就从此角度找到了用户新需求，并重新确认了用户价值定义。喜利得一直以向建筑行业提供各类高端工业电钻著称，但近年来，全球激烈的竞争使电钻成为低利润标准产品。于是，喜利得通过专注于用户的工作，意识到他们真正需要的不是电钻，而是在正确的时间和地点获得处于最佳状态的电钻。然而，用户缺乏对大量复杂电钻的综合管理能力，经常造成工期延误。因此，喜利得随即改变用户价值定义，变出售为出租，并向用户提供电钻的库存、维修和保养等综合管理服务，从硬件制造商变为服务提供商，同时改变赢利模式。

2. 改变企业模式

改变企业模式意味着改变一个企业在产业链的位置和充当的角色，也就是说，改变价值定义中“造”和“买”的搭配。一般而言，企业的这种变化是通过垂直整合策略或出售及外包来实现的。例如，谷歌在意识到大众对信息的获得已从桌面平台向移动平台转移，自身仅作为桌面平台索引会逐渐丧失竞争力后，就实施垂直整合，大手笔收购摩托罗拉手机和安卓移动平台操作系统，进入移动平台领域，从而改变了在产业链中的位置及商业模式。

3. 改变产业模式

改变产业模式是最激进的一种商业模式创新，它要求一个企业重新定义本产业，进入或创造一个新产业。例如，IBM 通过推动智能星球计划和云计算，重新整合资源，进入新领域并创造新产业，力求成为企业总体商务运作的大管家。亚马逊也是如此，它将商业模式创新向产业链后方延伸，为各类商业用户提供物流和信息技术管理的商务运作支持服务，并开放自身的 20 个全球货物配发中心，大力进入云计算领域，成为提供相关平台、软件和服务的领袖。

4. 改变技术模式

企业可以通过引进激进型技术来主导自身的商业模式创新，如当年众多企业利用互联网进行商业模式创新。当今，最具潜力的技术是云计算，它能提供诸多崭新的用户价值，从而提供企业进行商业模式创新的契机。另一项重大的技术革新就是 3D 打印技术。这项技术一旦成熟并商业化，将帮助诸多企业进行深度商业模式创新。如汽车企业可用此技术替代传统生产线来打印零件，甚至可采用戴尔的直销模式，让用户在网上订货，并在靠近用户的场所将所需汽车打印出来。

• 案例分享

江小白的“突围”

2011 年，重庆出现了一家名不见经传的小型酒企，那就是江小白。这家企业在 2012 年推出了第一款白酒，之后就一发不可收拾。当江小白进入市场的时候，中国的白酒销售渠道已经完全被渗透，但江小白干了一件事情，就是抓到了夫妻店单点餐饮价值洼地。那时候因为没有厂商愿意帮夫妻店把酒的招贴贴得吸引人，江小白干了，招聘了大量的地推人，以极强的执行力横扫中国几十万个这样的餐饮店。同时，江小白利用高度击中痛点的文案，让每次推出新产品都成为互联网领域的一个现象，而各种事件性营销手法更是层出不穷，从而造就了“江小白”现象，而江小白也通过年销量3亿瓶创造了一个白酒行业的互联网神话。江小白通过绝对差异化的定位，杀入了一个传统白酒都不敢想象的市场，也就是年轻人市场。在江小白白酒被推出之前，年轻人市场长期被啤酒、红酒、预调鸡尾酒占领。在这个市场内部，白酒作为一种高价格、高度数的酒品种，竞争力相对有限。甚至白酒行业中有这样的一个说法："年轻人不懂白酒"。但是从消费者的角度来说，年轻人不懂某种产品，这是一种自杀式的思维方式，而在白酒领域似乎就是这个道理。茅台、五粮液等高端白酒已经定位了高端社交领域。但是年轻人不需要白酒吗？其实不一定，江小白的成功"突围"就很能说明问题。

头脑风暴 商业模式和商业机会是一回事吗？

（二）玩转商业模式

科技与信息以迅猛的速度在发展，让人们处于不断更新换代的时代旋涡当中。信息化时代的来临，为更多年轻人创造了新的商业机会，也带来了很多让人匪夷所思的商业模式。那么，作为一名大学生，我们要如何做才能发掘出适合自己的商业模式呢？大家不妨试着从不一样的角度去发掘更多的商业模式，创新商业模式的版本。

如何进行商业模式的创新？大学生创业者可以重点考虑以下两点因素。首先，寻找客户需求，找到痛点，对症下药，解决问题，以用户为中心进行创新，和用户进行密集交互；其次，降低成本，考虑可持续发展，以共享经济为背景，找到合作方，发展合作方，实现双赢。

- 案例分享

赚钱最快的商业模式①

市场上出现过一个品牌叫梦露。品牌公司只做一种女式睡衣产品，每件销售价格为188元。这家公司用了一个不一样的销售方式——免费送，即"如果你穿了感觉很好，就请你帮我们做口碑宣传"。

如果这件睡衣送给你，你会要吗？当然会。

但是这家公司提出了另外一个要求："我们送给你是可以的，快递费你出可以吗？快递费是23元钱一件，但是支持货到付款，支持退货。消费者没有风险。也就意味着你花23元钱快递费可以拿到一件价值188元的女士睡衣，你愿意吗？"也许第一次看到不会动心，但是如果你发现同一时段竟然有157家网站都在为它打广告，你会不会点开看一看？相信至少有80%的人都会订上一件。第一阶段公司就赠送了1 000万件，

① 乔辉. 营销策划：创意、信息处理及表达［M］. 上海：上海财经大学出版社，2015：45-47.

价值高达 18.8 亿元人民币。这家公司愿意拿 18.8 亿元砸一个市场。这时候，很多人为了满足一下好奇心，都会订一件。于是，你就会留下名字、电话、手机、地址。13 天后，包裹真的送到你家了。你打开一看，这个睡衣的质量真不错，在市场里面可能超过 188 元或者 288 元，你要不要付这 23 元快递费呢?

很多人看不明白，这家公司是干吗的? 是做慈善? 还是赔本赚吆喝?

首先是货源问题。做生意的人都知道，中国义乌小商品批发市场世界闻名。那儿有很多小型的服装加工厂，所以睡衣制作起来，成本可以很低。

因我有 1 000 万件，那么你给别人做收 10 元费用，给我做则收 8 元，因夏天的女式睡衣款式简单且省布料。

其次是快递问题。我们平时快递一样东西，至少需要 10 块钱。公司如果一年有 1 000万件快递要在某一快递公司运送，此时就可以和快递公司讨价还价，5 元快递费即可以敲定，因为夏天的女式睡衣很轻，又很薄，一个小包裹就可以装下。

再次是广告成本。本来网上做这种免费送东西的广告是不需要花钱的，因为网站要的是浏览量。但是，为了让睡衣送得更疯狂，只要网站上送出去一件，网站就有 3 元的提成，于是，所有的网站都帮着打广告。

下面算一笔经济账。

(23 - 8 - 5 - 3) 元 = 7 元，也就是说，这家公司实际上送一件睡衣只付出了 16 元钱的成本，但是消费者付了 23 元钱的快递费。就是说，这家公司只要送一件睡衣就赚 7 元钱。最后，他们送睡衣一年就赚了 7 000 万元。

头脑风暴 查找沃比派克（Warby Parker）眼镜公司的资料。小组讨论这家公司的商业模式创新点在哪里。

• 相关知识链接

共享经济①

在过去几年，共享经济的商业模式在全球范围迅速崛起，以 Uber、Airbnb 为代表的共享经济商业平台，以超乎想象的速度在影响和改变着人们的生活方式、商业运行模式、组织管理模式，也对传统的领域带来了巨大的冲击和压力。在中国，从 2012 年的出行领域开始，共享经济的商业模式也在更多的行业和领域显现出来，从出行到短租平台，从物品的分享到技能、知识的分享，从 C2C 到 B2B。一大批的创业者和创新者在这条道路上探索。

---

① 张其金. 商业模式思考的逻辑［M］. 北京：中国商业出版社，2017：162.

第二节　不同的商业模式

商业模式最大的特点就是变化快，永远在和时间赛跑。随着时代日新月异的变化，尤其是在今天这样一个信息化的社会，优胜劣汰是最基本的商业法则。商业模式难以归类，可通过案例来描述商业模式，比如说阿里模式、京东模式、海底捞模式等。通过这些直观的商业模式，我们能探索出商业模式的一些共同点。大学生初创企业可以借鉴这些共同点来构建自己的商业模式，找到企业的核心竞争力。

一、第一个点："互联网 +"

"互联网 +"对一个国家或者地区来讲，是一个大的战略；对于一个企业来说，它就是一种商业模式。

"互联网 +"中的" +"是指传统的各行各业，而"互联网 +"的模式，不但正全面应用到第三产业，也在第一、第二产业中影响深远。相信这样的一种模式不仅是未来的发展趋势，也是大学生创业的重点。

传统行业遇上"互联网 +"，会发生哪些意想不到的变化呢？以 VIPABC 的"互联网 + 教育"为例。VIPABC 是全球首创全年 365 天、24 小时在线英语教学机构，由美国硅谷核心科技团队研发创立，拥有独步全球的云端运算整合服务、独家专利的 DCGS 多元课程体系、随到随学的灵活排课、专业认证的全球师资，是实现网络教育的真人在线互动语言学习平台。这一"互联网 + 教育"的模式，使 VIPABC 在短短几年内荣登全球各类教育排行榜的领先位置。

这种借力"互联网 +"的模式，实现了传统企业的商业模式创新。类似的模式还有"互联网 + 制造业""互联网 + 农业""互联网 + 金融业""互联网 + 物流"……"互联网 +"正日益成为各类创业者的首选之路。

二、第二个点：平台战略

平台商业模式从定义上来讲，是指用一个场合连接两个或者更多的特定群体，为他们提供互动的机制，满足所有群体的需求，并巧妙地从中赢利的商业模式。

传统的商业模式是一个单边市场的概念。而平台商业模式是一个双边市场甚至多边市场的概念，也就是利用平台建一个让有利益相关性的诸多群体彼此交流互动的桥梁。

阿里巴巴的商业模式实质就是大平台模式。它先搭建一个平台，然后做大，到某个拐点时，会将平台升级，然后再做大。阿里巴巴最早的雏形是一个商品交易的网站，即 B2B 平台。平台稳定后，阿里巴巴在 2003 年创立了 C2C 淘宝平台，并成功实现本地化。之后的 5 年，是淘宝平台的做大期。依附于淘宝衍生出来的支付宝、广告系统、微小企业贷款等相关业务，使阿里巴巴开始稳定赢利，并坐稳电商第一把交椅。直到 2008 年，阿里建立了淘宝商城（后改名天猫），做 B2C 业务。阿里巴巴随后打通了 B2B、淘宝、天猫、云服务等平台，并开始着手建设菜鸟网络，实施“大阿里”战略。至此，阿里巴巴在传统 PC 电商领域的布局基本完成。2013—2014 年，阿里巴巴又逐步在移动电商、O2O 领域布局，包括开发手机淘宝、投资微博、收购高德、与银泰合作等。

纵观阿里巴巴的发展史，我们不得不钦佩阿里巴巴的大平台战略。如果将阿里巴巴比作一个大系统，那么这个系统是由各种各样的平台组成的，平台间各种组合资源、流量灵活共享，数据互通。电商平台的核心是一种资源配置方式，它将需求方和资源方按照更经济的方式重新配置。在广度上，它通过平台的优化、用户体验的增强，来吸引更多的需求方和资源方链接进来，实现信息流通。比如淘宝平台的架构、界面设计、品类分类、用户体验等，早已成了业界标杆。在深度上，它不断进行平台的战略升级、整合。正是这种立体维度的大平台战略，造就了今天的“阿里帝国”。

三、第三个点：个性化

个性化就是依据各种渠道，对资源进行收集整理和分类，向用户提供和推荐相关信息，以满足用户的需求，为用户提供一对一服务，实现设定目的。所以，从整体上来说，个性化服务打破了常规的被动服务模式，能分别利用各种优势，开展以满足用户个性化需求为主的全方位服务。

“你来设计，我来实现”的新口号让国产品牌海尔走出了一条特殊的个性化服务之路。消费者向海尔提出自己对家电产品的需求，包括性能、款式、色彩、大小等，这样产品就更容易获得消费者的满意，也更具有竞争力。这一改变获得消费者青睐的重要原因是，在物质产品形式多样化的今天，随着人们收入的增加，消费的流行度和产品生命的周期度都在缩短，消费观念逐步向个性化的方向发展，人们也更注重物质与精神的双重消费。

在个性化实施初期，因为某些条件无法具备，企业的生产成本和交易成本可能会增加，在一定程度上影响经济效益。但一旦个性化形成产业体系，企业则会快速夺取商机。

值得一提的是，以上这几点，并不是一家企业只能用其中一种形式。现在企业都流行打组合拳，常常是几种形式同时使用，使商业模式呈现多样化。

商业模式解决了企业和用户之间的根本关系和价值输出，指引了企业竞争力的培育方向，也是企业战略实现的基础保障；企业战略的制定则通过核心竞争力的打造保障了商业模式的持续运行。有人说，得商业模式者得天下，那是因为商业模式的关键价值，在于把握时代的脉搏，且基于用户特点，不断创造新的商业利益。当今这个社会很少有什么秘密，各种商业模式也不断地被解析和复制。怎样去创新，就成为每一个创业者首先面临的课题。

头脑风暴　查阅相关资料，小组讨论什么是O2O、B2B、C2C模式。举例说明你熟悉的企业属于哪一类型，思考从以上模式还可以延伸出哪些商业模式，并将你的结论填入表5-1中。

表5-1　企业经营的商业模式

举例企业	商业模式	备注

• 相关知识链接

传统行业的未来商业模式分析

在移动互联网的冲击下，各个传统行业的商业模式都会发生显著的改变，“价值重塑战略”将越来越成为传统企业的必然选择。

保险业的价值重塑：互联网低成本渠道+产品创新+大数据服务

保险业向互联网转型趋势明显。一方面，互联网可以有效降低保险公司获得客户的成本；另一方面，借助移动互联网手段，保险业可以更深入地理解用户甚至将保险服务与用户的生活服务、健康服务更好地结合。

为满足客户的多重需求，互联网保险行业势必要走上不间断的产品创新之路。在互联网保险时代，产品设计的理念将会发生质变。能够首先设计出与互联网及互联网客户特性相匹配、抓住客户需求的保险产品，是保险公司在今后市场竞争中取得优势的关键。

随着互联网的渗入，以保险产品为主导的销售模式将逐渐转化为以客户需求为中心的销售模式。保险企业应发挥核心竞争力，以数据分析优势实现无缝衔接。由于很多客户不知道自己的个性化需求，保险公司需要把客户的需求碎片化，进行大数据处理，再重新打包，做到个性化产品定制与服务定制，并延伸到客户的生活份额之中。

鞋服业的价值重塑：商品智能化 + 店面智能化 + 用户社群化 + 大数据挖掘

鞋服业将越来越成为用户进入移动互联网的入口与载体，也是用户行为数据被记录的感应器。例如，运动鞋不仅仅是一双鞋，而是获得用户生活、运动、健康基础数据的载体和门户。一般商品的功能价值在降低，而信息价值正在放大。商品开始成为基于基础功能载体的信息探头与门户。

同时，用户在零售店面的体验将发生极大的变化。店面将转变成用户表达个性需求的触点，也是记录用户试衣及咨询的数据记录触点。用户将获得前所未有的良好体验。借助线上和线下两种手段及有效的运营，鞋服产品的用户将逐步开始粉丝化、社群化。

鞋服业最大的改变将体现在从一次性售卖商品逐渐变为以大数据为依托，为用户提供更完整的生活服务与健康服务。

家电业的价值重塑：硬件低价化 + 可运营生态链 + 大数据服务

家电商品的特点是，与消费者日常生活结合紧密，与消费者日常消费行为密切相关。在家电商品逐步智能化之后，有关企业可以通过对消费者行为监测，建立起对消费者的完整、深刻理解，挖掘消费者生活中的其他商机。例如，智能化的电冰箱是否可以实现对用户食品的自动采购？可穿戴设备是否可以提供对用户服装的及时建议？健康监测设备是否可以实现对用户生活、锻炼、用药等行为的及时影响？从长期来看，这些“大数据型商品”的价值将越来越体现在大数据服务上，而并不在于商品本身。

此类企业会将商业模式重点放在对于用户数据的长期积累方面，并不遗余力地推进商品的投放。这将推动家电商品的低价化及长期的运营服务形成。

第三节　商业模式设计思维

当今企业之间的竞争，已经不是产品和服务之间的竞争，而是商业模式之间的竞争，那么到底要如何去设计一种商业模式呢？

有没有方法可以帮助创业者用一些既定的要素对商业模式进行设计？当然有，而且还不止一种。众多的学者早就发现了商业模式在经营中的重要作用，并一直试图找到一种方法，利用它去完成对商业模式的设计。目前用得比较多的方法有魏朱商业模式、商业模式六要素和商业模式画布。这里就以商业模式画布为例对商业模式设计进行分析。

一、商业模式画布的概念

商业模式画布由瑞士学者和比利时学者最早在《商业模式新生代》一书中提出，是一种可以帮助创业者进行经营分析的工具，被称为九宫格面布，它由九个基本构造块组成，如图 5-1 所示。

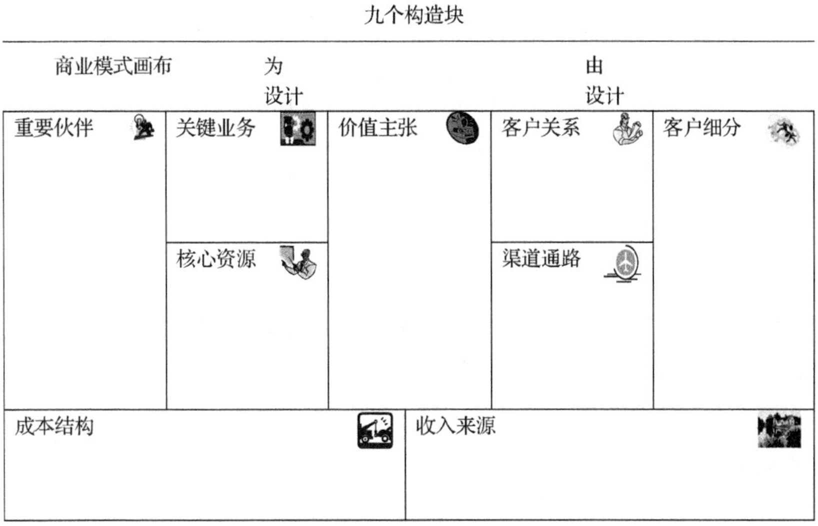

图 5-1 九宫格画布

每个方格都代表着成千上万种可能性和替代方案。你要做的仅仅是按图索骥，找到最佳的组合。所以，你只需按照一定的顺序填充即可。首先要了解目标用户群，再确定他们的需求（价值定位），想好如何接触他们（渠道），怎么赢利（收益流），凭借什么筹码实现赢利（核心资源），了解能向你伸出援手的人（合伙人），并根据综合成本定价。

二、制作商业模式画布

（一）第一步“价值主张”

“价值主张”构造块（图 5-2）用来描绘为特定客户细分创造价值的系列产品和服务。要考虑的问题如下：

（1）我们该向客户传递什么样的价值？

（2）我们正在帮助客户解决哪一类难题？

（3）我们正在满足哪些客户需求？

（4）我们正在提供给客户细分群体哪些系列的产品和服务？

九个构造块——价值主张

新颖—— 产品或服务满足客户从未感受和体验过的全新需求
性能—— 改善产品和服务性能是传统意义上创造价值的普遍方法
定制化—— 以满足个别客户或客户细分群体的特定需求来创造价值
把事情做好—— 可通过帮助客户把某些事情做好而简单地创造价值
设计—— 产品因优秀的设计脱颖而出
品牌/身份地位 —— 客户可以通过使用和显示某一特定品牌而发现价值
价格—— 以更低的价格提供同质化的价值，以满足价格敏感客户细分群体
成本削减 —— 帮助客户削减成本是创造价值的重要方法
风险抑制—— 帮助客户抑制风险也可以创造客户价值
可达性 —— 把产品和服务提供给以前接触不到的客户
便利性、可用性 —— 使产品更易于使用，可以创造可观的价值

图 5-2 “价值主张”构造块

（二）第二步“客户细分”

“客户细分”构造块（图 5-3）用来描绘一个企业想要接触和服务的不同人群或组织。要考虑的问题主要包括：

（1）谁是我们最重要的客户？

（2）我们正在为谁创造价值？

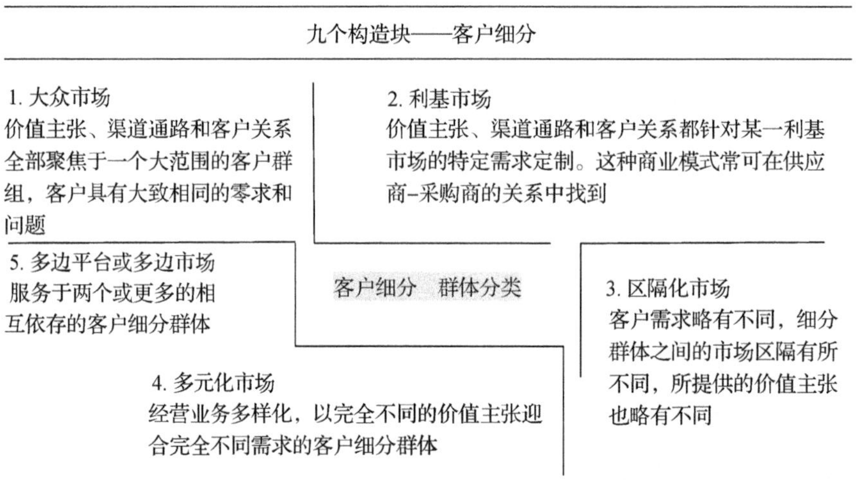

图 5-3 “客户细分”构造块

（三）第三步“关键业务”

“关键业务”构造块（图 5-4）用来描绘企业如何确保其商业模式可行，是企业必须做的最重要事情。要考虑的问题主要包括：

（1）我们的价值主张需要哪些关键业务？

（2）我们的渠道通路需要哪些关键业务？

（3）我们的客户关系需要哪些关键业务？收入来源是什么？

九个构造块——关键业务

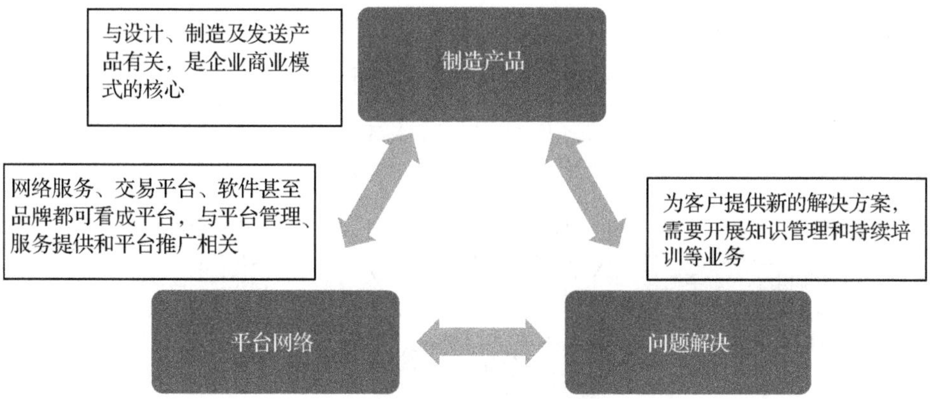

图 5-4　“关键业务”构造块

（四）第四步“渠道通路”

“渠道通路”构造块（图 5-5）用来描绘企业是如何接触客户并传递价值主张的。要考虑的问题主要包括：

（1）我们如何接触客户？

（2）通过哪些渠道可以接触我们的客户细分群体？

（3）我们的渠道如何整合？

（4）哪些渠道最有效？哪些渠道成本效益最好？

（5）如何把我们的渠道与客户的例行程序进行整合？

九个构造块——渠道通路

<table>
<tr><th colspan="3">渠道类型</th><th colspan="5">渠道阶段</th></tr>
<tr><td rowspan="3">自有渠道</td><td rowspan="2">直接渠道</td><td>销售队伍</td><td rowspan="5">1.认知
我们如何在客户中提升公司产品和服务的认知</td><td rowspan="5">2.评估
我们如何帮助客户评估公司价值主张</td><td rowspan="5">3.购买
我们如何帮助客户购买特定的产品和服务</td><td rowspan="5">4.传递
我们如何把价值主张传递给客户</td><td rowspan="5">5.售后
我们如何提供售后支持</td></tr>
<tr><td>在线销售</td></tr>
<tr><td rowspan="3">非直接渠道</td><td>自有店铺</td></tr>
<tr><td rowspan="2">合作伙伴渠道</td><td>合作伙伴店铺</td></tr>
<tr><td>批发商</td></tr>
</table>

企业组织可以选择通过自有渠道、合作伙伴渠道或两者混合的渠道来接触客户

图 5-5　“渠道通路”构造块

（五）第五步“客户关系”

“客户关系”构造块（图 5-6）用来描绘公司与特定客户细分群体建立的关系类型。要考虑的问题主要包括：

（1）如何建立客户关系？

（2）客户希望我们与之建立和保持何种关系？

（3）哪些关系我们已经建立了？这些关系成本如何？

（4）如何把它们与商业模式的其余部分进行整合？

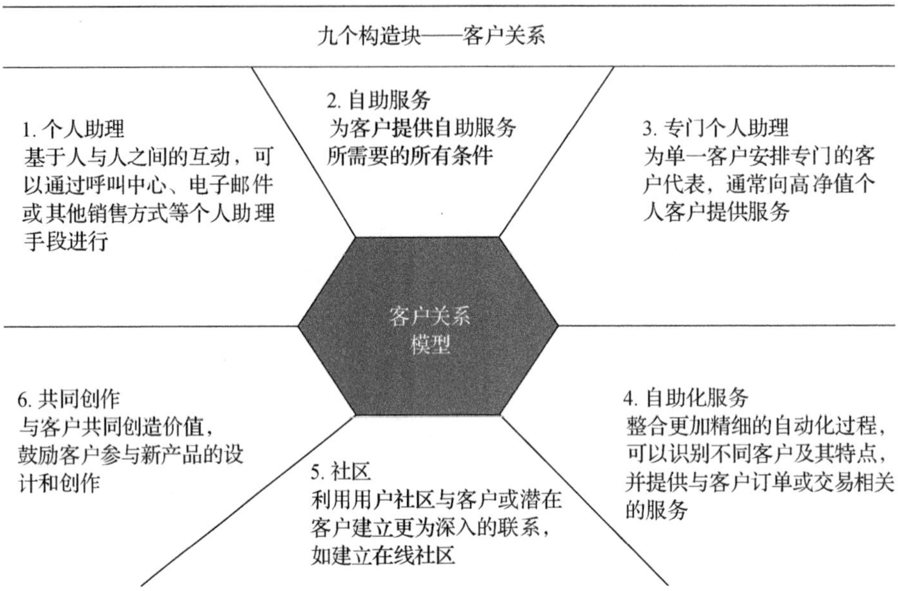

图 5-6　“客户关系”构造块

（六）第六步“核心资源”

“核心资源”构造块（图 5-7）用来描绘让商业模式有效运转所必需的最重要因素。要考虑的问题主要包括：

（1）我们的价值主张需要什么样的核心资源？

（2）我们的渠道通路需要什么样的核心资源？

（3）我们的客户关系需要什么样的核心资源？收入来源是什么？

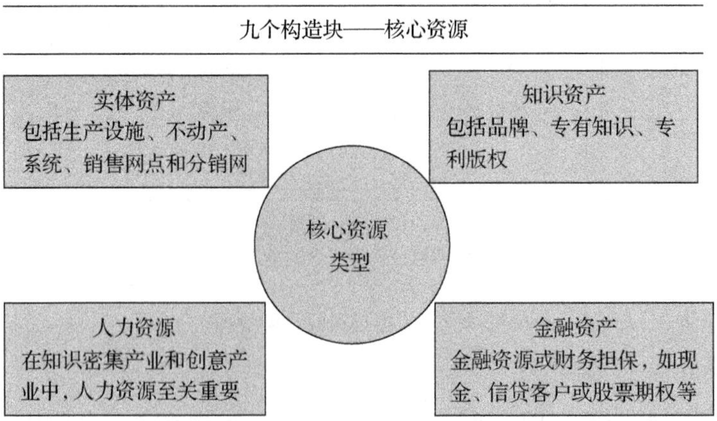

图 5-7　“核心资源”构造块

（七）第七步“重要伙伴”

“重要伙伴”构造块（图5-8）用来描绘让商业模式有效运作所需的供应商与合作伙伴的网络。要考虑的问题主要包括：

（1）谁是我们的重要伙伴？

（2）谁是我们的重要供应商？

（3）我们正在从伙伴那里获取哪些核心资源？

（4）合作伙伴都执行哪些关键业务？

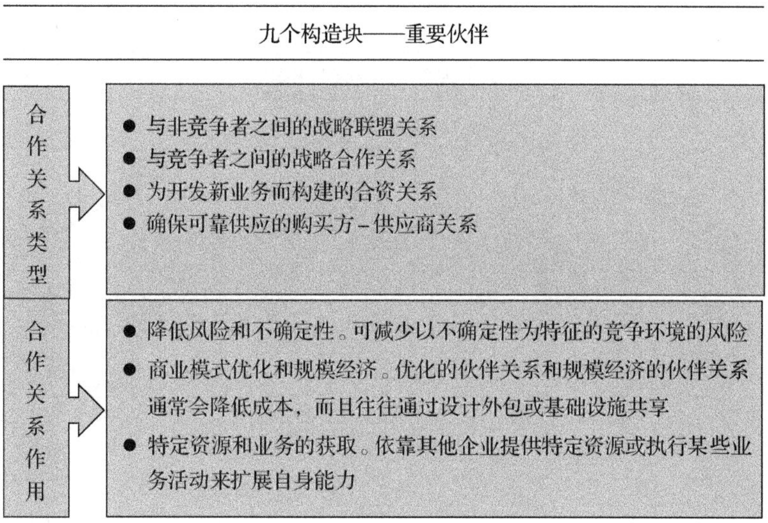

图5-8 “重要伙伴”构造块

（八）第八步“成本结构”

“成本结构”构造块（图5-9）用来描绘运营一个商业模式引发的所有成本。要考虑的问题主要包括：

（1）什么是商业模式中最重要的固有成本？

（2）哪些核心资源花费最多？

（3）哪些关键业务花费最多？

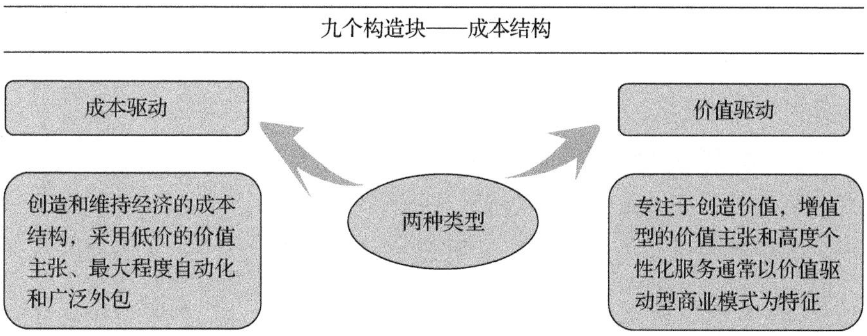

图5-9 “成本结构”构造块

（九）第九步“收入来源”

“收入来源”构造块（图5-10）用来描绘公司从每个客户群体中获取的现金收入（包括一次性收入和经常性收入）。要考虑的问题主要包括：

（1）我们如何用商业模式赚钱？

（2）什么样的价值能让客户愿意付费？

（3）客户是如何支付费用的？他们更愿意如何支付费用？

（4）每个收入来源占总收入的比例是多少？

（5）我们如何用商业模式赚钱？

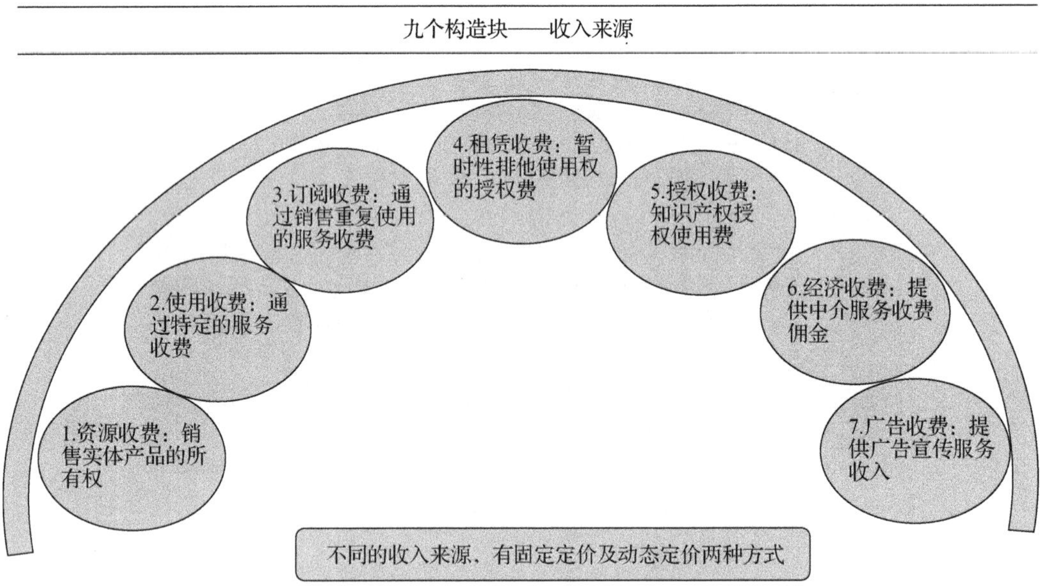

图5-10　“收入来源”构造块

不同商业要素的排列组合产生了不同的商业模式，并没有好坏之分，只看适不适合企业的产品与服务。企业要讲述自己的商业模式，首先，要清楚能为用户创造什么价值，如何通过内部资源吸引外部的合作生态。其次，要清楚如何为自己获取收益，团队怎么通过内部资源吸引外部合作生态。而要做到这两点，关键就在于熟练掌握商业模式画布的九要素。

头脑风暴　小组展开头脑风景，讨论以下问题：

（1）摩拜和ofo是怎么赢利的？

（2）亚马逊如何从低利润率转型为高利润率的公司？

（3）雀巢只是一家卖咖啡的公司吗？

（4）星巴克的营销模式为什么那么奏效？

（5）360免费模式到底是怎么做的？

拓展阅读

商业密码的金钥匙

如何理解商业密码的金钥匙——商业模式？这里选择三种常用的商业模式进行分享。

第一种，魏朱商业模式，这是由北大、清华的两位教授根据多年的实践提炼出来的一套行之有效的商业工具与方法，已经得到很多企业家的认同。

此模式将商业模式定义为企业相关利益者的交易结构。此种模式由定位业务系统、赢利模式、关键资源能力、现金流结构与企业价值几部分组成。定位是指企业在生态链当中的定位。企业价值部分提出了衡量企业商业价值的财务指标，这类似“提出目标”与“实现结果”两者的关系，但如何实现企业价值？两位教授从业务系统、赢利模式、关键资源与能力、现金流四个部分展开，将此理解为实现目标的具体方法。

第二种，商业模式画布，这是由两位国外具有创业经验的作者开发的一种商业模式工具。此工具帮助创业者“精益创业”，也可以帮助企业经营者进行经营分析，从而重构其商业模式。商业画布的逻辑可以这样来描述：你准备提供什么价值，供什么客户使用，怎样交付给客户；你的收入与成本差异怎么构成。这两部分合起来就是商业画布的 9 个方面：价值主张、客户关系、客户细分、渠道通路、重要伙伴、关键业务、核心资源、收入来源、成本结构。

第三种，基于产业链的商业模式，在《资本与商业模式顶层设计——互联网时代如何发现企业高利润区》中有详细介绍，其对资本市场“产融结合”的概念有独到的见解。在此种模式下，商业模式由宏观到微观的几个生态圈组成。第一层是价值链与业务链，第二层是盈利能力、整合能力、运营能力和扩张能力，第三层是产业战略发展、核心资源等 10 个方面。

综合以上三种商业模式，可以提炼出商业模式必须具备的三个特点。

第一，怎么赚钱是商业模式的核心，魏朱商业模式称之为盈利模式，商业模式画布将之分解为收入来源与成本结构，第三种模式称之为盈利设计。

第二，商业盈利从商业活动中来。商业活动的主体是企业的商业系统。对此，魏朱商业模式称之为业务系统，商业模式画布将之分解为关键业务与核心资源，第三种模式将之分解为由战略到战略执行体系的全过程。

第三，超越赚钱的是商业价值。三种模式中都提到了价值，魏朱商业模式将之放在定位与企业价值中，即体现为企业定位、市场定位、企业未来价值等，而商业模式画布和第三种模式都称之为价值主张。

由此，我们可以这样来理解商业模式：企业价值可由一系列具有内在关系的经济指标来衡量（比如企业价值 = 净利润 × 市盈率）。改变这些经济指标的行为都是商业行为，如果企业在某个周期内获得商业价值与赢利的方法与规律保持一定的稳定性，那么这种方法与规律就被称为商业模式。

“管理无定式，管理有规律”，这句话是中国人民大学商学院教授焦叔斌说的，它同样可以套用在商业模式上。

创业英雄榜

让中国制造走向非洲

图 5-11 刘婷婷

刘婷婷（图 5-11），2011 年就读于江西外语外贸职业学院商务英语专业，入学初开始担任援外研修班的志愿者，从中了解到了加纳的市场。2014 年 8 月，援外研修班的官员介绍刘婷婷到加纳的汽配贸易公司担任翻译，于是刘婷婷开始接触非洲汽配市场。2016 年 10 月 16 日，刘婷婷创立 JKL（嘉康纳汽配贸易公司），并获得在加纳的贸易伙伴付斌、Mark Grant 的投资，其创业项目“‘非’常轮胎”获得 2018 年中国“互联网 +”大学生创新创业大赛银奖。

随着“一带一路”倡议的发展，中非合作论坛开启，“走向非洲”形势大好。西非第二大经济体——加纳，近年来基础设施建设发展迅猛，运输和工程类车辆需求急剧增长，当地汽配市场容量高达上百亿元。然而，米其林等国际大牌轮胎价格昂贵，非洲人民难以接受；当地二手翻新轮胎质量差，存在严重的安全隐患。刘婷婷抓住这一商机，结合大数据时代背景，按需定制符合非洲市场的轮胎，促进传统制造业向个性化转型。

2016 年 10 月，刘婷婷在加纳成立了 JKL。她立志将最符合市场需求的中国轮胎带向加纳，占领非洲市场。公司成立仅一年半，销售额就已突破 4 000 万元，净利润高达 700 万元。而这一成绩得益于刘婷婷团队在产品、销售、服务上的创新与思考。刘婷婷团队收集了上万份客户问卷，对轮胎使用路况、磨损率等数据严格追踪，建立轮胎需求信息库，并从中总结出不同轮胎的爆损原因及改造方案。根据信息库分析结果，综合传统轮胎不适应非洲路况复杂、高温潮湿的特点，降低扁平率、提升稳定性，设计特殊花纹，增大摩擦因数，联系上游制造商，推出一系列低成本、高质量的非洲专供轮胎。对比结果显示，其产品相比于其他产品在防爆、耐磨、抗载性能上都更适合当地环境。在销售上，刘婷婷团队提出“三点商圈”的覆盖模式，即每座城市选取三家销售范围不重合的大型经销商，以他们为据点连接成片，做到整座城市的全覆盖。

目前，刘婷婷已经成功签约了六家公司，覆盖了加纳两大城市。同时，刘婷婷还与多家维修店、洗车行达成互惠合作。当轮胎出现故障时，顾客可很快找到合作门店紧急替换，再由其进行回收。JKL 将回收的废旧轮胎物尽其用，按照磨损程度分级后，分别处理给各类化工厂，可获得 1% ~17%的返利。在增加盈利点的同时，助力环保。

作为一家国际企业，除了优质的产品和个性化的销售服务体系外，刘婷婷的公司更是在资源、渠道上具有强大竞争力。江西外语外贸职业学院是首批商务部直属国际官员研修基地之一。基地在为非洲官员系统讲授各领域知识、举办中非政企交流会的同时，直接提供了中非双方的贸易投资平台。因此，作为非洲官员们的校友，刘婷婷依托学院平台，优先获得非洲一些政策和投资指导，并获得当地政府的支持，率先达成合作意向。在产品渠道上，与世界轮胎三十强的山东兴源集团达成战略合作协议。在销售渠道上，利用研修基地的人脉资源，率先占领市场前端，目前已与许多经销商达成了合作。

经过不懈努力，2017 年，刘婷婷的公司销售额达 1 970 万元，2020 年达 3 000 万元。目前，最大日销售额可达 80 万元，季度销售额也在以环比 160%以上的速度增长。

刘婷婷说：“中国制造要得到全世界的认可，我们愿做在非洲市场的先行者、助推者。”

【课后实训】

实训主题：

设计你的商业画布。

实训目的：

（1）明确商业画布模式九大构造块。

（2）选择合适的商业模式并对每一构造块进行深入分析。

实训要求：

以团队为单位，结合之前所学内容，为团队创业项目设计合适的商业模式，详细地描述出创业项目商业画布模式九大构造块的内容，在团队内进行反复论证，并在班级做团队商业模式推介，以更好地完善项目。

实训步骤：

（1）明确团队想要提供什么产品和服务。

（2）定位消费群体，设计合乎市场规划的商业逻辑，在团队内进行反复论证。

（3）每个团队派代表进行项目商业模式汇报，并听取其他团队的意见或建议。

（4）绘制项目商业画布。

第六章 创业风险评估与管理

名言警句

要永远相信：当所有人都冲进去的时候赶紧出来，所有人都不玩了再冲进去。

——李嘉诚

案例故事

俞敏洪谈如何应对创业中的“大厨”风险?

创业公司倒闭，常常是由创始人不懂核心业务导致的，但我们经常看到的情况恰恰就是一群人一起创业，只有一个人是核心，另外几个都是搞技术的。而技术搞到一定程度，如果核心创始人不愿意给这些人更多股权激励的话，那么这些人可能就会有不满情绪，结果就是另立门户，也就是自己出去再搞一个创业公司，而原来的创业公司就会被抽空，甚至倒闭。这种情况是经常发生的，就像我常常举的一个例子——大厨效应。

一个饭店，老板花了很多钱进行装修，但是他自己不会做菜，所以就请了一个大厨，由于这个大厨的水平特别高，所以顾客如云。

这时，大厨意识到，顾客来不是因为老板花了钱进行装修，而是因为自己做饭的水平太高了，这时他就会去跟老板谈，要饭店的利润分成!

最后，如果大厨的需求没有被满足，或者说大厨本身就比较贪婪，那结果一定是大厨离开这个饭店，然后这个饭店倒闭了。而大厨出去以后，也不一定能干成饭店。因为会做菜的人并不一定懂得经营，而会经营的又不一定懂得做菜，所以大厨和老板之间存在矛盾效应。这在很多创业公司中都有所反映。

当初我在新东方既上听力课又上口语课、阅读课、语法课、写作课，我让自己全面备课，其实就是想尽量防范这种大厨效应，不过有一门课我是无论如何也教不好的，就是 GRE 中的数学逻辑，所以只好请了一位能教这门课的人，后来他也成为北京教这门课最好的老师，但我的一场课堂危机也随之而来了。

由于当时新东方开设的 GRE 培训班级非常少，每一期总共也就招五个班，所以一个数学逻辑老师是足够的。我觉得他教得不错，也就没有去培养别的老师。

过了大概半年，这个老师觉得整个托福、GRE 的培训中，俞敏洪什么课都能教，就他教的这门课不能教，这就意味着新东方根本少不了他，所以他要求多拿点收益。

于是，这个老师就开始找我谈："俞老师，你看别的课你都能教，但是我这门课你教不了。既然这样，那这门课你多给我点工资也是正常的。"我问他："你认为应该多给你多少工资?"他说："这个班的 1/4 的收入归我就行。"我说："这是不可能的。"结果，这个老师直接就不去上课了，把学生晾在教室里了。

后来没有办法，由于没有其他人能教 GRE 数学逻辑，最后我只能把这一期的三四个班全部费用的大约 1/2 退给学生，并告诉他们：GRE 数学逻辑这门课，你们只能自学了。当时，这件事令我非常难堪。

尽管如此，但我那时还是不能答应这位老师，因为如果我答应他的话，就必须给其他老师也加工资，而且若这一期答应了，下一期再下调工资根本不可能，这样下去新东方就会垮掉。

这件事带给我的教训放在大厨效应里来看就是：如果你要开一个饭店，自己又不会做菜，还想要大厨不"造反"的话，那就得配 2 ~3 个大厨，让大厨之间能互相制衡。

所以，当有一件事情你自己不能做的时候，你一定要找几个人同时帮你做。除非你相信自己已经给了这个人足够的利益，并且这些利益能够保证他一辈子愿意跟你一起干。

当然，这是不太容易做到的，因为你一旦把事情做起来，就会有不同岗位之间的利益平衡问题。换句话说就是，想要做成一件事，你必须把人才配置到位，并且不能让人才最后把你所创立的事业翻过来，而是要让大家共同获利。这也是我在创业初期最深刻的感悟了。

当一个人向你提出过分的要求时，你会怎么应对此类"大厨"风险，这在某种意义上也代表着你的能力和智慧。

第一节　认识创业风险

一、创业风险概述

一提到风险，很多人马上将其与失败、亏损联系在一起，这是不全面甚至是错误的看法。对风险的理解，可以从两个角度解读：一是强调风险表现结果的不确定性，二是强调损失的不确定性。前者属于广义上的风险，说明未来利润的不确定性，可能获利，也可能亏损，也可能既无亏损也无获利；后者属于狭义上的风险，只能表现为亏损，没有获利的可能性。

（一）什么是创业风险

创业风险是指在企业经营过程中存在的风险，是指由于创业环境的不确定性，创业机会与创业企业的复杂性，创业者、创业团队与创业投资者的能力与实力的有限性，而导致创业活动偏离预期目标的不确定性。

研究表明，创业的过程一般是将某一构想或技术转化为具体产品或服务的过程。这一过程中，存在着几个基本的、相互联系的缺口，它们是不确定性、复杂性和有限性的主要来源，也就是说，创业风险在给定的市场条件下，经常直接来源于这些缺口。

1. 募资缺口

募资缺口存在于科学技术支持和市场支持之间，是研究基金和投资基金之间存在的融资缺口。其中，研究基金通常来自个人、政府机构或公司研究机构，它既支持概念的创建，也支持概念可行性的最初证实；投资基金则将概念转化为有市场潜力的产品原型。创业者可以证明构想的可行性，但往往没有足够的资金实现商品化，从而给创业带来一定的风险。通常，只有极少数基金组织愿意鼓励创业者跨越这个缺口。

2. 技术研究缺口

技术研究缺口主要存在于仅凭个人兴趣所做的研究判断和基于市场潜力的商业判断之间。当一个创业者最初证明一个特定的科学突破或技术突破可能成为商业产品基础时，他仅仅停留在自己满意的论证程度上。在将预想的产品真正转化为商业化产品（大量生产的产品）的过程中，即需具备有效的性能，且成本低廉、质量优越，在市场竞争中生存下来的过程中，需要大量复杂而且可能耗资巨大的研究投入（有时需要几年时间），从而形成创业风险。

3. **信息和信任缺口**

信息与信任缺口存在于技术专家和管理者（投资者）之间。技术专家和管理者（投资者）这两种人接受不同的教育，对创业有不同的预期、信息来源和表达方式。技术专家知道哪些内容在科学上是有趣的，哪些内容在技术层上是可行的，哪些内容根本就是无法实现的。在失败类案例中，技术专家要承担的风险一般表现在学术、声誉的影响，以及无金钱回报上。管理者（投资者）通常比较了解将新产品引进市场的程序，但当涉及具体项目的技术部分时，他们不得不相信技术专家，可以说管理者（投资者）是在拿别人的钱冒险。如果技术专家和管理者（投资者）不能充分信任对方，或者不能够进行有效的交流，那么这一缺口将会变得更深，从而带来更大的风险。

4. **资源缺口**

资源与创业者之间的关系就如颜料、画笔与艺术家之间的关系。没有了颜料和画笔，艺术家即使有了构思也无从实现。创业也是如此。没有所需的资源，创业者将一筹莫展，创业也就无从谈起。在大多数情况下，创业者不一定也不可能拥有所需的全部资源，这就形成了资源缺口。创业者如果没有能力弥补相应的资源缺口，要么创业无法起步，要么在创业中受制于人。

5. **管理缺口**

管理缺口是指创业者并不一定是出色的企业家，不一定具备出色的管理才能。进行创业活动时形成的管理缺口主要有两种：一是创业者利用某一新技术进行创业，他可能是技术方面的专业人才，却不一定具备专业的管理才能，从而形成管理缺口；二是创业者往往有某种“奇思妙想”（可能是新的商业点子），但在战略规划上不具备出色的才能，或不擅长管理具体的事务，从而形成管理缺口。

（二）创业风险类型

1. **按风险产生的原因分类**

按风险产生的原因，风险可分为自然风险、社会风险、国家风险、市场风险、技术风险。

自然风险是指由于自然行为（不可控制）而产生的风险。例如，降雨不及时或降雨过多导致干旱或洪水的风险对农民来说是严重的自然风险。同样，冰雹风暴也是破坏田间作物的自然风险。

社会风险是指社会原因造成的风险，也可能是由于消费者行为或由于社会情景发生变化而引起的风险。例如，时尚的变化，消费者口味或喜好的改变，消费者收入的变化，社会价值观改变引发的社会生活变化。

国家风险是指一个国家无法履行其财政承诺的风险。当一个国家不履行其义务时，它会严重影响该国所有金融工具的表现及与之有关系的其他国家。国家风险适用于特定国家发行的股票、债券、共同基金、期权和期货。这种风险通常出现在新兴市场或严重赤字的国家。

市场风险是指影响整体市场表现的因素发生变化导致投资损失的风险。市场风险通常用贝塔系数来衡量。贝塔系数是衡量一项投资相对于整体市场的风险的指标。市场风险不可能通过投资组合多样化轻易降低。其他常见的市场风险包括利率风险、通货膨胀风险、货币风险、流动性风险、国家风险和社会政治风险。

技术风险是指技术变化所产生的风险。例如，新技术出现，旧技术便过时了，这对使用旧技术的公司来说就是一种技术风险，会造成一定程度的财务损失。

2. 按风险性质分类

按风险性质，风险可分为纯粹风险和投机风险。

纯粹风险是一种无法控制的风险，有两种结果：完全损失或完全没有损失。当涉及纯粹风险时，就没有获利的机会。

纯粹风险通常普遍存在于自然灾害、火灾或死亡等情况中。这些情况无法预测，任何人都无法控制。纯粹风险也被称为绝对风险。

投机风险是指可能造成损失或产生收益的风险。所有投机风险都是有意识的选择，而不仅仅是环境无法控制的结果。

3. 按风险产生的社会环境分类

按风险产生的社会环境，风险可分为静态风险和动态风险。

静态风险是指由于自然力的不规则变动或者因为人们行为的错误或失当所导致的风险，如地震、洪水等自然灾害及车祸、火灾等我们所预料不到的事故。

动态风险是指由社会经济或政治的变动所导致的风险，即与社会变动有关的风险，如通货膨胀、汇率变动引起的风险，消费者爱好转移引起的风险，等等。

4. 按产生风险的行为分类

按产生风险的行为，风险可分为基本风险和特定风险。

一般而言，基础风险是指期货合约或场外对冲合约无法完全抵消的风险。这种风险的来源可能是不同的，与时间或产品的差异有关，只有在特定的条件下才有意义。

特定风险或特殊风险，是只影响一个行业或特定公司的一类风险。例如，管理上的变化、产品召回、可能导致公司销售下降的监管变化，以及市场上可能夺走公司市场份额的新竞争者。投资者通常通过投资多种资产来分散管理非系统性风险。

二、大学生创业常见风险

大学生创业时要认真分析创业过程中可能会遇到的风险，判断这些风险中哪些是可控的，哪些是不可控的，哪些是需要极力避免的，哪些是致命的或有颠覆性的。还要思考一旦这些风险出现，应该如何应对和化解。特别需要注意的是，一定要明白最大的风险是什么，最大的损失可能有多少，自己是否有能力承担并渡过难关。

大学生创业的风险主要有以下几个方面。

风险一：项目选择风险

大学生创业时如果缺乏前期市场调研和论证，只凭自己的兴趣和想象来决定投资方向，甚至仅凭一时心血来潮做决定，一定会碰得头破血流。

大学生在创业初期一定要做好市场调研，在了解市场的基础上创业。一般来说，大学生由于创业资金实力较弱，适合选择启动资金不多、人手配备要求不高的项目，从小本经营做起。

风险二：缺乏创业技能风险

很多大学生创业者眼高手低，当创业计划转变为实际操作时，才发现自己根本不具备解决问题的能力。这样的创业无异于纸上谈兵。一方面，大学生应先去企业打工或实习，积累相关的管理和营销经验；另一方面，应积极参加创业培训，积累创业知识，接受专业指导，提高创业成功率。

风险三：资金风险

资金风险在创业初期会一直伴随创业者的左右。是否有足够的资金创办企业是创业者遇到的第一个问题。企业创办起来后，创业者就必须考虑是否有足够的资金支持企业的日常运作。对于初创企业来说，连续几个月入不敷出或者因为其他原因导致企业的现金流中断，都会给企业带来极大的威胁。相当多的企业会在创办初期因资金紧缺而难以拓展业务，甚至错失商机而不得不关门大吉。

另外，如果没有广阔的融资渠道，创业计划只能是一纸空谈。除了银行贷款、自筹资金、民间借贷等传统方式外，创业者还可以充分利用风险投资、创业基金等融资渠道。

风险四：社会资源贫乏风险

企业创建、市场开拓、产品推介等工作都需要调动社会资源。大学生在这方面会感到非常吃力，平时应多参加社会实践活动，扩大人际交往的范围。创业前，可以先到相关行业领域工作一段时间，通过这个平台，为自己日后的创业积累人脉。

风险五：管理风险

一些大学生创业者虽然技术出类拔萃，但管理方面的能力不足。要想创业成功，大学生创业者必须做到技术、管理两手抓，可从合伙创业、家庭创业或虚拟店铺开始，锻炼创业能力，也可以聘用职业经理人负责企业的日常运作。管理风险包括：决策随意、信息不通、理念不清、患得患失、用人不当、忽视创新、急功近利、盲目跟风、意志薄弱等。

风险六：竞争风险

寻找蓝海是创业的良好开端，但并非所有的创业都能从蓝海开始。所以，竞争是必然的。如何面对竞争是每个企业都要随时考虑的事。如果创业者选择的行业是一个竞争非常激烈的领域，那么在创业之初企业有可能受到同行的强烈排挤。一些大企业为了把小企业吞并或挤垮，常会采用低价手段。对于大企业来说，由于规模效益或实力雄厚，短时间的降价并不会对它造成致命伤害，而对初创企业来说可能意味着彻底毁灭。因此，考虑好如何应对来自同行的竞争是新创企业生存的必要准备。

风险七：团队分歧风险

现代企业越来越重视团队的力量。企业在诞生或成长过程中最主要的力量来源是创业团队。一个优秀的创业团队能使企业迅速地发展起来。但与此同时，风险就蕴含在其中。团队的力量越大，产生的风险也就越大。一旦创业团队的核心成员在某些问题上产生分歧，极有可能会对企业造成强烈的冲击，事实上，做好团队的协作并非易事。

风险八：核心竞争力缺乏风险

对于具有长远发展目标的创业者来说，他们的目标是不断地发展壮大企业，因此，企业是否具有核心竞争力是最主要的风险。一个依赖别人的产品或市场来打天下的企业是永远不会成长为优秀企业的。核心竞争力在创业之初可能不是最重要的问题。但企业要谋求长远的发展，核心竞争力就成为不可忽视的问题。没有核心竞争力的企业终究会被淘汰。

风险九：人力资源流失风险

一些研发、生产或经营性企业需要面向市场。大量的高素质专业人才或业务队伍是这类企业成长的重要基础。防止专业人才及业务骨干流失应当是创业者时刻要注意的问题，在那些依靠某种技术或专利发展的企业中，拥有或掌握关键技术的业务骨干的流失是创业失败的最主要风险源。

大学生在创业过程中必须始终保持积极的心态，多学习，多汲取优秀经验，并且在此基础上结合自身既有的特长优势发展企业。只有这样，创业的路才会越走越远，步伐才会越来越稳。

• 课后阅读

“嘿客”的创业风险

2014 年，顺丰在全国多地密集上线“嘿客”网购服务社区店（图 6-1）。仅 5 月 18 日一天就同时开业 518 家，到 2014 年年底其开店总数已达到 4 000 家。这一数字超过了多家知名便利店的门店数量。人们普遍认为，顺丰的策略是用“社区实体店 + 网购预售 + 快速配送”的形式布局 O2O。

问题：

① 了解一下“嘿客”店，你是否注意到其中的风险？

② 试着谈谈你发现的风险，并给出规避策略。

③ 预测“嘿客”店的前景，正反方进行辩论。

图 6-1　“嘿客”店

• 课后练习

“海宁”的创业风险

与欧洲毫不相干的浙江海宁皮件厂的老总在报纸上看到新的欧元发行的新闻之后，连夜根据新的欧元大小和面额，设计出一批精美的皮质钱包，发往使用欧元的国家去销售。

你的分析：

(1) 该决策的风险主要有：______________________________。

(2) 以上风险，哪些可以规避，哪些不能规避：____________________。

(3) 要实现该决策的销售目标，除了该方案，请你设计一个备选方案：

____

(4) 权衡这两个方案，还需要搜集哪些方面的信息：

____

(5) 如果要使风险最小化，你认为有哪些应对措施：

____

第二节 识别创业风险

• 案例分享

小明的眼镜店

小明是一位高中刚毕业的大学生，考虑到眼镜利润大，学校里戴眼镜的学生多，他决定创业开办“校内眼镜店”。

为了迅速打开市场，小明开展了一系列促销活动，第一个月配镜六折，并推出凭学生证购买的低价套餐，清洗、简单维修不收费。小明还雇人前往各宿舍楼发放宣传单，并延长营业时间，从早八点到晚上十一点。

开业第一月，顾客不少，低价套餐销量还可以，也有几位同学配了中档眼镜，但高档眼镜无人问津。由于促销，低价套餐几乎无利可图，其他眼镜利润也很薄。营业额虽可以，但算上支出，仍然亏本。

一个月后，促销结束，恢复原价，生意一落千丈。为吸引顾客，小明又推出八折优惠，但顾客还是寥寥。由于营业时间长，配镜师傅提出加薪。内忧外患，小明陷入困境。

半年后，小明无力承担房租，眼镜店关门，创业失败。

讨论：

① 小明的眼镜店为什么失败了？

② 如果你是小明，在眼镜店开业前，你会做哪些准备？

③ 试着谈谈小明眼镜店的目标市场，对市场微观环境进行分析。

一、创业风险识别

创业风险是创业过程当中不可避免的现象。直面风险并化解风险是创业过程中的必要能力。

风险识别是应对一切风险的基础。只有识别风险才有化解风险的可能。创业风险识别是创业者依据企业活动，对企业面临的现实及潜在的风险利用各种方法加以判断、归类并鉴定风险性质的过程。创业者必须掌握风险识别的能力，并不断增强这种能力。

（一）风险识别的基础

创业者应该具有以下几种识别风险的基本能力。

1. 有备无患的意识

创业风险的出现是正常的，带来一些损失也是正常的。创业者应密切监视风险，减少损失，化解不利，甚至将风险转化为盈利的机会。

2. 识别风险的能力

发现和识别风险是为了防范和控制风险。如果创业者在未发生创业损失之前，就能够识别风险发生的可能性，那么这个风险是可以被管理的，因此，风险识别是进行风险管理的重点。

3. 做好打“持久战”的准备

由于创业风险伴随整个创业过程，同时风险具有可变性和相关性的特点，因此，创业者必须要有打“持久战”的准备。风险的识别工作应该连续地、系统地进行，并成为企业一项持续性、制度化的工作。

（二）风险识别的路径

创业风险识别的路径重点从风险的来源入手，它主要包括自然因素和人文因素两个方面。

1. 自然因素

地震多发区、台风多发区和严寒地区等自然因素对于企业的选址来说就是风险因素。另外，影响原材料供应的矿产、能源、农产品、交通等自然因素也是创业者需要考虑的。

2. 人文因素

创业者应该了解一个国家和地区的政策制度、法律规范、民风习俗及企业周边的运营环境等人文因素。

（三）风险识别的方法和步骤

风险识别的方法包括：信息源调查法、数据对照法、资产损失分析法、环境扫描法、风险树分析法、情景分析法等。识别风险的步骤如下。

1. 信息收集

首先，创业者要通过调查、问调、现场考察等途径获得信息；其次，需要通过敏锐的观察和科学的分析对各类信息做出处理。

2. 风险识别

创业者要根据信息的分析结果，确定风险或潜在风险的范围。

3. 重点评估

创业者要根据量化结果，运用定量分析、定性分析、假设、模拟等方法，进行风险影响评估，预计可能发生的后果，提出选择方案。

4. 拟订计划

创业者要提出处理风险的方法和行动方案。

创业者在风险识别过程中要注意以下问题。

（1）信息收集要全面。收集信息可以通过两个途径：一是内部积累或者专人负责；二是借助外部专业机构的力量。后者可获得足够多的信息资料，有助于较全面、较好地识别面临的潜在风险。

（2）因素罗列要全面。创业者要根据企业在运营过程中可能遇到的风险，逐步找出一级风险因素，然后进行细化，延伸到二级风险因素，再延伸到三级风险因素。例如，管理风险属于一级风险因素，管理者素质属于二级风险因素，等等。

（3）要综合分析各项风险。对于企业可能面临的风险，创业者既要进行定性分析，也要进行定量分析。

二、创业者风险承受能力评估

创业者在对两个或更多潜在结果不明确的备选方案进行主观评估、决定取舍的时候，就产生了风险。风险就意味着方案既可能成功，也可能失败。潜在的损失或收益越大，存在的风险就越大。

创业者要对不确定的情况做出决定，需要平衡潜在的盈利与损失。在对某个可能的选择进行决策的过程中需要考虑以下这些因素：① 这一选择有多么地吸引人；② 可以接受的损失底线；③ 成功和失败的相对概率；④ 个人努力对增加成功可能性、减少失败可能性的影响程度。

每个人对于风险的承受能力是不一样的。有的人有足够的能力和资源去驾驭风险，那么风险因素对他来说并不是最重要的考察指标；而有的人可能自身无法承受创业失败带来的损失（包括物质和心理上），那么就应该分析一下现在选择创业时机是否正确，或者自己是否适合创业。风险承受能力其实反映了创业者的心理素质，因为创业者一旦选择创业，那么他面对的将不再是自己个人的事情，家庭、员工、社会责任、个人前途每一个环节都需要认真仔细地考虑、衡量。

第三节　创业风险评估与防范

一、什么是风险评估

风险评估就是指测评某一风险事件或事物带来影响或损失的可能程度。主要是在风险事件发生之前或之后，对该风险事件给人们的生活、生命、财产等各个方面造成的影响和损失的可能性进行评估。

风险评估分为整体风险评估和专项风险评估。整体风险评估是对企业可能面临的所有风险进行系统化评估的工作；专项风险评估则是指对某一项具体风险因素（风险事件）的影响进行评估。

二、创业风险评估的流程和步骤

创业的风险评估工作看似简单，但是为了取得成效，应该按照一定的工作流程来执行。针对哪些风险内容开展评估，直接决定着选择什么样的评估方法。

1. 明确风险评估范围

即评估涉及哪些要素。明确风险评估范围，能够快速准确地完成评估内容，最大程度地保障企业成本效益均衡。

2. 选择风险评估标准

选择风险评估标准包括评估指标及其基准值。风险评估工作需要依据企业根据自身情况制定的标准来进行。有标准才能衡量，而标准和指标可以根据不同内容而有所变化。

3. 确定风险评估技术

初创企业受人手和其他资源等因素的限制，在进行风险评估时要结合过往经验选择合适的评估方法。定性评估简单、方便，定量评估全面、准确。选择定性或定量方法均需考虑可操作性和方便灵活等特点。

4. 收集信息

信息收集的完整度和准确度直接决定了风险评估结果的准确性。初创企业常用的信息收集方法主要有资料查阅、现场记录、个别访谈、问卷调查等。

5. 形成风险评估结论

形成风险评估结论，包括评估等级，对照风险评估标准提出适当的对策与相应的措施。企业需要将评估结果明确划分等级，并根据不同的风险等级制定相应的风险管控方案。

- 案例分享

泰华科技公司风险评估

泰华科技公司是一家以软件技术开发为主的初创型科技公司。由于公司所处的软件技术行业竞争激烈，创始团队将公司的发展重点放在技术研发工作上。现阶段，泰华科技公司正在全力开展“图形用户界面”的技术研发工作。这项技术是采用图形方式显示操作用户界面，是屏幕产品的视觉体验和互动操作部分的创新式技术。公司的目标是若软件研发成功，应用到市场后每年能够创造利润200万元。经反复测验，该技术前期研发的部分指标基本稳定，但一部分关键技术点需要研究改进才能宣告成功。在这个过程中，创始团队因某种原因与作为首席技术官的软件工程师小孙发生分歧，使该技术的进一步完善遇到了风险。创始团队在评估该技术风险时采取了如下步骤。

（1）确定风险评估对象。首席技术官的去留对图形用户界面研发的影响。

（2）明确风险评估范围。研发成功和失败对公司3年后可能产生的损益值。

（3）选择风险评估标准。按照风险对利润影响极低、低、中等、高、极高五个等级来评估。

（4）确定风险评估方法。使用专家评定法，按照公式进行简单估算。风险值 = 相关事件发生可能性 × 影响后果。

（5）收集信息，进行评估。创始团队邀请业内专家开展评估。经分析，有两种可能：一种是首席技术官辞职，其他人员继续研究，如失败，则损失约200万元，其发生可能性为70%。另一种是答应他提出的条件将他留下，需支付40万元补助费用，如技术研发成功后投入市场，每年创造利润约200万元，而且有长效性，成功可能性为70%。如按3年估算，该技术风险对目标的影响值估测如下：

$$负面影响值 = 200 \times 70\% = 140（万元）$$

（6）给出风险评估结论，形成风险评估报告。首席技术官辞职对利润影响很大，风险等级高。因此，公司研究后决定给予小孙40万元补助，同时就该项目与其签订协议，以保证研发过程顺利开展。半年以后，小孙带领研发团队完成了关键技术的开发工作，顺利达到泰华公司的既定目标。

讨论：

（1）泰华科技公司为什么要进行风险评估？

（2）泰华科技公司采取了什么样的评估步骤？

（3）泰华科技公司应用了哪个评估指标？

启示 初创企业对可能发生的风险在准确识别之后需要按照相应的流程和标准开展风险评估工作。风险评估工作可以为初创企业进行风险管理，为创始团队做出科学的决策提供可靠依据。选择简单易行、定性和定量相结合的评估方案是初创企业进行风险评估的最佳选择。

三、创业风险评估方法及技术

（一）SWOT 分析法

SWOT 分析法由美国旧金山大学的管理学教授海因茨·韦里克（Heinz Weihric）在 20 世纪 80 年代初提出。SWOT（图 6-2）是四个英文单词第一个字母的组合。这四个英文单词分别是：Strengths（优势）、Weaknesses（劣势）、Opportunities（机会）、Threats（威胁）。SWOT 分析，就是将与组织密切相关的各种主要内部优势、劣势和外部环境中的机会和威胁等，通过调查分析列举出来，并依照一定的次序按矩阵形式排列，然后用系统分析的思想，把各种要素相互匹配起来加以分析，从中得出一系列相应的具有一定决策性的结论。

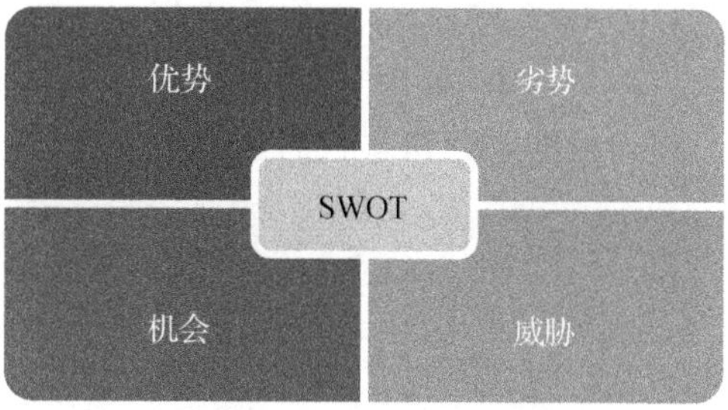

图 6-2 SWOT 示意图

S、W 是内部因素，O、T 是外部因素。按照企业竞争战略的完整概念，战略应是一个企业“能够做的”（即组织的强项和弱项）和“可能做的”（即环境的机会和威胁）的有机组合。因此，SWOT 分析法自形成以来，广泛应用于战略研究与风险分析中，成为战略管理和风险识别的重要分析工具。风险本身具有两面性，即积极的和消极的，也就是 SWOT 的优势（正面）和劣势（负面）、机会（正面）和威胁（负面）。因此，此方法用于组织整体中的战略和市场风险的分析和评估。SWOT 分析将关键风险点，按照重要程度进行分类排序，找出有效的解决方法。其评估结果带有一定的决策性。SWOT 分析法可以帮助组织把资源和行动聚集在自己强项和机会多的地方。

1. 优势与劣势分析 (SW)

SWOT 分析在风险评估中的应用说明识别环境中有吸引力的机会是一回事，拥有在机会中成功所必需的竞争能力是另一回事。每个组织都要定期检查自己的优势与劣势，这可通过组织经营管理检核表进行。组织或组织外的咨询机构都可利用这一检核表检查组织的营销、财务、制造和组织能力。每一要素都要按照特强、稍强、中等、稍弱或特弱划分等级。

2. 机会与威胁分析（OT）

初创企业对环境变化的适应性较弱，因而，对环境进行分析越发重要，机会指企业在适应外部环境变化中的可能机遇，威胁则明确指向环境带给企业的风险和可能的负面影响。

3. SWOT 分析法的一般步骤

（1）组织分析团队，并明确职务和任务。

（2）确定本次分析的目标、范围和依据。

（3）设计适宜的调查问卷，收集资料，具体包括：确认当前的战略，确认企业外部环境的变化；根据企业资源组合情况，确认企业的关键能力和关键限制。

4. 构建 SWOT 矩阵

先把识别出的所有优势分成两组，即它们是与组织中潜在的机会有关，还是与潜在的威胁有关。用同样的方法把所有的劣势分成两组，一组与机会有关，另一组与威胁有关。将结果在 SWOT 分析图上定位。再将调查得出的各种因素根据轻重缓急或影响程度等排列，构造 SWOT 矩阵（图 6-3）。在此过程中，将那些对组织发展有直接的、重要的、大量的、迫切的、久远的影响因素优先排列出来，而将那些间接的、次要的、少许的、不急的、短暂的影响因素排在后面。

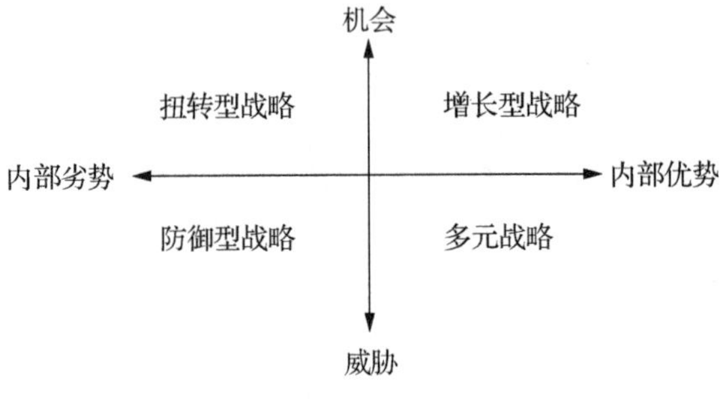

图 6-3　SWOT 矩阵图

5. 战略风险评估可以帮助组织制订相应的行动计划

在完成战略风险分析和 SWOT 矩阵的构造后，创业者便可以制订出可能的行动计划。运用系统的综合分析方法，将排列与考虑的各种环境因素相互匹配起来加以组合，得出一系列未来发展的可选择对策。

6. 成功应用 SWOT 分析法的基本要求

（1）必须对组织的优势与劣势有客观的认识。

（2）必须区分组织的现状与前景。

（3）必须对整体性风险全面考虑。

（4）必须与竞争对手进行比较，比如在哪些方面优于或劣于竞争对手。

（5）保持 SWOT 分析法的简洁化，避免复杂化与过度分析。

7. SWOT 分析法的优点及局限性

（1）SWOT 分析法的优点。

① 具有显著的结构化和系统性的特征。首先，在形式上，SWOT 分析法表现为构造 SWOT 结构矩阵，并对矩阵的不同区域赋予不同的分析意义；其次，在内容上，SWOT 分析法的主要理论基础强调从结构分析入手，对企业外部环境和内部资源进行分析。

② 考虑问题全面是一种系统性风险评估思维，而且可以把风险的表现和应对方案紧密结合在一起，便于检验。

③ 分析直观、使用简单，适合于初创企业。

（2）SWOT 分析法的局限性。

① 时代局限性。SWOT 模型带有时代的局限性。SWOT 没有考虑到组织改变现状的主动性，组织可以通过寻找新的资源来创造组织所需要的优势。

② 精度不足（缺乏定量分析）。SWOT 分析采用定性方法，通过罗列 S、W、O、T 的各种表现，形成一种模糊的企业状况描述。以此为依据做出的风险评估在一定程度上存在主观判断。

• 案例分享

三福饰品应用 SWOT 工具进行风险评估分析

小刘从小对各种饰品爱不释手，在大学期间选择了艺术设计专业。毕业后，在志同道合的朋友支持下，她开始着手筹备自己的创业项目——三福饰品，利用互联网销售有民族特色的饰品配饰。考虑到项目的可行性，她和伙伴们尝试用 SWOT 管理工具对创业项目展开了分析。下面是分析结果的部分内容。

Strengths（优势）

（1）从事民族饰品销售有着广阔的利润空间，因为青年群体追赶时尚潮流；时尚的民族饰品文化显示出强大的发展势头和越来越广阔的市场前景，以青年人为最大的消费群体的独特、时尚、个性的民族饰品经营仍处于空白区域，因而开发经营饰品市场潜力很大。

（2）利用网络直销不仅为在线顾客带来了便利，也大大节约了采购和供应方面的费用支出，缩短经营周期和产品上市时间，扩大产品市场范围。

（3）目前，网购已经成为人们习以为常的行为，因此，网上创业有着广大的消费潜力。

Weaknesses（劣势）

与现有知名品牌相比，产品市场影响力弱。在实际取得产品以前，消费者对网购产品没有任何直观的感受。消费者不会贸然采取网上购买的行为，而且网购存在安全隐患问题。

Opportunities（机会）

针对民族饰品，富有自然美、个性美、特色而有文化蕴涵的、返璞归真的民族饰品已成为人们追逐的时尚；饰品季节性不强，不存在换季时候产品积压问题；饰品对顾客背景无要求，同一规格产品可以满足所有消费者，库存风险低，店面和仓储成本较低；初始投资额较低，遇到经营问题，退出成本低；知名品牌较少，品牌竞争不激烈，资金周转快。

Threats（威胁）

（1）行业门槛较低，可能出现强大的新的竞争对手进入市场、替代品抢占销售额、主要产品市场增长率下降等威胁。

（2）少数民族饰品加工工艺较为复杂，目前尚无规模化生产，产量少。现在的产品都是工匠手工制造的，要想实现规模化生产会有很大的困难。同时，消费者的需求量不是很多，相比于流行饰品的风格多样，设计各具特色而备受消费者青睐的民族饰品还有很长的路要走。

启示 在分析风险时小刘使用了哪个管理工具？她是如何运用这个工具开展系统性的风险评估的？首先，需要对企业的整体情况进行整理和分析工作，适合采用SWOT管理法进行。在应用这个管理工具时，整理优势、劣势、机会和威胁四个方面的内容，这只是分析的基础，还需结合分析结果，找到企业潜在的和具体的风险内容，分析并找到风险原因，为对策提供科学的参考依据。

（二）鱼骨图分析法

各种问题的解决总会受到一些因素的影响。创业者通过头脑风暴法找出这些因素，并将它们连在一起。根据各因素的相互关联性整理出的层次分明、条理清晰并标出重要因素的图形就是要因图。1953年，日本管理大师石川馨先生发明了这种既方便又有效的原因分析法，因其形状如鱼骨，所以又称之鱼骨图，又叫石川图。鱼骨图是一种发现问题根本原因的方法，它也可称为因果图。鱼骨图广泛应用于质量管理和风险分析过程中。

1. 鱼骨图分类

鱼骨图的类型如图6-4所示。

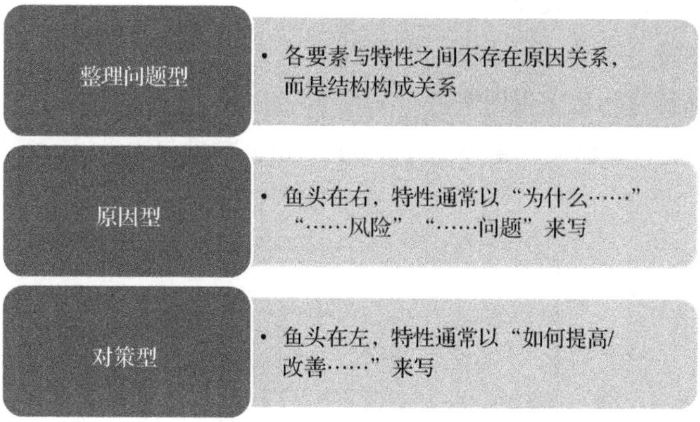

图 6-4　鱼骨图类型

2. 鱼骨图管理工具的操作步骤

（1）查找要解决的问题或需要评估的风险。

（2）把问题或风险写在鱼骨的头上。

（3）召集大家共同讨论可能的原因，尽可能多地找出原因。

（4）把相同类型的原因分组，在鱼骨上标出。

（5）征求大家的意见，总结出正确的原因。

（6）拿出任何一个原因，进一步研究为什么会产生这样的问题。

（7）针对答案再问为什么，这样至少深入五个层次（连续问五个问题）。

（8）当深入第五个层次后，认为无法继续进行时，列出这些原因，而后有针对性地列出至少 20 种解决方法。

3. 鱼骨图管理工具分析要点

（1）确定大要因（大骨）时，现场作业一般从人、机、料、法、环着手，管理类问题一般从人、事、时、地、物着手，视具体情况决定。

（2）大要因必须用中性词描述（不说明好坏），中、小要因必须使用价值判断（如较差/不足）。

（3）运用头脑风暴法时，应尽可能多而全地找出原因，而不仅限于自己能完全掌控或正在执行的内容，对人的原因，宜从行动而非思想态度方面着手分析。

（4）中要因与特性值有关，小要因和中要因之间有直接的关系，小要因应分析至可以直接给出对策。

（5）如果某种原因可以同时归属于两种或两种以上因素，请以关联性最强者为准。

（6）选取重要原因时，不要超过 7 项，且应标记在最末端。

4. 鱼骨图绘制方法（图 6-5）

（1）填写鱼头（描述问题或风险），画出主骨。

（2）画出大骨，填写大要因。

（3）画出中骨、小骨，填写中、小要因。

（4）用特殊符号标记重要因素。

提示：绘图时，应保证大骨与主骨成60°夹角，中骨与主骨平行。

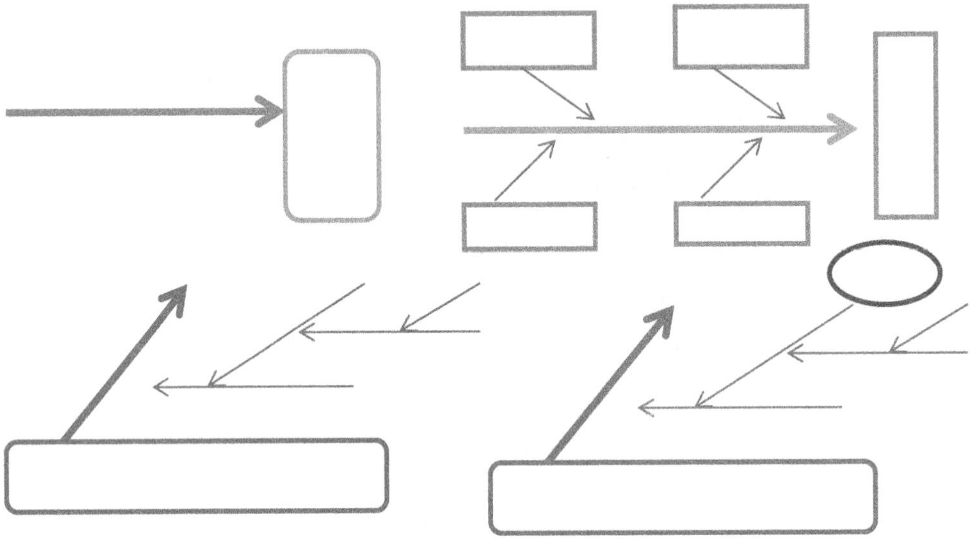

图6-5　鱼骨图绘制方法

• 案例分享

鱼骨图的应用

冬乐在大学期间参与了校企合作开展的手机游戏开发项目，积累了丰富的实践经验。毕业之后，冬乐和同学携手组建了爱游工作室，专注手机游戏开发业务。手机游戏开发项目的前期投入不少，而手机游戏测试环节是保证项目成功的重要一环。一旦测试成功，客户的需求量和满意度会大幅度提升；而一旦测试失败，就意味着阶段性的努力付诸东流。因此，团队所开发的手机游戏测试过程将直接影响工作室的现金流是否稳定。对于爱游这样的初创企业而言，手机游戏测试风险是团队最关注的风险之一。

为了对手机游戏测试风险进行全面评估，并通过深入分析这一风险的产生原因，为创业团队应对可能出现的风险提供可靠依据，冬乐和伙伴们决定采用鱼骨图分析法来寻找风险产生的原因。他们是这样做的：

第一步，针对手机游戏测试风险，结合企业实际情况，围绕人、机、料、法、环确定分析的层级和方向。

第二步，结合头脑风暴法，分别为各层级找出所有可能的原因或因素。

第三步，将找出的各个原因进行归类、整理，明确各原因的从属关系。例如，将环境嘈杂、环境拥挤杂乱、测试环境的温度和光线问题、装修标准低档等内容归于“测试环境”这个类别中。

第四步，团队再次分析各种原因，并从中选取重要因素。例如，相比其他原因，“装修标准不高档”并不是影响测试环境的主要原因，也不是影响测试风险成功与否的重要原因，所以不予保留。

第五步，将讨论结果绘制成鱼骨图，如图 6-6 所示。

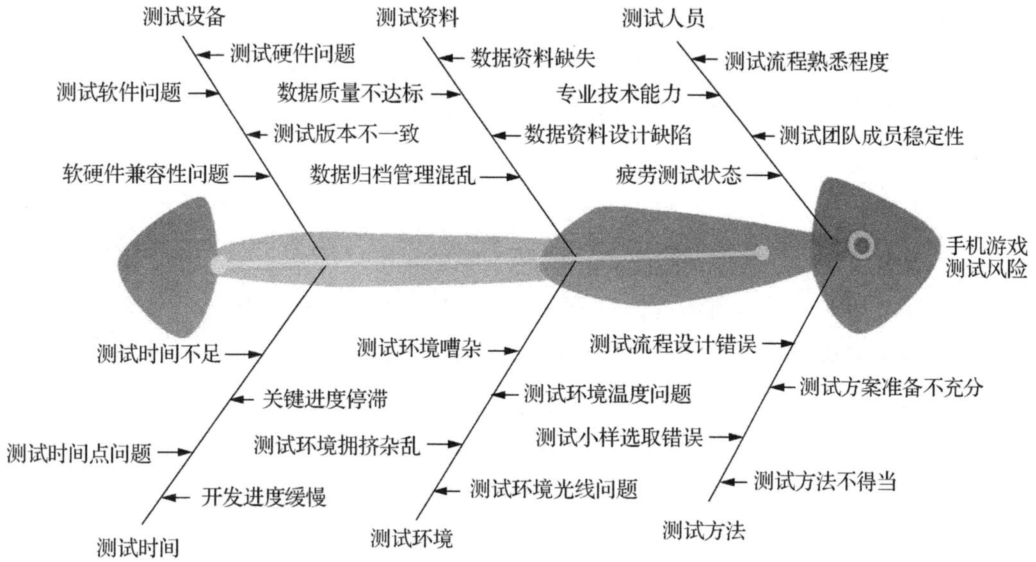

图 6-6　手机游戏测试风险的鱼骨图分析结果

（三）风险矩阵分析法

风险矩阵（Risk Matrix）分析法是通过定性分析和定量分析，综合考虑风险影响和风险概率两方面因素，围绕风险因素对项目的影响进行评估的方法。风险矩阵图是一种有效的风险分析和评估工具，出现于 20 世纪 90 年代中后期，由美国空军电子系统中心最先发明，并在美国军方武器系统研制项目的风险评估和管理工作中得到应用。

1. 风险矩阵图的操作步骤

（1）列出该项目的所有潜在问题。

（2）依次估计这些潜在问题发生的可能性，依据实际情况，可按低、中、高三等级排列，也可按五等级或者七等级进行划分，也可按数字 0 ~ 10 分级。

（3）依次估计这些潜在问题发生后对整个项目的影响，也可按三等级、五等级或者七等级进行划分，或者按数字 0 ~ 10 分级。

（4）画出具体的风险矩阵图，以便今后分析。

（5）针对评估结果，制定预防性措施。

（6）依据企业实际情况，制订应急处理计划。

2. 风险矩阵图给出的四种分类

（1）若潜在风险在矩阵图右上角区域，企业则应该不惜成本阻止其发生（如果成本大于可接受范围，则放弃该项目）。

（2）若潜在风险在矩阵图中间区域，企业则应安排合理的费用来阻止其发生。

（3）若潜在风险靠矩阵图左下方区域，企业则应采取一些合理的步骤来阻止其发生或尽可能降低其发生后造成的影响。

（4）若潜在风险在矩阵图最左下方区域，企业则可在其发生后再采取措施。矩阵图最左下方部分的风险是反应型，而前三类风险是预防型。

• 案例分享

小黄毕业后接手了家里的服装厂，开始了解服装行业发展情况并学习服装生意的管理。随着了解过程的不断深入，他渐渐地发现服装行业经营过程中的赊销环节已经成为制约服装厂资金运转情况的最大风险。小黄围绕这一问题向老师详细请教了评估风险的方法，然后针对自己的服装厂，进行了以下风险评估工作。

（1）小黄通过专家评价法估算了服装厂在赊销环节所能承受的最大风险值（R）是 100 万元，超过这一数字，服装厂将面临极为严重的资金周转问题。

（2）为直观评价，他将这一风险发生的等级分为“高、中、低”三类，将风险值（R）处于 70 万元及以上的定为高风险，将风险值（R）处于 20 万元以下的定为低风险，将处于两者之间的定为中风险。

（3）根据风险发生的可能性定律，这一风险发生的可能性 P 应处于 0 到 1 之间。根据风险分析公式“影响后果（C）=风险值（R）/发生可能性（P）”，进行简单预测估算，则 L_1 线条的位置是：当 $P=0.1$ 时，$C=80$ 万元；当 $P=0.2$ 时，$C=40$ 万元；当 $P=0.4$ 时，$C=20$ 万元；当 $P=0.6$ 时，$C=13$ 万元……将求出的各节点连成 L_1 曲线。依同样的道理，根据公式 $P=\frac{R}{C}$ 可以求出不间断位置点，将不同位置的结合点连在一起即为 L_2 曲线。

（4）两曲线求出后即形成判别此风险大小的上风险带、中风险带、下风险带标准。

但是小黄发现，尽管他能够掌握这个风险等位线矩阵的意义，服装厂其他员工却看不太懂，起码不能快速理解，于是小黄制作了一种更直观的图表来表述。

首先，将服装厂赊销风险发生的可能性及影响后果各分为 5 级。可能性等级为极小、不太可能、有可能、很可能、基本确定，影响后果等级为极低、低、中、高、极高（表6-1）。

表6-1　半定量型风险矩阵图

可能性等级		影响后果等级				
		极低	低	中	高	极高
		1	2	3	4	5
基本确定	5	5	10	15	20	25
很可能	4	4	8	12	16	20
有可能	3	3	6	9	12	15
不太可能	2	2	4	6	8	10
极小	1	1	2	3	4	5

然后，根据公式“风险值（R）=发生可能性（P）×影响后果（C）”，用R来表示风险等级。

请思考：（1）小黄如何绘制风险矩阵图的？

（2）两种不同矩阵图有哪些异同？

四、创业风险控制、规避的方法和策略

（一）常用的风险控制方法

1. 回避风险

创业企业在既不能有效降低风险发生的概率，又无法降低风险损失，更无法直接承受该风险时，只有采取回避的策略主动放弃，中止或者调整创业方案，如将经营方向从高科技领域转向常规技术领域，或采取迂回的策略，等等。

2. 预防风险

风险预防即事先采取相应的措施以预防和阻止风险损失的发生，防患于未然，如重视信息收集，减少信息不对称性，实行民主化决策，等等。

3. 转移风险

风险转移，即创业企业将自己不能承担的或不愿承担的，以及超过自身财务能力的风险损失的经济补偿责任以某种方式转移给其他单位或个人。它可以通过如下三种途径实现：一是以合同的形式向其他主体转移，如业务外包和工程承包等；二是以投保的形式把风险全部或部分转移给保险公司；三是利用各种风险交易工具转嫁风险，如利用外汇期货、期权或利率期货及期权工具转嫁汇率风险和利率风险等金融风险。

4. 分散风险

分散风险是指创业主体通过多元化经营，使风险在不同经营活动中分散化，主要策略如下：一是对多个项目进行投资，这是分散风险通常采用的方法；二是产品多样

化；三是策略组合，即同时采取多种创业策略，如联合投资、合资合营和兼并扩张等。

（二）创业风险规避九大策略

1. 以变制胜

所谓“适者生存”，强调的就是“变”。经营者要适应外部环境的变化，随时做出调整，以变制胜。

2. 出其不意

出其不意的核心是一个“奇”字，即用出奇的产品、出奇的经营理念、出奇的经营方式和服务方式去战胜竞争对手。

3. 以快制胜

机不可失，时不再来，比对手快一分就能多一分机会，对什么都四平八稳、左顾右盼的人必然被市场淘汰。胜者属于那些争分夺秒、当机立断者。

4. 后发制人

从制胜策略看，后发制人比先发制人更好，可以更多地吸收别人的经验。时机抓得越准，制胜把握越大。

5. 集中优势，重点突破

这一策略特别适用于小企业，因为小企业人力、物力、财力比较弱，如果不把有限的力量集中起来很难取胜。

6. 趋利避害，扬长避短

经营什么产品，选择什么样的市场，都要仔细掂量，发挥自己的优势。干应该干的，干可以干的，有所为，有所不为。

7. 迂回取胜

小企业与实力更强的企业竞争不能打正面战、搞阵地战，而应当打迂回战，干别人不敢干的，干别人不愿干的。

8. 积少成多，积微制胜

“积少成多”是一种谋略，一个有作为的经营者要用“滴水穿石”“聚石成山”的精神去争取每一个胜利。轻微利、追暴利的经营者未必能成功。

9. 以廉制胜

“薄利多销”是不少经营者采用的一种经营策略。“薄利多销”的前提是能多销，“薄利少销”则是不可取的。

- 案例分享

“迷你创业园”的风险管控措施

“迷你创业园”是高校借鉴“格子店”的商业模式，面向全体学生开展创新创业教育的校内教学型企业。4～6 名学生为一组，组成微型公司，经营一个“创业格”。项目开展之初，300 余个“创业格”吸引着附近几所学校的学生前来购物。店铺能够达到收支平衡。但随着运营的逐步推进，经营团队发现每个月都有商品丢失的现象，特别是第三个月的商品丢失数量达到 135 件，经营团队也接到很多学生的投诉，并要求赔偿。作为创业园的园长，小杨的风险管控意识比较强。经过仔细计算，小杨发现园内的人流量每天都达 500 人以上，琳琅满目的货品数量也在 1 万个以上。为了管控商品丢失的风险，做好园内智能安全控制工作成为刻不容缓的首要内容。

首先，小杨根据“迷你创业园”的特点设计了多点位视频监控系统，保证经营团队成员能够随时监测园内店铺经营情况，并配备了指纹识别门禁系统，保证各种进出数据可存可查；其次，他及时联系消防部门，按要求做好“迷你创业园”防控设备的采购、放置和标记工作，同时加强员工培训，让每一名成员都能熟练使用灭火器和应急灯；再次，他通过网站、微博、微信、QQ 等多种途径提前告知“创业格”的负责人在经营过程中的各种注意事项，这样从源头上避免商品发生损坏或被盗。除了以上这些立竿见影的风险管控措施以外，小杨还与经营团队及专业人员多次研讨，制定了多项标准化工作手册，从而对风险加以管控。第一，为保证经营过程顺畅，所有进入“迷你创业园”开展创业经营的团队都需要提前与店铺签订正式的《入园经营协议书》，明确双方的责、权、利归属，达到“依法治园”的目的。第二，按照财务管理的规范化要求，经营团队制定了“迷你创业园”财务管理制度。每个“创业格”的现金收取、货款发放情况、员工的工资与送交“迷你创业园”的财务报表等要相符，财务工作也要有专门的人员按照要求进行处理，定期公布并接受监督。第三，为了应对各种可能出现的风险，经营团队还制定了《品工标准化工作手册》等。

正是小杨和运营团队制定了有效的风险管控措施并坚决落实执行，自“迷你创业园”开园 5 年以来，其经营和教学过程均没有出现安全风险和严重后果。小杨自己总结道：管理好了风险，就管理好了企业。

拓展阅读

大学生创业前期的主要风险与防范[①]

创业前期是指从打算创业到创业初期的这个阶段。万事开头难，对于第一次创业的大学生来说，任何低估创业风险都可能使创业计划和事业夭折在摇篮当中。

1. 临渊羡鱼

在今天的中国，盈利十几万甚至几十万的故事似乎到处都在上演。不过，对于那

① 成骏．会计综合模拟实训［M］．上海：立信会计出版社，2015：228-230.

些没有大量资金当本钱的人来说，这一切似乎是十分遥远的。

没有大额的资金本钱就难以致富了吗？答案显然是否定的。没有资本，靠着好点子同样可以圆自己的致富梦。更何况一生下来就拥有财富的人毕竟是少数，与其临渊羡鱼，不如退而结网，放弃一夜致富这种不切实际的幻想，脚踏实地地赚取人生第一桶金才是符合实际的。事实上，即使是如今做大生意的人，他们往往也是从小生意开始做起的。所以说，能不能拥有一个敏锐的商业头脑才是成败的关键。

要发展，就不能停留在仰慕别人的财富上。

2. 无米之炊

创业需要资源，这是常识。创业资源包括人才、资金、市场等。错误估计市场使很多初创企业面临巨大的风险。如果一个企业的主打产品没有足够的市场，其失败是必然的。

缺少资金也会使很多创业者遭受挫折，事实上，只有企业在经营到一定程度以后，才会有资金的回流。所以创业者必须充分估计资金的需求量，而且一定要有相当的资金余地，努力降低创业成本。

但是风险也意味着机会。例如，不少浙商出身寒微，起初也是一穷二白，“无资金、无市场”，但最终“草根”成林。浙江是人均资源综合指数居全国倒数第三的“资源小省”，但现在成了中国最大的“内资”（主要是民间资金）输出省份。市场上流传一句话：哪里有市场，哪里就有浙商。也有人说：哪里有浙商，哪里就有市场。这说明作为一个创业者不仅要善于追逐，而且要善于创造市场。

3. 匹夫之勇

创业如同其他经济活动一样，其本质是以最小的费用取得最大的效用。创业不仅涉及技术，还牵涉天时、地利、人和等诸多因素。在日趋激烈的商战中，用心、斗智、出奇、弄巧以达到经济之目的日趋流行。现代的企业家要有战将的谋略。任何一位出色的企业家都是通晓经济竞争技巧的智勇双全的人物。

创业仅凭匹夫之勇是难以成功的，更精明的头脑、更可靠的方案、更长远的眼光，才是可行的方法。如果没有这些，创业只是一种冒险、一个玩笑。

如今正处于人才化的社会、信息化的社会，体制趋于成熟，消费趋于理智。那种单纯凭借着自己的一技之长，加上胆大就能成为百万富商的年代已经成为过去，仅有一点经济实力和一个好的项目就能在业界独占鳌头的时代也已经成为历史。

4. 自暴自弃

卡尔·马克思曾经说过：“自暴自弃，这是一个永远腐蚀和吞噬心灵的毒蛇，它吸走心灵的新鲜血液，并在其中注入厌世和绝望的毒汁。”可以说自暴自弃是创业成功的头号天敌。

其实大部分创业者在创业过程中都难免遇到大大小小的挫折。真正一帆风顺的创业者少之又少。在失败和挫折面前，积极还是消极态度直接决定了创业者未来的命运。向挫折和失败投降的人，则永远失去了成功的可能；而乐观的态度对于一个创业者和企业来说是至关重要的，跌倒了，可以重新站起来。

5. 计划不明

机遇从来都垂青有明确目标的人，同样，失败之神也很少放过没有明确目标的人。创业的道路上充满着荆棘和艰辛。创业者不能光凭满腔热情和雄心壮志，还需要明确的目标和实现这些目标的周详计划。

计划不明，意味着行动是盲目的。如果一个盲目的人能成功，那么只能说是一种偶然的幸运，而绝不能作为成功的经验尊奉。计划是创业过程中指导性、方向性的东西，计划如果是错误的，或者是不明确的，尤其是关键的地方、关键的步骤不明确，那么失败是不可避免的。

6. 仓促上阵

选择自主创业的人越来越多，但其中也有相当一部分人的创业未能成功。在创业的时候，创业者一定要谨慎投资而不能仓促上阵。

创业英雄榜

砥砺前行、致敬时代

陶胜明是江西外语外贸职业学院国际商务学院毕业生，南昌乐众文化传媒有限公司创始人。他从大二开始选择创业，持续四年时间。2016 年毕业后继续自己的创业项目，在创业路上积累了很多经验。

他第一次接触新媒体的时候源于室友的耐心讲解，他的室友在学校广宣部担任干事，负责的正是网络媒体宣传工作，这使他产生了浓厚的兴趣，文字是如何带来机会的？这背后又有着什么样的商业模式？人人都在说自媒体时代的到来，那么自媒体到底好在哪里？他拉起了一支创业队伍，虽然只有 6 个人，但心中依旧踌躇满志，并注册了公司。毕业后陶胜明选择了在家乡发展，工作环境也只有不过 30 平方米。但每个人都很满足，因为梦想的承载不在于大小，即使残垣破瓦也掩盖不住努力的光芒。当时他们为了能够锻炼自己，接到第一笔业务时恨不得把一天当做两天来用，为了能保证业务的进度，每日都在压榨时间，直到累到深夜趴在桌上睡着，但这睡梦是香甜的，满怀着对未来的期望。

在团队的不懈努力下，公司小有起色，从最开始的 6 个人发展到现在的 12 人。从只有 30 平方米的小房间搬进了写字楼，随着时间的飞逝，他身上的担子更重了，业务增多了，管理的难度不断加大，在这过程之中有过挫折，更有过发不起工资的时刻。

但他只有一句话，最终的胜利才是胜利，暂时的失败也只是眼前的失败。为了能够度过难关，他选择和小伙伴们一同进退，不但一起加班加点，还冲在工作的最前线，用最大的诚意和努力去做好每一个细节。

前段时间由于新冠肺炎疫情的爆发，公司面临了前所未有的困境。原本就处于初创阶段的公司更是雪上加霜，公司的员工因为各种原因不能再回到自己的岗位，第一次他感到束手无策，但是他面对新的挑战没有任何畏惧，他用最快的手段通过各种途径招聘，终于在复工的第一天，把所有的工位都全部招满，重新向着未来启航。

如今公司已经逐渐步入正轨，面对未来的种种挑战他充满了自信，并新增了视频业务，也越发清晰自己未来的选择。再一次回首创业初期的种种，既有辛酸也有感动，辛酸在于历经磨难的挫败，选择上的起起落落；感动在于过去的自己没有倒下，他还是像当初那样对未来寄予憧憬和希望。同时一路走来的成长故事历历在目，回首往事总能看到自己曾经犯下的错，以及如何改正错误继续前行，这种经历是人生最宝贵的财富。

每一个人对于创业的理解都不同，最终的目的也不相同，而他也有了自己对于创业的理解。他认为人生难免遭遇挫折，既然早晚要面对挫折，不如提前面对挫折。创业就是让自己不断挑战的过程，年轻时把苦给吃了，未来才能获得更多的收获。

【课后实训】

实训主题：

案例分析。

实训目的：

通过分析他人的创业项目，学会思辨、评估项目创业风险，寻找项目改进、完善之策。

实训内容：

赵某和他的“朝寝装饰”创业项目

赵某是温州某大学的大三学生，从去年年底开始，他创建了属于自己的创业团队“朝寝装饰”，将目光对准了大学生单一乏味的寝室格局。“虽然是学校寝室，但住的地方总想更舒服一些。”赵某说，他一直想着改变大学里单调乏味的寝室格局，直到有一次，在网上看到国外高校“高大上”的寝室图册，他“动心”了。于是找来几个志同道合的小伙伴，一起组建了创业团队，干起了从来没接触过的“装修业”。

赵某说，他们经过一段时间的准备之后，将目标对准了今年九月份的开学季，一方面开始分发宣传单，另一方面赞助学校的“最美寝室评比”活动。经过两个月时间的宣传，赵某和他的团队们接下了六个寝室的“装修单”，并都交出了方案。这些被装修的寝室有地中海风格、简约法式风格、经典欧美风格和小清新风格等。“目前，寝室装修只是软装修。”赵某说，软装修的主要内容包括贴墙纸、装扮小饰品、搭配地毯等，还有就是做整体的设计和搭配，使装修后的寝室风格统一。赵若铢说，“其实，这些软装修的材料费并不贵，几十块到几百块都有。但关键是，把这些东西整合起来，包括有些小饰品放哪里，怎么改进，都要我们自己设想。”短短两个月的创业，6个寝室的装修单，尚未给赵某和他的小伙伴们带来盈利。

针对自己身边同学的装修需求，赵某称每个单子也只有100～300元的利润空间，但这些利润还远远不及他们目前所支付的广告宣传费及团队的办公支出。“路还长，慢慢来。”赵某说，好的创业想法总能得到更多人的认可。

思考问题：

① 赵某的创业想法怎么样？

② 赵某的创业想法还有哪些需要改进和完善的地方？

实训步骤：

（1）完成案例阅读，运用所学知识进行深入分析。

（2）以团队为单位，派代表做案例分析汇报。

第七章 创业资源整合与融资

名言警句

创业者在企业成长的各个阶段都会努力争取用尽量少的资源来推进企业的发展。他们需要的不是拥有资源，而是控制这些资源。

——［美］霍华德·史蒂文森

案例故事

牛根生的创业故事①

牛根生，中国社会科学院研究生院工商管理硕士，曾到北京大学深造，从事乳业近三十年。牛根生于1999年创办蒙牛乳业，在“一无工厂，二无奶源，三无市场”的困境下开拓进取，使现在的蒙牛“一有全球样板工厂，二有国际示范牧场，三有液态奶销量全国第一的业绩”。目前，蒙牛已在全国14个省级行政区建起20多座生产基地，产品覆盖全国除中国台湾地区外的所有地区。开发的产品有液态奶、冰激凌、奶品等三大系列100多个品种。

在以前的公司工作时，因为业绩突出，公司奖励了牛根生一辆好车。他拿这辆车换了五辆面包车，给几个下属一人一辆。因为他对别人付出得多，别人也对牛根生有更多的回报。当牛根生从原公司出来的时候，以前的400多名下属也追随了过来。

向伊利学习，为民族工业争气，争创内蒙古乳业第二品牌！在这个流行做第一的时代，牛根生的这种反常行为让人有些摸不着头脑。然而，正是这些广告词显示了牛

① 郭天宝，关晓丽，李可．大学生创业教程［M］．大连：东北财经大学出版社，2012：75-76.

根生的智慧。他的示弱，其实是用心良苦的韬光养晦之术。牛根生团队把最大的竞争对手伊利排在广告牌的首位。宣传上是这样，行动上也是这样。据说，当时牛根生招待客户用的是伊利牌矿泉水，单位所用的纯净水也是伊利牌，牛根生团队也决不说抨击伊利的话。

如此高抬竞争对手，就迫使竞争对手必须做出一定的姿态，否则就会丢失“道义”。退一步讲，这也让蒙牛没有了崇高战略的包袱，没有了来自社会各界的压力，轻装上阵，从此迈开了前进的脚步。

牛根生常常讲，蒙牛的衣食父母是“三民”：市民、农民、股民。市民饮奶，农民供奶，股民投资奶。蒙牛成立后，牛根生同时解决了三个问题：第一，让农民找到了市场；第二，发展了具有比较优势的“白色产业”（养牛）和“绿色产业”（种草）；第三，将一大批农民变成了产业工人，初、高中文化程度的人几乎没有再当农民的，他们成为工人后，一个季度的收入就接近原来全年的劳动收入。

在全球股民的资助下，蒙牛成功上市，这也拉动了蒙牛自身的快速发展，促使当地经济水平大幅提升。时至今日，蒙牛已与产品市场的市民、资本市场的股民、原料市场的农民，以及数十万生产大军、销售大军、供应大军，结成“三民＋三军”的“命运共同体”，其也被誉为“西部大开发以来中国最大的造饭碗企业”。

第一节　认识创业资源

一、创业资源及其分类

从管理学的角度讲，资源就是企业作为经济实体，在向社会提供产品或服务的过程中，所拥有或能够支配的可以实现公司战略的各种要素及其组合。在创业过程中，新创企业需要各种生产要素和支持条件。只有将这些要素和条件有效地组合，形成产品或服务，才能创造出新的价值。这些生产要素和支持条件就是创业资源的主要成分。

由于创业者很难拥有创业所需的全部资源，因此，创业者不仅要了解创业所需要的各种资源，还要分析现有资源的状况，明确资源缺口和关键性资源，并选择适当的途径在适当的时机获取适当的资源。

（一）创业资源的内涵

常言道：“巧妇难为无米之炊。”同样，没有资源，创业者也只能望（商）机兴叹。资源就是任何一个主体，在向社会提供产品或服务的过程中，所拥有或者所能够支配的用于实现自己目标的各种要素及其组合。林强和林嵩曾对创业资源给出了学术定义。他们认为，创业资源是企业创立及成长过程中所需要的各种生产要素和支撑条件。奥瓦瑞泽和布森尼兹认为，创业本身也是一种资源的重新整合。简单地说，“创业资源”就是创业者所需具备的一些创业条件。

创业资源是新创企业在创造价值的过程中需要的特定资产，包括有形资产与无形资产，主要表现为创业人才、创业资本、创业机会、创业技术和创业管理等方面。对创业企业来说，创业者是其独特的资源，也是无法用钱买到的资源。

（二）创业资源的类型

1. 社会资本

法国学者皮埃尔·布尔迪厄（Pierre Bourdieu）于20世纪70年代提出社会资本的概念，其代表著作《区分：判断力的社会批判》于1984年被译成英文。杰姆斯·科尔曼（James Coleman）于1988年在《美国社会学学刊》发表的《作为人力资本发展条件的社会资本》一文，在美国社会学界第一次明确使用了Social Capital这一概念，并对其进行了深入的论述。

目前，比较有代表性的社会资本概念，指的是个人通过社会联系获取稀缺资源并由此获益的能力。这里指的稀缺资源包括权力、地位、财富、资金、学识、机会、信息等。当这些资源在特定的社会环境中变得稀缺时，行为者可以通过两种社会联系获取。第一种社会联系是个人作为社会团体或组织的成员与这些团体和组织所建立起来的稳定的联系。个人可以通过这种稳定的联系从社会团体和组织获取稀缺资源。第二种社会联系是人际社会网络。与社会成员关系不同，进入人际社会网络没有成员资格问题，无须任何正式的团体或组织仪式，它是在人们之间的接触、交流、交往、交换等互动过程中发生和发展的。

社会资本能使创业者有机会接触大量的外部资源，通过网络关系降低潜在的风险，加强合作者之间的信任与信誉。有学者通过研究发现：虽然个人的财务资源与其是否成为创业者没有显著关系，但是从创业者个体来看，其获取资源的能力决定了创业活动能否成功启动；创业者常常通过社会网络获取所需的信息和资源，而那些拥有丰富社会资本的创业者往往可借此得到较难获取的资源，或以低于市场的价格购买取得。

根据斯坦福大学研究中心的一份调查显示：一个人赚的钱，12.5%来自知识，87.5%来自基于正常社会经历建立的人际关系。而来自中国的数据显示，社会交往面广、交往对象趋于多样化、与高社会地位个体之间关系密切的创业者，更容易发现创新性更强的创业机会。

2. 人力和技术资源、财务资源、生产经营性资源

从美国学者杰伊·巴尼（Jay Barney）的分类出发，创业时期的资源就其重要性来说，可分为以下三类：组织资源、人力资源、物质资源。由于企业初创时期，其组织

资源最为薄弱，而人力资源最为关键，即创业者及其团队的知识、能力、洞察力、经验及社会关系会影响到整个创业过程的开始与成功，同时，在企业初创时期，专门的技能或知识往往掌握在创业者等少数人手中，因而此时的技术资源事实上已和人力资源紧密结合，并且上述两种资源可能成为企业竞争优势的重要来源。在物质资源中，创业时期的资源最初主要为财务资源和少量的厂房、设备等。细分后的创业资源经过重新归纳，主要分为以下几种：① 人力和技术资源，包括创业者及其团队的能力、经验、社会关系及其掌握的关键技术等；② 财务资源，即以货币形式存在的资源；③ 生产经营性资源，即在企业初创时期所需的厂房、设施、原材料等（图 7-1）。

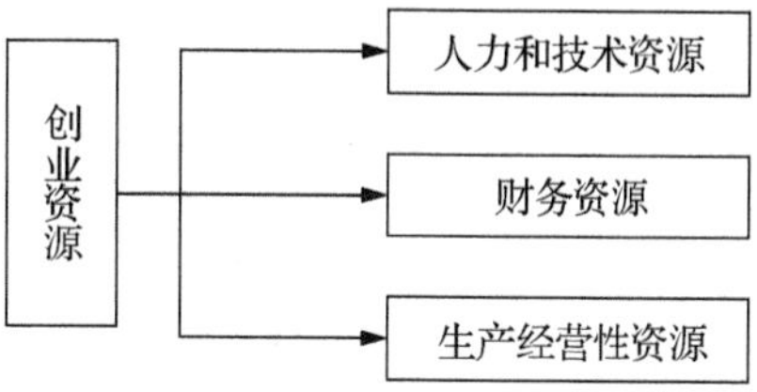

图 7-1 创业资源细分概念模型图

3. 自有资源和外部资源

自有资源来自内部积累，是创业者自身所拥有的可用于创业的资源，如创业者自身拥有的可用于创业的自有资金、自己拥有的技术、自己所获得的创业机会信息、自建的营销网络、控制的物质资源、管理才能等。甚至在有的时候，创业者所发现的创业机会就是其所拥有的唯一创业资源。

外部资源可以包括朋友、亲戚、商务伙伴或其他投资者、投资人资金，或者包括借到的人、空间、设备或其他原材料（有时是由客户或供应商免费或廉价提供的），或者是通过提供未来服务、机会等换取到的，有些还可能是社会团体或政府资助的管理帮助计划。外部资源更多地来自外部机会，而外部机会在创业初期起着决定性作用。创业者在开始创业的时期面临资源供给小于需求的问题。一方面，企业的创新和成长必须消耗大量资源；另一方面，企业自身还很弱小，无法实现资源自我积累和增值。所以，企业只有识别机会，从外部获取充足的创业资源，才能实现快速成长，这也是创业资源有别于一般企业资源的独特之处。在企业的创立和早期成长阶段，对创业者来说，运用外部资源是一种非常重要的方法，其中的关键是具有资源的使用权并能控制或影响资源部署。

自有资源的拥有状况将在很大程度上影响甚至决定我们获取外部资源的结果。“打铁还需自身硬”，立志创业者首先要致力扩大、提升自有资源。自有资源的拥有状况（特别是技术和人力资源）可以帮助创业者获得和运用外部资源。

4. 要素资源和环境资源

按照资源对企业成长的作用，资源可分为两大类，对于直接参与企业日常生产、经营活动的资源，我们称之为要素资源；未直接参与企业生产，但其存在可以极大地提高企业运营水平的有效性资源，则称为环境资源。要素资源和环境资源的具体分类见表 7-1。

表 7-1 要素资源和环境资源的分类

资源分类		资源内容
要素资源	场地资源	场地内部的基础设施建设，便捷的计算机通信系统，良好的物业管理和商务中心，周边方便的交通和生活配套设施，等等
	资金资源	及时的银行贷款和风险投资，各种政策性的低息或无偿扶持基金，写字楼或者孵化器所提供的便宜的租金，等等
	人才资源	高级科技人才和管理人才，高水平专家顾问队伍，合格的员工，等等
	管理资源	企业诊断，市场营销策划，制度化和正规化企业管理的咨询，等等
	科技资源	对口的研究所和高校科研力量的帮助，与企业产品相关的科技成果，进行产品开发时所需要用到的专业化的科技试验平台，等等
环境资源	政策资源	允许个人从事科技创业活动，允许技术入股，支持国内与海外的高科技合作，为留学生回国创业解决户口、子女入学等后顾之忧，简化政府的办事手续，等等。
	信息资源	及时的宣传和推介信息，丰富的中介合作信息，良好的采购和销售渠道信息，等等
	文化资源	高科技企业之间相互学习和交流的文化氛围，相互合作和支持的文化氛围，相互追赶和超越的文化氛围，等等
	品牌资源	借助大学或优秀企业的品牌，借助科技园或孵化器的品牌，借助社会上有影响力的人士对企业的认可，等等

二、技术资源是创业最关键的资源

创业企业是否掌握创业需要的核心技术，是否拥有技术的所有权，决定着企业的成本，决定着企业能否在市场中取得成功，而对于依托高科技创业的企业而言更是如此。例如，国外软件在中国能够很快被汉化，关键在于不少企业掌握了软件汉化的核心技术。

一般在创业初期，核心技术是最关键的资源。一是因为创业核心技术是决定创业产品的市场竞争力和获利能力的根本因素；二是因为创业技术是否为核心技术决定了所需创业资本的大小——对于技术上为非根本创新的创业企业来说，创业资本只要保持较小的规模便可维持企业的正常运营；三是从创业阶段来说，由于企业规模较小，对管理及人才的需求不像成长期的需求那么大，因此，技术成为创业初期最关键的资源。例如，微软公司之所以获得成功，就是因为它拥有独特的创业核心技术。

- 案例分享

一些看起来很有市场前景的“商机”，企业如果没有拥有或者控制核心技术就贸然进入，必然很快会遭受重创。北京师范大学国际贸易专业的学生胡某和 7 位同学筹资12万元，注册成立了思迈人才顾问有限公司。胡某任总经理，并建立了专业的人才网站——思迈人才网。他们公司的主旨是为企业和个人提供人才评估、咨询、培训、交流、猎头、人事代理等服务，为高校毕业生就业开通“绿色通道”，提供求职培训、素质测评、推荐安置工作等服务。该项目看起来很有市场前景，但项目开展中也有许多问题。该团队中没有一个人拥有评估、咨询、培训、猎头及人事代理的核心技术甚至运营经验；而开业之初，由于人才网络、企业网络没有运作起来，各种服务项目没法开展。于是，胡某决定从最基础的为大学生找家教和其他兼职做起。公司创立仅仅3个月，净亏7.8万元。最后，他以1元钱价格把思迈转卖给了一个博士生。①

新创企业由于资金和人力资源的相对短缺，不可能像大企业那样在研发上投入巨额资金和大量人力来形成某项核心技术。新创企业的核心技术可能仅仅是在某项技术的某一个方面与其他同类企业相比具有比较优势，这也是新创企业的核心资源。同时新创企业成立和发展所依赖的技术还包括起步项目需要的技术，发展到一定阶段后拓展业务需要的技术，以及解决技术瓶颈所需要的技术。这些都是企业的资源。

三、人力资源是核心资源

人力资源不仅指创业者及其团队的特长、知识和激情，而且包括创业者及其团队拥有的能力、经验、意识、社会关系、市场信息等。美国苹果电脑公司创立人史蒂夫·乔布斯曾经说过：“刚创业时，最先录用的10个人将决定公司成败，而每一个人都是这家公司的十分之一。如果10个人中有3个人不是那么好，那你为什么要让你公司里30%的人不够好呢？小公司对于优秀人才的依赖要比大公司大得多。”

由于资金和市场是企业初创时期最大的困难，许多初创企业将大部分的精力都投入了融资和开拓市场方面。这样往往使得他们没有更多的精力顾及人力资源管理。所以，我们常常看到大量初创企业是靠同学圈、朋友圈组建的，管理完全是家族式的，更多地依靠情感进行，而不是有规范制度的人力资源管理。这种低层次的人力资源管理所隐含的弊端在企业初创期还不会凸显，但并不是说不会发生问题。在科技型的初创企业中，由于中小企业规模小、人数少，加上知识型特有的工作性质，员工往往一人多用。因此，哪怕是一名主力人员的流失，也有可能导致整个项目中途夭折，给企业带来巨大的损失。所以，建立一支高素质、高水平的创业团队和规范化的管理制度，对于新创企业的长期发展具有重大意义。

---

① 张志宏，崔爱惠，刘轶群．大学生创新与创业训练教程［M］．北京：现代教育出版社，2017：149-150.

· 案例分享

马云的“十八罗汉”与史玉柱的“四大金刚”

无论公司陷入怎样的困境，史玉柱、马云的核心成员都只会选择追随。在史玉柱二次创业初期的很长一段时间内，身边的人连工资都发不出。但是有4个人始终不离不弃，他们后来被称为4个火枪手：史玉柱大学时期的“兄弟”陈国、费拥军、刘伟和程晨。

马云创业的时候，初期的50万元是18名员工一起凑出来的，9年过去后，这18个人中有做到总裁级的孙彤宇，也有做到经理的麻长炜。

孔雀型的领导风格

这种非常的凝聚力正是史玉柱与马云共有的特征之一。史玉柱有时使用着极端的管理方式。脑白金战役时，员工们疯狂地工作、疯狂地加班。史玉柱经常会在员工加班的时候动不动就发几千元的奖金。

在一些人眼中，史玉柱带着邪气，在刘伟等内部人看来，史玉柱是个重情重义的人。2002年，陈国遭遇车祸去世。史玉柱连夜从兰州飞回上海。全公司停掉所有业务给陈国办后事。此后每年清明，史玉柱都会带着公司高层去祭奠。高层用车，也只用SUV，并禁止在上海之外自驾车。与史玉柱一起爬过珠峰的费拥军说起追随多年的理由，用的是“亲情”一词。在公司财务困难的时候，程晨甚至会从家里借来钱援助史玉柱。

马云对阿里巴巴的“十八罗汉”也有着不寻常的影响力。

“无论什么时候看到他，你在他眼中看到的都是自信，跟他在一起充满了活力。”阿里巴巴创始人之一戴珊说。“在你绝望的时候能让你看到希望，能跟着走。”刘伟也如此评价史玉柱。

马云与史玉柱都具备领导者必须具备的核心特征：提出大家都认同的愿景，并使用有效的激励手段。从创业的第一天起马云就宣称，阿里巴巴会成为最伟大的电子商务公司。他也让部将们相信，公司上市时，会得到更多。1998年，从珠海去无锡的面包车中，史玉柱对那些20个月没领工资的追随者承诺，将来有了钱，一定会补偿。在他走上征途的时候，他会告诉员工们一个梦，说巨人网络将来会上市。尽管那时候，外人几乎不相信。

尽管同为孔雀型，在关系处理上，史玉柱与马云还是有所不同的。马云与“十八罗汉”更多的是师生、朋友、伙伴关系。不懂网络技术的他提出愿景，放手让部将去做业务与管理。对实操擅长的史玉柱，与部将则是一种被追随者与追随者的关系。他充分放权，但也会在每次商业的成败关键环节亲力亲为。做脑白金时，他亲自调研了

300 名顾客。对于公司将要发的软文，他与大家一起按十大标准篇篇审核。追随而非伙伴关系，与史玉柱的经历有关。1989 年第一次创业时，2 名员工与史玉柱在利润分配和股份多寡上发生争执。史玉柱一怒之下摔了 2 台 IBM 286 计算机。从那时起，他就决定，今后身边的人将只是追随者而非合作者。他从来都只考虑子公司与人共股，母公司一定自己控制。对手下，他更喜欢的是战术人才，而非战略人才。

空降兵与内部人

在人才的使用上，马云看重职业经理人和“空降兵”。创业的第一天，他就和“十八罗汉”说，你们只能做排长、连长，军长我另请高人。阿里巴巴上市后，除他本人外，获得股份最多的不是跟随他的“十八罗汉”，而是上市 11 个月前才从百安居“空降”过来的 CEO 卫哲。

史玉柱则不然，关键岗位上用的都是跟他一起打拼、经历过生死的人。在他看来，内部的员工就像是地底长出的树根。他感激困难时期几年没拿工资的陈国与费拥军。他也曾为强化内部管理，“空降”了当时方正的一位高管，结果出了乱子。经历了二次艰难创业，对于那些内部人，史玉柱最看重的还是德行，他自信 5 年时间能看出一个人的德行，当然也包括已经熟悉多年的人。上市后，史玉柱对人才是否会流失有两点看法：一是待遇；二是员工的自我价值实现。史玉柱给员工的是 5 年期权。

在员工管理上，史玉柱只关注骨干层。这群人的数量有二三十人。这一点是他认为一直做得不错的。二次创业以来，“我的骨干一个都没有走。再底层我也管不着。骨干没管好，下面的人有可能会走。”对马云来说，他喜欢的是唐僧的团队组合，而不是刘备团队的完美。在《赢在中国》中，他说：“今天的阿里巴巴，我们不希望用精英团队。如果只是精英们在一起肯定做不好事情。我们都是平凡的人。平凡的人在一起做一些不平凡的事，这就是团队精神。”

第二节　整合创业资源

所谓资源整合，就是把企业所拥有的社会资源、自然资源、信息资源等在时间和空间上加以合理配置、重新组合，以实现资源效用的最大化。创业企业最理想的条件是能同时拥有上述各种创业资源，这样的企业很快就能实现创业目标。但国内外企业的创业实践表明，只有极少数创业企业能够同时拥有这些资源，绝大多数创业企业只拥有其中的一种或几种资源。在当今创业时代，人们对创业所需资源的态度正在转变，“在乎其所用，而不在乎其所有。”能否实现创业目标，关键在于创业者个人的经营能力和整合这些资源的能力。

一、资源整合的内容

（一）市场资源的整合

由于市场区分越来越细，全球各大企业开始合作构建商品和服务范围更广的联合电子市场。这种市场被称作市场间（Market to Market）电子商务市场，即各个市场横向合而为一。

新创企业在发展过程中，依靠与企业外部上下游资源，企业外相关企业、相关业务资源的整合，增强企业自身竞争实力。在电子商务时代，这个规律仍然不变。并购的热潮及协同商务、市场间电子商务等现象的出现让我们看到了企业在整合资源、节约成本、实现利润最大化的过程中所做的探索和尝试。新创企业应该利用这种时机与优势，最大化地利用企业内外部的市场资源，弥补自身的不足，开拓更大、更广泛的市场，降低成本，以增强企业的竞争力。

（二）信息技术资源的整合

信息技术是大小企业之间的平衡器。有效利用信息技术资源能使新创企业充分利用后发优势，尽快缩短与行业内其他企业的差距。信息技术资源的整合包括选择和应用能使企业更强大和更具竞争力的信息技术。信息技术把小企业与大客户、潜在客户和供应商紧密地联系在一起。信息技术可以使小企业降低费用、更好地利用固定资产、节省时间和提高员工士气。客户、供应商和员工尊敬那些有良好系统和信息技术的企业，因为这些良好的系统和信息技术给企业塑造了一个良好的形象。

（三）人力资源的整合

人力资源的整合是新经济时代的新理念，是在人力资源开发理论基础上提出的新命题。人力资源整合包括测试、评估、调整、配置等一系列手段，指对现存的、已开发的人力资源进行结构性的优化、重组，以释放其最大能量。人力资源的整合通常具有群体性，其核心是整体规划、优化配置、有序组织、合理使用。这是一项极具科学性的系统工程，它通过制度和文化的整合、结构和体制的优化、知识和经验的共享来发挥整体合力，达到既定的目标。新创企业进行人力资源整合，应该具有新思路、新做法，从而构成一种全新的工作格局。人力资源整合中必须遵循以下基本原则。

第一，整体规划和协调原则。指对人力资源整合的整体设计、布局、运筹及对整个系统要素或要素与系统之间关系的协调，目的是使人力资源整体能量发挥最优化。

第二，合理配置和使用原则。指人力资源整合中的调配、实践和具体运用，它要解决的是每一个成员的个体能量和共性能量适时发挥的问题。

第三，人本至上原则。这是坚持以人为中心的现代管理思想，它体现了几方面的内容：社会的主体是人；有效管理的关键是全体成员的参与；现代管理的核心是如何使人性得到最完美的发挥；管理不是压制，管理的根本是服务人、尊重人、依靠人、培养人和发展人。

第四，效益绝对原则。管理的实质是要在最大限度上取得效益，这是人们不懈追求的目标，是经济发展和社会进步的永恒主题。人力资源整合的目的就是充分发挥个人和整体的力量，去实现社会效益和经济效益的最大化。

第五，责任第一原则。管理是追求效益的过程，而管理的关键是责任的落实。在管理的过程中，要体现人力资源整合的效应，要发挥人的潜能，就必须在合理分工的基础上明确规定其所承担的、与工作任务相对应的所有责任。

企业在创建初期及发展阶段，在人力资源上有很大的限制，因此，必须培训一些经理人员，使之能够胜任多项任务。例如，一个人可以对所有与客户有关的部门负责，而另一个人对所有与运营有关的部门负责。创业者要利用好外部的服务、顾问部门，可聘用兼职和退休的职员；要聘用合适的员工，并给予适当的报酬，对之进行有效培训；要采取适当的业绩评估办法，激励员工；要利用现代信息技术来有效地管理人力资源。

（四）财务资源的整合

财务资源的整合是资源整合的关键环节。要理顺创业企业的内部经济关系，加强内部财务资源的整合与共享。财务资源整合的目的在于既要合理合法地辨识企业中的各项财务资源，又要快速调动企业的财务资源，实现资源整合优势和协同优势。

正确地控制和管理财务资源将有助于增加企业的销售额，并使得公司能够从中获得利润。财务资源随着行业、组织及商业类型的不同而不同。创业者要决定哪些是关键点，首先要考虑公司大部分的收益、资金来源于何处及花费于何处，通俗地说，就是要了解钱的来龙去脉 。例如，有多少收入被用来购买原材料或支付工资，有多少现金流被存货、应收账款或资本支出占用，使用什么样的指标和利润率作为公司现在和未来成功的标志，单位产品的毛利、收入与劳务支出的差额，每单位产品的平均销售价格，原材料的成本，客户满意度，应收账款账龄，现金流，营运资本或净资产，等等。

创业者将销售预测和费用预算与关键利润和利润率的控制结合起来，构成整个公司强大的控制系统。例如，女士运动服装公司的管理者知道，如果公司出售给零售商400 万元的产品，每一款式能得到至少 35% 的利润，而且销售费用和管理费用不超过120 万元，那么公司将会得到至少 20 万元的税前利润，并且适当控制应收账款和存货，将会产生稳定的现金流。公司的主要风险包括：是否有足够的存货、维持价格的能力、失去主要客户或销售人员及整体经济形势的恶化。公司总裁和部门经理每月要一起核查项目预算费用和实际费用，将实际销售量和发货量与总体预测量及大客户预测数量进行比较，对每一个产品线、每个大客户和公司的毛利与预测值进行比较。对于这些过程应该实时监控，如果有必要，就应该采取相应的纠错措施。

二、资源整合的途径

（一）获取人力资源的途径

这里的人力资源不是指企业成立以后需要招募的员工，而是指创业者及其团队拥有的知识、技能、经验、人际关系、商务网络等。大学生在创业前，如果有可能，可以在读书期间做一些产品的校园或者地区代理，不管是热水袋、拖鞋、牛奶、化妆品，还是手机卡、数码产品。在这个过程中既能赚些钱，增长关于市场的知识，还可以锻炼组织能力。大学生也可以考虑进入一个企业为别人工作，通过打工学习行业知识，建立客户资源渠道，了解企业运作的经验，学习开拓市场的方法，了解赢利模式。若为了创业而到一个公司工作，应该选择创业型小公司。

（二）获取技术资源的途径

获取起步项目所依赖技术的途径主要有：吸引技术持有者加入创业团队；购买他人的成熟技术，并进行技术市场寿命分析等；购买他人的前景型技术，再通过后续的完善开发，使之达到商业化要求；自己研发，但这种方式时间长、耗资大。

（三）获取市场和政策信息资源的途径

创业者应该随时关注各高校实验室、老师或者学生的研发成果，定期去国家专利局查阅各种专利，养成及时关注科技信息、浏览各种科技报道、留意科技成果，从中发现具有巨大商机的技术的习惯。一般而言，获取市场和政策信息的途径主要有：政府机构、同行创业者或同行企业、专业信息机构、图书馆、大学研究机构、新闻媒体、会议及互联网等。对于这些信息途径，创业者可以根据自己的实际情况，选择一种或多种，尽可能获取有效的、有需要的信息。

（四）获取外部资金资源的途径

外部资金资源一般可通过以下五种途径获得：① 依靠亲朋好友筹集资金，双方形成债权债务关系；② 抵押、银行贷款或企业贷款；③ 争取政府某个计划的资金支持；④ 所有权融资，包括吸引新的拥有资金的创业同盟者加入创业团队，吸引现有企业以股东身份向新企业投资、参与创业活动，以及吸引企业孵化器或创业投资者的股权资金投入等；⑤ 制订一个详尽可行的创业计划，以吸引一些大学生创业基金甚至风险投资基金。

三、资源整合技巧

创业者能否成功地发现机会，进而推动创业活动向前发展，通常取决于他们掌握和整合到的资源，以及对资源的利用能力。许多创业者早期所能获取与利用的资源都相当匮乏，而优秀的创业者在创业过程中所体现出的卓越创业技能之一，就是创造性地整合和运用资源，尤其是那种能够创造竞争优势，并带来持续竞争优势的战略资源。一方面，创业者要借助自身的创造性，用有限的资源创造尽可能大的价值；另一方面，更要设法获取和整合各类战略资源。

（一）善用资源整合技巧

为了确保公司持续稳定地发展，创业者在每个阶段都要问自己，怎样才能用有限的资源创造更多的价值。

1. 学会整合

很多创业者都是整合高手，将一些新元素与已有的元素重新组合，进而带来意想不到的惊喜。创业者通常利用身边能够找到的一切资源进行创业活动。有些资源对他人来说也许是无用的、废弃的，但创业者可以通过自己的独有经验和技巧，对这些资源加以整合创造，化无用为有用。例如，很多高新技术企业的创业者并不是专业科班出身，可能是出于兴趣或其他原因，对某个领域的技术略知一二，却凭借这个略知一二敏锐地发现了机会，并迅速实现了相关资源的整合。

整合已有的资源，快速应对新情况，是创业的利器之一。创业者善于用发现的眼光，洞悉身边各种资源的属性，将它们创造性地整合起来。这种整合很多时候甚至不是事前仔细计划好的，而往往是具体情况具体分析、“摸着石头过河”的产物。而这也正体现了创业的不确定性，并考验创业者的资源整合能力。

2. 步步为营

创业者分多个阶段投入资源并在每个阶段投入最有限的资源，这种做法被称为“步步 为营”。步步为营的策略首先表现为节俭，设法降低资源的使用量，降低管理成本。但过分强调降低成本，会影响产品和服务质量，甚至会制约企业的发展。比如：为了求生存和发展，有的创业者不注重环境保护，或者盗用别人的知识产权，甚至以次充好。这样的创业活动尽管短期可能赚取利润，但长期而言，发展潜力有限。所以，创业者需要“有原则地保持节俭”。

步步为营策略表现为自力更生，减少对外部资源的依赖，目的是降低经营风险，加强对所创事业的控制。很多时候，步步为营不仅是一种做事最经济的方法，也是创业者在资源受限的情况下实现企业理想目的和目标的途径，更是在有限资源的约束下获取满意收益的方法。习惯于步步为营的创业者会形成一种审慎控制和管理的价值理念，这对创业型企业的成长及企业向稳健成熟发展期的过渡尤其重要。

（二）发挥资源杠杆效应

资源杠杆效应就是以尽可能少的付出获取尽可能多的收获。资源杠杆效应的发挥是一 个创造性的产生过程。美国著名的投资银行家罗伯特·库恩（Robert Kuhn）说过：一个创业者要具有发现价值和创造价值的能力，要具有在沙子里找到钻石的本事，识别一种没有被完全利用的资源。资源杠杆效应体现在以下两方面：① 尽量延长资源的使用寿命；② 更充分地利用别人没有意识到的资源，或利用他人或者别的企业的资源来完成自己创业的目的，即用一种资源弥补另一种资源，产生更高的复合价值。

对创业者来说，容易产生杠杆效应的资源，主要包括人力资本和社会资本等非物质资源。创业者的人力资本由一般人力资本与特殊人力资本构成。一般人力资本包括受教育背景、以往的工作经验及个性品质特征等。特殊人力资本包括产业人力资本（与特定产业相关的知识、技能和经验）与创业人力资本（如先前的创业经验或创业背景）。调查结果显示，特殊人力资本会直接作用于资源获取，有产业相关经验和先前创业经验的创业者能够更快地整合资源，更快地实施市场交易行为。而一般人力资本使创业者具有知识、技能、资格 认证、名誉等资源，也提供了同窗、校友、老师及其他连带的社会资本。

相比之下，社会资本有别于物质资本、人力资本，是社会成员从各种不同的社会结构中获得的利益，是一种根植于社会关系网络的优势。在个体分析层面，社会资本是来自并浮现在个体关系网络之中的真实或潜在资源的总和，它有助于个体开展目的性行动，并为个体带来行为优势。与外部联系人之间社会交往频繁的创业者所获取的相关商业信息更加丰富，使创业者更容易识别出常规商业活动中难以被其他人发现的顾客需求，进而更容易获得财务和物质资源——这正是其杠杆作用所在。

（三）充分利用已有的创业资源

高校大学生创业存在严重的信息不对称问题。其身边有不少的创业资源，还没有被知晓、了解，更谈不上加以运用了。目前高校系统聚集了大量的可以帮助大学生创业的资源。有创业意愿的大学生应该留意身边的这些资源，并加以充分利用。这不但能更好地增强自己创业判断分析和把握机遇的能力，而且可能孕育很好的机会。

1. 高校创业教育与创业指导

各高校几乎均有创业课程、创业者协会、科技和发明协会，以及讨论或者实践创业的学生社团、沙龙、论坛和讲座等。这些团队里有规章，有固定的活动时间，学生们可以和志同道合的朋友交谈，甚至有时候可能会有向成功企业家请教的机会。创业创新课程不仅由学校的老师来讲，也会邀请校外企业家授课，采用大班讲座、小班操练、案例剖析、创业比赛、专家辅导、实战模拟等一系列创新的教育方法和手段，帮助同学们对创业要素、创业过程及创业者所涉及的问题有更为透彻全面的了解。

2. 创业基金

为鼓励创业，政府出台了一系列支持计划，不同部门设置了不同的大学生创业基金，各地也先后出台了有关计划并设置了相应的基金。另外，很多高校或者学生社团组织也设置了大学生创业基金。这些政策措施及计划、基金切实地帮助了很大一部分青年大学生创业。

（四）有限资源的创造性利用

1. 资源的利用效率

经营活动的效率，就是对各种资源的利用效率，但是资源的利用效率总是达不到百分之百，即企业内部总是存在未利用资源。资源利用效率是指将投入资源与产出和收益相比较而获得的指标。资源的利用效率最终体现在财务的收入上。很多财务指标可以用于衡量资源的利用效率，如体现单位总资产与净资产的销售收入和销售利润、劳动生产率（人均收入或人均利润）、存货周转率与应收账款周转率等。

2. 资源重复利用

资源重复利用包括技术资源、品牌资源、制造资源、营销网络资源、管理资源的重复利用。

（1）技术资源的重复利用。特定技能或技术的使用次数越多，就表示资源杠杆运用越充分，资源的利用效率越高。例如，夏普将本身开发成功的液晶显像技术陆续应用于计算机、电子记事簿、迷你电视、大荧幕投射电视及手机中。

（2）品牌资源的重复利用。再生利用并不限于科学技术，品牌也可以再生利用。高知名度的企业推出全新的产品，至少可以让顾客“考虑购买”大牌制造商制造的产品。这些大牌制造商的产品和其他默默无闻的同期新产品比起来已经占有高知名度的竞争优势了。

（3）制造资源的重复利用。保持制造资源的充分弹性，即迅速调整生产线进而制造另一种产品的能力是制造资源重复利用的前提条件。在网络经济下通过把高度分散的制造能力组合成必要的制造资源以响应市场机遇的协作式伙伴关系将迅速发展。当市场机遇消失时，这些资源将同样迅速地解散。创业企业保持资源的弹性，保持资源的重复利用非常重要。

（4）营销网络资源的重复利用。某一企业开发出了一系列产品，若共用一个销售网络，可以降低营销成本，充分利用营销网络资源。但当产品差异化比较大时，特别在售后服务环节存在巨大差异时，且不同产品对营销网络资源有差异化的要求时，实现营销网络资源的重复利用有一定障碍。

（5）管理资源的重复利用。转移工厂的作业，完善原有经验并应用于其他工厂；同一系统应用于同一产品系列；迅速广泛地应用一线员工的良好构想，以及暂调有经验的主管赴供应商处驻厂指导，等等，这些均属于管理资源的重复利用。

3. 资源的快速回收

加快资源回收是资源杠杆运用的重要领域。公司赚钱越快，回收的资源就越快，就越能再加以利用。如果投入的资源相同，甲公司回收利润的时间只是乙公司的一半，则表示甲公司享有两倍于乙公司的杠杆运用优势。

4. 资源的融合

通过融合不同种类的资源，各种资源的价值将随之提升。例如，抢先进入一个科技领域，并获得领导地位固然重要，但若公司拙于调和这些科技，使既有科技不能持续扩充，就未能进行资源杠杆运用。因此，就算公司在许多单项科技领域领先，也无多大实质意义。只有培养出一批通才，有效整合不同科技，才能真正发挥竞争优势。

• 案例分享

阿里巴巴的融资始末[①]

阿里巴巴，中国最大的网络公司、世界第二大网络公司，是由马云在1999年创立的企业对企业的网上贸易市场平台。2003年5月，阿里巴巴投资1亿元人民币建立了个人网上贸易市场平台——淘宝网。2004年10月，阿里巴巴投资成立支付宝公司，面向中国电子商务市场推出基于中介的安全交易服务。阿里巴巴在香港成立公司总部，在中国杭州成立中国总部，并在海外设立硅谷、伦敦等分支机构和合资企业3家，在北京、上海、浙江、山东、江苏、福建、广东等地区设立分公司和办事处十多家。阿里巴巴已经历了以下几次融资。

（1）创业伊始，第一笔风险投资救急。1999年年初，马云决定从北京回到杭州创办一家能为全世界中小企业服务的电子商务网点。回到杭州后，马云和最初的创业团队开始谋划一次轰轰烈烈的创业。大家集资了50万元，在马云位于杭州湖畔花园的100多平方米的家里，阿里巴巴诞生了。

有了一定名气的阿里巴巴很快也面临了资金的瓶颈：公司账上没钱了。当时马云开始去见一些投资者，但是他并不是有钱就要，而是精挑细选。即使囊中羞涩，他还是拒绝了38家投资商。马云后来表示，他希望阿里巴巴的第一笔风险投资除了带来钱以外，还能带来更多的非资金要素，如进一步的风险投资和其他的海外资源。而被拒绝的这些投资者并不能给他带来这些。

时任阿里巴巴CFO的蔡崇信利用高盛投资银行的旧关系为阿里巴巴解了燃眉之急。以高盛为主的一批投资银行向阿里巴巴投资了500万美元。这一笔“天使资金”

① 张月云，张晗，李晓云. 创业基础［M］. 天津：南开大学出版社，2019：157-159.

让马云喘了口气。

（2）第二轮投资，挺过互联网寒冬。更让他意料不到的是，更大的投资者也注意到了他和阿里巴巴。1999 年秋，当时的亚洲首富日本软银总裁孙正义约见了马云。孙正义直截了当地问马云想要多少钱，而马云的回答却是他不需要钱。孙正义反问道："不缺钱，你来找我干什么？"马云的回答却是："又不是我要找你，是人家叫我来见你的。"

这个经典的回答并没有触怒孙正义。第一次见面之后，马云和蔡崇信很快就在东京又见到了孙正义。孙正义表示将给阿里巴巴投资 3 000 万美元，占 30% 的股份。但是马云认为，钱还是太多了。经过 6 分钟的思考，马云最终确定接受 2 000 万美元的软银投资。阿里巴巴管理团队仍绝对控股。

从 2000 年 4 月起，纳斯达克指数开始暴跌，长达两年的熊市寒冬开始了，很多互联网公司陷入困境，甚至关门大吉。但是阿里巴巴安然无恙，很重要的一个原因是阿里巴巴获得了 2500 万美元的中小企业融资。

（3）第三轮中小企业融资，完成上市目标。2004 年 2 月 17 日，马云在北京宣布，阿里巴巴再获 8200 万美元的巨额战略投资。这笔投资是当时国内互联网金额最大的一笔私募投资。2005 年 8 月，雅虎、软银再向阿里巴巴投资数亿美元。

2007 年 11 月 6 日，阿里巴巴 B2B 业务在香港联交所正式挂牌上市，正式登上全球资本市场的舞台。随着这家 B2B 航母登陆香港资本市场，此前一直受外界争论的 B2B 能不能成为一种商业模式的问题也有了结果。

阿里巴巴的上市，是全球互联网业第二大规模中小企业融资的结果。在此次路演过程中，许多投资者表示，错过了谷歌，不想再错过阿里巴巴。

马云对风险投资的评价是：VC（风险投资家）永远是舅舅。

马云说："跟风险投资谈判，腰挺起来，但眼睛里面是尊重。你从第一天就要理直气壮，腰板挺直。当然，别空说。你用自己的行动证明，你比资本家更会挣钱。我跟 VC 讲过很多遍，既然觉得你比我有道理，那你来干，对不对？"

马云认为："创业者和风险投资商是平等的。VC 问你 100 个问题的时候你也要问他 99 个问题。在跟 VC 沟通的过程中，不要觉得 VC 是爷，VC 永远是舅舅。你是创业这个孩子的爸爸妈妈，你知道把这个孩子带到哪儿去。舅舅可以给你建议、给你钱，但是肩负着把孩子养大责任的是你。VC 不是来替你救命的，只是把你的公司养得更大。"

（五）以众筹为资源整合利器

众筹是聚集众人的力量及资金来完成某件事情。在众筹网上，创业者可以通过视频、图片、文字等形式把创业计划、经营想法或某款创新型产品及服务发布到网站上，并预估所需的目标资金、筹款天数及对支持者的回报。如果网友（支持者）对该项目感兴趣，他们可以用资金支持项目。当项目在筹款天数内达到了目标资金，就成功筹到资金了。在众筹过程中，创业者筹集到的不仅仅是资金，更是丰富的宣传推广、市场渠道、需求调研和客户资源。

人们在考察众筹发展历程的时候，无论如何都无法回避 Kickstarter，这个诞生自一个期货交易员之手的公司创造了太多众筹的新鲜模式和情怀，打破了太多众筹界的纪录。陈佩里（Perry Chen）创立这家公司的初衷是要解决人们在实现梦想的过程中由于资金问题面临的困境。

陈佩里是一个期货交易员，同时也是一个狂热的艺术爱好者。一场由于资金而搁浅的音乐会让陈佩里萌生了通过众筹手段解决梦想者面临资金难题的念头。于是，陈佩里创立 Kickstarter，通过粉丝预先付费的方式筹集到了开办音乐会所需的资金。粉丝也通过预先付费获得了超值的回报，同时也因为成就了他人的梦想而具有更多的成就感。因此，这个世界上第一家众筹平台在成立之初就将它与梦想者的情怀紧密联系在了一起，并试图通过借助互联网的力量助力这些梦想的实现。

Kickstarter 的成功，让所有心怀梦想的人看到了这样一种可能：只要你有梦想，只要你的梦想切实可行，你就一定可以通过互联网世界寻找到你的支持者。他们可以给你提供实现梦想的资金、市场、资源。你在实现梦想的道路上将面临更少的风险，得到更多的支持。

从产品及项目本身的角度来看，众筹能够极大地吸引广大用户对产品和项目的关注，轻松实现项目的宣传。有的项目产品甚至还没有上线，借助众筹平台就已经达到了非常火爆的地步。于是很多初创企业开展众筹的目的，除了融资之外，还有另外一层深意：品牌宣传。

从创业长期发展的角度来看，众筹也很好地帮助创业团队争取到了长期支持者。虽然这些人不会直接参与公司的任何运作、管理，但是他们都是产品及项目的铁杆粉丝，并且日后有可能成为团队的成员之一。这对于初创公司的发展同样有着极大的帮助。

2014 年年底，国务院总理李克强开始号召“大众创业、万众创新”。“双创”之风开始席卷全国。众筹，以其对创新创业的天然的支撑，开始进入新一轮的爆发期。预计到 2025 年，发展中国家的众筹规模将达到 960 亿美元，而中国将占据 500 亿美元。中国传统的“熟人社会”和“圈子文化”将成为众筹发展的肥沃土壤。

• 案例分享

教育众筹：素质教育"爱梓模式"

爱梓教育是北京爱梓教育投资管理有限公司旗下的品牌，是中国第一个明确提出素质教育具体内容和参与素质教育实践的企业，已构建起国内领先的青少年素质教育平台。爱梓教育以全面提升青少年综合素质为己任，将素质教育与应试课程全面对接，目前已经开发了军事拓展系列、超强大脑系列、超强口才系列、国际插班系列等产品，成为素质教育行业的领跑者。

爱梓教育2015年上半年落地武汉后，亟须尽快在湖北省各地市建立营销渠道。这使得爱梓教育面临两难选择：如果采用直营店的方式开展经营，将耗费数以千万计的投资及大量的人力和物力到各地考察、选址、招聘、装修、招生…… 如果选择招商加盟的方式，又会使得公司陷入控制力缺失、品牌管理不严的困境。在这种情况下，爱梓教育与梦想众筹网经过反复推敲，决定采用"筹人"的方式来化解这一难题。

梦想众筹网提交的方案是以"寻找合伙人"的方式来"筹人"。梦想众筹网在湖北省各地市州县寻找有共同愿景的教育投资者加盟爱梓教育。爱梓教育负责当地的投资。合伙人负责当地的经营。合伙人以缴纳保证金的形式显示投资和经营的决心，同时分担了爱梓教育亲自选择、招聘、装修、招生的投资成本和难题。爱梓教育以现金投资，化解了合伙人经营的风险。项目的核心内容如下。

1. 合伙人选择依据

（1）在当地有教育资源。

（2）具有一定的市场开拓能力。

（3）缴纳10万元保证金（由爱梓教育董事长以个人担保退还）。

2. 合伙人权益

（1）爱梓教育承担营业场所租金、物业、押金。

（2）合伙人享受最低收入10%的提成。

（3）合伙人管理网点运行，可得到每年3万元左右的工资。

（4）合伙人第一年完成招生任务，将获得爱梓教育赠予0.5%（相当于10万元）的股权，并在第三年由爱梓教育退还10万元保证金。

（5）股权的分红权。

该方案一经推出，立刻在湖北省的教育市场形成了一股新的合作模式，爱梓教育也迅速在湖北省各地市州县建立了20多家分支机构，实现了低成本快速扩张，企业估值也呈十倍增长。

爱梓教育的这种"筹人"模式，打开了互联网众筹难以想象的适应空间。以这种方式，爱梓教育实现了资金、资源、人才、市场的有效匹配，显示了互联网金融强大的生命力和适应性。

爱梓教育以这种方式实现了自身规模的迅速扩张，很好地协调了规模扩张和控制力不丧失的矛盾。20家分支机构的建设，在正常情况下大概需要2 000万元以上的投入，还要应对团队迅速扩大带来的管理难题。通过这种方式，爱梓教育将自身规模的扩张与合伙人的利益进行了有效的捆绑。合伙人的现实收益和股权增值都与自身的市场开拓的效果紧密结合。同时，合伙人的保证金同样可以成为爱梓教育现金流的重要保障。

对于合伙人而言，其重大吸引力就在于，自己只需要缴纳10万元的保证金，所有的经营风险都将转嫁于爱梓教育。也就是说，自己的最大风险仅在于10万元保证金无法按时归还，企业经营中的装修、门面、人员工资等投入自己都不需要承担，同时自己又拥有了一份具有前景的教育事业。

这种模式将合伙人和项目方的利益进行了有效的整合，具有极大的市场价值，已经在湖北素质教育领域赫赫有名。这种模式被称为“爱梓模式”。

第三节　学会创业融资

创业融资是企业在创建与发展期间的重要行为。正确的融资决策关乎企业的正常发展。虽然资金并不是创业的核心问题，但创业者往往会想当然地以为只要有了资金就能够解决所有问题。所以，在谈到创业资源整合的时候，我们往往最希望整合的是创业资金。创业融资也成为创业者首要关心的问题。

• 案例分享

杨晓锋屡败屡战，校导网扬帆待发

杨晓锋出生于甘肃静宁。这片土地一向贫瘠。父母都是农民，都只有小学文化，但他们对孩子的教育非常重视。父亲在杨晓锋很小的时候就为他树立目标——一定要考上好大学，拼尽全力支持他们兄妹读书。杨晓锋受母亲的影响更大。他的母亲比较好学，自学能力很强，听书、抄书、学普通话、上网，掌握的技能远远超过同龄人。母亲更愿意尊重孩子们的想法。所以，在杨晓锋放弃了父亲希望他考公务员、安稳地工作和生活的愿望后，母亲给了他坚持自己选择的动力。

杨晓锋参加了两次高考，最终考入武汉理工大学。可贵的是，他的不同，从入学的那一刻就显现了出来。

一入学，他就积极加入了很多学生社团。由于做事积极主动、热情大胆，他很快在身边朋友当中小有影响力，并组建了武汉大学生飞马创业团队，担任队长。该团队主要代理各大公司在武汉高校的各类业务，如卖电话卡、计算机二级培训招生、办信用卡、卖计算机、做展销等，在武汉各大高校都建立了分支团队。

经过大一一年的锻炼，他发现当时的大学对他的吸引力已经不大了，加之不喜欢自己的专业，想到更大的舞台锻炼自己，于是，他顶住了来自老师、家庭、同学、朋友的重重压力，申请休学创业。

休学创业并不是冲动之下的决定，他从大一开始就有意识地观察身边同学的学习状态，去找一些同学聊大家对未来的规划。结果发现，很多同学对未来很迷茫，学习仅仅是为了应付考试。这一切坚定了他要休学创业的决心。

他刚开始做了一些公司的校园代理，后来做校园电商、个性服装定做、活动推广等。他围绕校园市场做了很多项目，经历了很多坎坷，先后开了三家公司，但起色都不大。

2011 年 6 月 2 日，他正式注册成立武汉校园导航网络科技有限公司，担任公司董事长兼 CEO，并由联合创始人邓志成担任公司总裁。至此公司高层基本构架已经成型。公司运营校园导航网，致力打造中国校园第一综合门户网站和媒体互动平台，其口号是：上大学，就上校园导航网。

校园导航网的定位固然非常清晰，但门户网站的目标对杨晓锋团队的运营能力提出了很高的要求，在推广网站时的资金需求更是巨大。这时候，融资开始提上了议事日程。他们希望通过融资，来解决资金难题，组建更加强大的运营团队，同时对接更多的资源。

现在，杨晓锋必须要做的是了解各种融资渠道并最终选择合适的融资方式。同学们，你们知道有哪些创业融资渠道吗？如果你是杨晓锋，你会如何去了解融资渠道呢？

一、认识融资

（一）融资的概念

融资主要是指资金的融入，也就是通常意义的资金来源，具体是指通过一定的渠道、采用一定的方法、以一定的经济利益付出为代价，从资金持有者手中筹集资金，满足资金使用者在经济活动中对资金需要的一种经济行为。

创业融资有广义和狭义之分。狭义的融资概念仅指不同资金所有者之间的资金融通，即资金从资金供给方流向需求方。广义的融资不仅包括前者，还包括某一经济主体通过一定方式在自己内部进行资金融通。

创业企业内源融资，是指创业企业依靠其内部积累进行的融资，具体包括如下几种形式：资本金（除股本）、折旧基金转化为重置投资和留存收益转化为新增投资。创业企业外源融资，则是指企业通过一定方式从外部融入资金用于投资。相对于外源融资，内源融资可以减少信息不对称的问题，以及与此相关的激励问题，进而节约企业的交易费用，降低融资成本，增强企业的剩余控制权。内源融资在企业的生产经营和发展壮大中的作用是相当重要的。但是内源融资能力要受到企业的盈利能力、净资产规模和未来收益预期等方面的制约。现实中的资金供求矛盾总是存在的，并推动着外源融资的发展。任何企业在创业发展过程中，都会遇到一个确定内源融资与外源融资合理比例的问题。

直接融资，是指企业作为资金需求者向资金供给者直接融通资金的方式，一般是指发行股票和债券等；间接融资，则是企业通过金融中介机构间接向资金供给者融通资金的方式，一般是指银行或非银行金融机构的贷款等。

就各种融资方式来看，内源融资不需要实际对外支付利息或股息，不会减少企业的现金流量；同时由于资金来源于企业内部，不发生融资费用，内源融资的成本远低于外源融资的成本。因此，内源融资是企业首选的融资方式。但企业内源融资能力取决于企业利润水平、净资产规模和投资者的预期等因素。当内源融资仍不能满足企业的资金需求时，企业可以考虑转向外源融资。但外源融资方式中股权融资会使企业股东股权稀释，收益减少，并且影响时间较长。

（二）融资成本

融资成本包括融资的显性成本和隐性成本。显性成本就是创业企业的加权平均资本（包括资金筹措和资金占用费）。隐性成本包括创业者融资时所出让的所有权份额、融资不成功所错失商机的机会成本和创业企业融资契约安排下的代理成本。

首先，创业企业的风险比较大，导致投资者和债权人所要求的报酬率比较高；其次，创业企业通常由于没有贷款抵押和担保，风险大且盈利能力弱，难以从诸如内部积累、股票市场、债券市场和银行这些传统渠道获得资金，这样创业企业的资金筹措费用也比较高；再次，创业融资是一种资金、管理与创意相结合的融资。创业者拥有创意和技术，而资金基本上由投资者和债权人提供，因此，创业融资的代理成本比较高。

（三）融资动机与偏好

创业企业融资有不同的动机，但根本原因都是为了企业的发展。创业企业融资的内在动机有增强核心能力、扩大市场规模和份额、增强企业盈利能力等。

要确定真实的融资资源并制定出相应的融资战略，需要知道投资者或贷款人正在寻求的投资类型。事先对特定投资者或贷款人的偏好做适当研究，可以避免盲目寻找，同时可以大大增加按可接受条件成功筹集资金的可能性。

创业者融资偏好应与投资者偏好、融资成本、融资风险及创业企业的投资性等匹配。投资者根据对风险的偏好程度可以分为风险偏好者、风险厌恶者与风险中性者。由于创业企业创立的时间不长，未来的成长不确定性很高，潜伏的失败风险极大。一般来说，风险偏好者愿意投资成长性高的高技术企业，期望获得高的收益，如创业投资者。银行等中介机构出于安全性原则，一般不愿意贷款给新兴的企业，因为新兴企业的风险更高，贷款收不回的可能性更大。投资者或贷款人的实践方式因人而异，即使同一类的投资，贷款人也会随市场条件、时间、地点的不同而采取不同的行为。

二、融资的方式

1. 直投

直投（PE）是指投资机构以购买公司股权为主要目的的投资方式，购买股权后期望在将来获得增值收益。

2. 风投

风投（VC）是从直投中细分出来的，主要投资那些初创型的公司。因为初创型的公司往往具有很大风险，所以人们就把这种投资叫作风险投资。

3. 私募

私募是相对于公募而言的。公募是指针对不特定的广大人群募集资金的行为，比如银行卖的基金；而私募要针对特定的人群来募集，并且不能公开宣传。

4. 上市公司

上市公司是指所发行的股票经过国务院或者国务院授权的证券管理部门批准在证券交 易所上市交易的股份有限公司。非上市公司是指其股票没有上市和没有在证券交易所 交易的股份有限公司。上市公司是股份有限公司的一种，这种公司到证券交易所上市交易，除了必须经过批准外，还必须符合一定的条件。

5. IPO

IPO 是 Initial Public Offerings（首次公开发行股票）的缩写。企业第一次向公众发行股票被称为 IPO，即企业通过一家股票包销商（underwriter）以特定价格在一级市场（primary market）承销其一定数量的股票。此后，该股票可以在二级市场或店头市场（after market）买卖。

三、创业融资的渠道

融资渠道是指企业筹措资金的方向和通道，体现了资金的来源和流量。了解企业的融资类型和融资方式，对企业的生存和发展是极其关键的。按照国外的融资“啄序理论”，企业融资首先选择的应是内源融资，然后通过发行可转换债券等进行债权融资，最后才考虑股权融资。融资“啄序理论”对创业企业同样适用。创业企业融资，首先考虑的应该是内源融资，即创业企业应该先尽可能地实现自有资金的积累。

（一）熟人融资

缺少足够的创业资金、创业资源和人脉等，是创业者尤其是大学生创业者一开始面临的共同难题。创业者往往会把融资当成创业需要解决的首要问题。事实上，融资对象只有在充分了解创业者和创业项目的情况下才会做出融资的决定。所以，在正常情况下融资对象首先应该在熟人中选择。

一般而言，创业者首先应该积累一部分创业资金并启动创业项目，为后期的融资打好基础。

毫无疑问，如果条件具备，家人是创业资金的最佳来源。亲朋好友，甚至是同学，是创业融资的最佳来源之一。这些人在日常交往、生活点滴中对创业者有着足够的认识，也有很好的感情基础，在创业起步阶段，向他们筹资应是上上之选。当然，需要强调的是，创业者在日常生活中要积累良好的信用，只有这样，才有可能获得亲友、同学的信任乃至注资。事实证明，朋友间的这种信任成就了许多伟大的企业。比如刘元生在万科成立之初对王石的400万港币的注资，成就了今天的世界第一房企和中国民营企业家的教父。当然，刘元生也因此获得了超高的投资回报。

• 案例分享

刘元生与万科的故事

刘元生是香港商人，年纪比王石稍长。早在王石创建万科前，他们就已经是商业合作伙伴。王石做录像机生意时，就由刘元生的香港仁达国际有限公司供应日本货源。王石到香港从来不要求去观光，而是要刘元生带他去逛书店，买很多企业管理和财务方面的书。刘元生感觉他是个有抱负的人，自此两人结下了深厚友谊。

1988年12月末，万科正式向社会发行股票，因为一家本来承诺投资的外商打了退堂鼓，刘元生闻讯用400万港元认购了万科360万股。以后随着万科送股配股，加上刘元生通过二级市场增持，他拥有的万科股票逐年增加，1993年为503.29万股，

1995 年为 767 万股，2006 年为 5 827.63 万股，2016 年达到 1.34 亿股。按照 2016 年 8 月 31 日的收盘价 24.93 元计算，市值超过 33 亿元。

（二）高校创业基金

在大学生创业过程中，高校为大学生创业融资也发挥着重要的作用。不少高校都设有创业基金，以鼓励该校的学生进行创业尝试。高校通过鼓励大学生参加大学生创业计划大赛的方式，从中选取优秀的、操作性强的大赛方案，并使用创业基金进行资助投资。这一方面给大学潜在的创业者提供了一个学习和实践的平台，另一方面也挖掘了不少优秀的创业方案。尽管如此，但创业基金不能有效解决创业者的融资需求，且存在严重的不均衡性。但能够获得学校创业基金或创业扶持资金的资助，并且获得学校在办公场所、政策扶持、资源倾斜等方面的帮助，对大学生创业者而言同样有着重要的意义。

（三）风险投资

在我国，2015 年风险投资完成的投资案例大约有 6 000 例。相对于每年上千万支创业团队而言，其比例虽然不高，但足以点燃创业者的热情，成为创业者融资时瞄准的第一目标。

从投资行为的角度来讲，风险投资是把资本投向蕴藏着失败风险的领域，旨在促使成果尽快商品化、产业化，以取得高资本收益的一种投资过程。从运作方式来看，风险投资是指由专业化人才管理的投资中介向特别具有潜能的企业投入风险资本的过程，也是协调风险投资家、技术专家、投资者的关系，利益共享、风险共担的一种投资方式。

根据接受风险投资的企业发展的不同阶段，我们一般可将风险投资分为四种类型：种子资本、导入资本、发展资本和风险并购资本。

风险投资在选择投资对象时一般具有以下特点：首先，风险投资的投资对象多为处于创业期的中小型企业，而且多为高新技术企业。风险投资期限为 3 ~ 5 年，投资方式一般为股权投资，通常占被投资企业 30% 左右的股权，而不要求控股权，也不需要任何担保或抵押，投资决策建立在高度专业化和程序化的基础之上。风险投资者一般会积极参与被投资企业的经营管理，为被投资企业的健康发展提供各类资源，促进企业迅速成长。除了种子期融资外，风险投资者一般也对被投资企业以后各发展阶段的融资需求予以满足。由于投资目的是追求超额回报，被投资企业增值后，风险投资人会通过上市、收购兼并或其他股权转让方式撤出资本，实现增值。

风险投资机构的投资决策一般分为以下几个步骤：第一步是搜寻投资机会。投资机会可以来源于风险投资企业自行寻找、企业家自荐或第三人推荐。第二步是初步筛选。风险投资者根据企业家交来的投资建议书，对项目进行初次审查，并挑选出少数感兴趣的项目做进一步考察。第三步是调查评估。风险投资者会花六周到八周的时间对投资建议进行广泛、深入和细致的调查，以检验企业家所提交材料的准确性，并发掘可能遗漏的重要信息；在从各个方面了解投资项目的同时，根据所掌握的各种情报对投资项目的管理、产品与技术、市场、财务等方面进行分析，以做出投资决定。第四步是寻求其他投资者共同投资。通过考察，在确定投资对象后，风险投资者一般都会寻求其他投资者共同投资。这样既可以增大投资总额，又能够分散风险，还能分享其他风险投资者在相关领域的经验，互惠互利。第五步是协商投资条件。牵头投资的风险投资者会起草一份“投资条款清单”，向企业家做出初步投资承诺。只要投资者和被投资企业一致同意交易条件与细节，双方就可以签署最终交易文件，投资生效。

（四）天使投资

天使投资是自由投资者或非正式风险投资机构，对处于构思状态的原创项目或小型初创企业进行的一次性的前期投资。天使投资虽是风险投资的一种，但两者有着较大差别：天使投资是一种非组织化的创业投资形式，其资金来源大多是民间资本，而非专业的风险投资者；天使投资的门槛较低，有时即便是一个创业构思，只要有发展潜力，就能获得资金，而风险投资一般对这些尚未诞生或嗷嗷待哺的“婴儿”兴趣不大。

在风险投资领域，“天使”这个词指的是企业的第一批投资人。这些投资人在企业产品和业务成形之前就把资金投入进来。天使投资人通常是创业企业家的朋友、亲戚或商业伙伴，由于他们对该企业家的能力和创意深信不疑，因而愿意在业务尚未开展之前就向该企业投入大笔资金。一笔典型的天使投资往往只是区区几十万元，是风险投资者随后可能投入资金的零头。

应该说，所有有闲钱愿意做主业外投资的企业或个人都可以叫天使投资者，他们更多参与早期容易参与的项目；也有“天使”敢于投资大项目，不过一般受资历和个人能力范围限制或各种因素干预而不能如愿。从天使投资人的背景来划分，天使投资人可以分为如下几类：管理型投资者、辅助型投资者、获利型投资者。

对刚刚起步的创业者来说，在既无法获得银行贷款，又无法赢得风险投资青睐的情况下，如果获得天使投资的关注，就能够为创业注入强大的动力。

（五）互联网众筹融资

众筹，指的是通过网络平台发起项目向大众筹集资金，并由项目发起人为投资者提供一定回报的投融资模式。简单来说，就是聚集众人的力量及资金来完成某件事情。比如在梦想众筹网，创业者可以通过视频、图片、文字等形式把创业计划、经营想法或者某款创新型产品及服务发布到网站上，并预估所需的目标资金、筹款天数及对支持者的回报。如果网友（支持者）对该项目感兴趣，他们可以用资金支持项目。若项目筹集资金在筹款天数内达到了目标资金，项目就成功筹到资金了。

相对于传统的融资方式，众筹更为开放，能否获得资金也不再以项目的商业价值作为唯一标准。只要是网友喜欢的项目，都可以通过众筹方式获得项目启动的第一笔资金，这为更多小本经营或创业的人提供了无限的可能。应该说，众筹行业的快速发展与其在社会经济发展、企业融资、市场营销、投资标的选择等方面显现出的巨大价值密不可分。

众筹资金是不需要偿还利息的，这笔资金将在产品生产出来后以产品的形式偿还，或者在企业有盈利后以红利的形式偿还，这对改善企业的财务状况无疑有重大的好处。众筹往往是在产品还未生产出来时就发起了，因而，众筹作为接受产品预订的一种方式还带有市场调查的功能。

对于股权众筹来说，众筹过程实质上是众筹平台上的投资人对企业创意进行投票的过程。票数的多少决定了众筹可否成功。股权众筹实际上是采集多数人意见的过程。如果众筹成功，则发起者更有理由把他的想法付诸实现，因为很多人已经预测企业大有可为。

无论股权众筹还是奖励众筹，更多小投资者的参与给创业者带来了难以想象的资源。可以想象的是，在传统模式下，创业者单打独斗，在产品生产、营销、宣传、危机处理等方面都疲于应付，往往因一些突发性的事件而失败。而在众筹模式之下，所有生产经营的环节都有了小投资人的参与，使得创业者变得更加轻松，各类生产经营手段将变得更加有效。

（六）政府创新基金

近年来，我国的科技型中小企业的发展势头迅猛，其已经成为国家经济发展新的重要增长点。政府也越来越关注科技型中小企业的发展。同样，这些处于创业初期的企业在融资方面所面临的迫切要求和融资困难的矛盾，也成为政府致力解决的重要问题。

有鉴于此，结合我国科技型中小企业发展的特点和资本市场的现状，科技部、财政部联合建立并启动了以政府支持为主的科技型中小企业技术创新基金，以帮助中小企业解决融资困境。创新基金已经越来越多地成为科技型中小企业融资可口的“营养餐”。

一方面，中小企业融资难，大量企业嗷嗷待哺；另一方面，银行资金缺乏出路，四处出击，却不愿意贷给中小企业。究其原因主要在于，银行认为向中小企业发放贷款，风险难以防范。然而，随着国家政策和有关部门的大力扶植及担保贷款数量的激增，中小企业担保贷款必将成为中小企业另一条有效的融资之路，为创业者“安神补脑”。

（七）各类政府基金

近年来，政府充分意识到中小企业在国民经济中的重要地位，尤其是各级地方政府，为了增强自己的竞争力，不断采取各种方式扶持科技含量高的产业或者优势产业。为此，各级政府相继设立了一些政府基金予以支持。这对于拥有一技之长又有志于创业的诸多大学生是一个很好的机会。

除了针对社会创业者的基金外，各地一般还设有专门针对大学生创业者或毕业一定年限（一般3年或5年）以内的创业者的“大学生创业扶持资金”。成功创业者可以申请数万元到数十万元不等的无偿扶持。例如，湖北省2016年就拿出了3 000万元资金，扶持在校大学生及毕业3年以内的创业者，每个被选中者可以获得2万～20万元的扶持。同一年，武汉市拿出了1 000万元的资金，扶持的是毕业5年以内的大学生创业者，每个项目的扶持金额是3万～20万元。

• 相关知识链接

教育部：高校毕业生创业每年享受8 000元税收减免[①]

自2011年1月1日起，毕业年度内的高校毕业生在校期间创业，可向所在高校申领《高校毕业生自主创业证》。为鼓励高校毕业生自主创业，以创业带动就业，财政部、国家税务总局发出《关于支持和促进就业有关税收政策的通知》，明确毕业生从毕业年度起三年内自主创业可享受税收减免的优惠政策。其中，高校毕业生在校期间创业的，可向所在高校申领《高校毕业生自主创业证》；离校后创业的，可凭毕业证书直接向创业地县以上人社部门申请核发《就业失业登记证》，作为享受政策的凭证。

四、如何有效获取融资

企业在创业阶段风险较大，融资相对较难。如果不认真做好准备工作，成功的希望非常渺茫。在创业者缺乏相关经验的情况下，即使意外成功，交易结构和投资条款也对企业很不利。所以，要成功实现创业企业融资，必须预先做好融资准备工作。

（一）融资前的准备

所谓“知己知彼，百战不殆”，融资准备工作也必须从“内外”两大因素入手：做好内部建设，对企业现状和发展前景有清晰的认识；同时逐步了解外部的融资环境，可以通过聘请专业融资顾问获得帮助，为成功融资创造条件。具体包括以下几项。

---

① 教育部：高校毕业生创业每年享受8 000元税收减免[EB/OL].(2011-01-04)[2022-9-15].http://www.gov.cn/gzdt/2011-01/04/content_1777982.html.

1. 企业自身建设

企业自身建设涉及盈利模式、管理团队、市场客户和产品技术等几大要素。其中管理团队具有的管理能力、进取心和凝聚力是创业成功的重要基础。

2. 制定融资战略

需要考虑的问题有：融资的时机、所需资金的数量、融资采取的方式等。企业还应当根据不同的发展阶段来考虑融资数量和资金投入的时机。融资方式的选择需要结合自身条件、各种融资渠道的风险和成本综合考虑。

3. 准备资料，培训人员

创业者要将企业的情况和融资计划表达成简明、有说服力的书面文档，凸显企业价值，使投资者通过相关材料对企业有清楚的认识。需要注意的是，随着融资各项工作的到位，内部操作人员专业素质缺乏亦可能导致融资谈判失败。所以，适时地组织内部人员参加专业培训也是重要的准备工作。

4. 聘请外部专家

由于创业者往往缺乏融资经验与时间精力，聘请专业融资顾问应该是最好的选择。他们将为融资的各个步骤提供专业意见，并利用积累的融资渠道为企业引荐合适的投资者。

5. 接触潜在投资者

创业者和投资者之间是一种长期合作关系，需要有充分的了解与信任。企业应在广泛调研的基础上，根据自身的发展模式和价值取向选择与接触投资者。事实上在与投资者的交流中，创业者往往能够获得很多有利于企业发展的宝贵建议。

（二）融资前的相关问题分析

1. 融资总收益必须大于融资总成本

融资需要成本。只有确信利用筹集的资金所预期的收益大于融资的总成本时，才有必要考虑如何融资。根据企业内源融资与外源融资的不同性质，创业者要优先考虑企业自有资金，然后再考虑外源融资。融资规模要量力而行。

2. 选择最佳融资机会

创业者要合理分析和预测影响企业融资的各种有利和不利条件，以及可能出现的各种变化趋势，以便寻求最佳融资时机，适时制定出合理的融资决策。

3. 制定最佳融资期限决策

创业者做融资期限决策时，需对短期融资与长期融资两种方式进行权衡，选择不同期限的融资方式，尽可能降低融资成本，提高融资效率。

4. 选择最有利于提高企业竞争力的融资方式

通过融资，企业可以壮大自身资金实力，增强自身的能力和发展后劲。因此，制定融资决策时，要选择有利于增强企业竞争力的融资方式。

5. 寻求最佳资本结构

融资时必须要高度重视融资风险的控制。不仅要考虑能规避风险的融资组合策略，同时还要注意不同融资方式之间的转换。因此，企业在制定融资决策时，应当在控制风险与谋求最大收益之间寻求一种均衡，即寻求企业最佳资本结构。

（三）融资资料的准备

融资资料是投资方要求企业提供的各种形式的文字、数据、图片的总称，其核心是计划书。计划书是把投资方关注的主要问题以一定格式描述出来的重要信息载体，其主要内容包括企业概况、优势、资金的用途、项目的风险和效益测算、融资工具、还款来源或投资退出方式等。融资资料准备与策划就是按照特定的融资工具、融资渠道的要求，为投资方安全保障考虑，对融资有关的信息进行收集、挖掘、加工处理，并按一定格式加以表述的过程。

融资资料和融资计划书是企业与投资方沟通的主要方式，对项目融资更是如此。在大多数情况下，融资计划书已经是项目融资方和投资方之间交流不可缺少的桥梁和“语言”。能否有这样一套完整的“语言”，是企业融资能否成功的关键环节。现在，大部分企业对项目融资的资料准备和计划书编写比较重视，但对债权类融资重视不够。对于债权类融资来说，有无融资计划书大不一样。在资金供求失衡的今天，投资方每天都面临大量的资金需求方和需求项目。如何让投资方看中，着实需要创业者们下一番工夫。

拓展阅读

天使大腕儿们的投资脉门[①]

1. 雷军：三条投资原则

在同行眼中，雷军有两个特点：第一，他偏爱大公司出来的、有一定管理经验的人；第二，你要想办法找到他身边熟悉的人来做介绍人。具备这两点基本上就能搞定他。

对于项目，雷军不是特别关注商业模式，而关注市场规模。雷军更偏爱平均35岁的创业者。雷军总结自己的三个投资原则：第一，人要靠谱，不熟不投；第二，大方向没问题；第三，小方向被验证。

2. 徐小平：投资如看人

在徐小平看来，天使投资最深的哲学，就是坚定不移地判断人，而不是判断模式。

① 张志宏，崔爱惠，刘轶群. 大学生创新与创业训练教程［M］. 北京：现代教育出版社，2017：170-171.

徐小平认为，天使投资人应该有一颗天使的心，即对创业者无条件的爱和关怀。

如何判断人，徐小平有自己的四个角度。

① 学习力。包括过去、现在和未来的学习能力，比如学历就代表一个人过去的学习能力。

② 工作力。包括工作经验、技能和资源等。

③ 影响力。也叫个人魅力，就是感染他人的能力。

④ 坚持力。能够克服困难走过去。

另外，徐小平会从三个角度来判断团队。

① 团队吸引力。团队成员之间是否有互相爱慕仰慕的情感，觉得能跟这个人一起工作很棒。

② 团队互补力。团队成员间互补，但也不单纯地是指能力互补，也包括性格互补。

③ 团队协调力。一堆人一起做事，一定会有冲突，化冲突为妥协的能力非常重要。

3. 蔡文胜：喜欢草根和千万用户

蔡文胜分享了他在寻找和挑选创业者时看中的三点：从用户角度看产品价值；观察用户规模，规模越大，赚钱就越容易；看创业的团队。

（1）用户角度。“你做的这个事情，未来可发展的空间有多大。比如你现在告诉我你做的产品是基于 PC 方面的项目，我就没有多大兴趣。因为在我看来 PC 已经开始没落，这个趋势很清楚，大家也都知道。”

（2）用户规模。“产品初期，比如说关于小游戏的项目，一天仅有 100 万的流量，这是没有意义的，因为赚不到多少钱。但如果对于某些行业，比如钢铁行业，虽然网站一天的访问量在三万，但它是有价值的，因为中国钢铁厂也就几百上千家，它的访问量足够，而且这个行业的价值太大了，你要赚它的钱就容易。”

（3）创业团队。“十年前，4399 小游戏都是一个人在做，但从最近几年开始，个人再去做大一个产品、一个公司就很困难了。‘hao123’在 2003 年的时候，一天就有一千万的访问量，但整个中国没几个人知道是谁做的，也不知道有这个网站，可以说是市场给了三年的时间，让它慢慢来做。但是今天，大家每天都在想做什么公司赚钱，包括大公司也虎视眈眈，很少有那种让你有三年的时间慢慢来的机会，所以我们需要有一个团队，能够很快地把事情做起来，包括找到一些互补。”

关于寻找项目，网站出身的蔡文胜指出，他会比较关注个人流量方面，“庞大的站长资源和市场上第一时间了解到的产品相关数据，是两个很重要的渠道。第三个就是朋友熟人之间的介绍”。

4. 熊晓鸽：只琢磨三件事

在熊晓鸽看来风投就像漂流，一定要选对河流，选对河流往前划就行了，只要不被淹死，总能游到目的地，早一点到赚钱就会多一点儿，晚一点到赚得就少点儿。

“我的工作就是做投资，只琢磨三件事：一是市场，二是产品，三是管理团队。实际上，最根本的就是琢磨人。琢磨一个项目进入的时机，还要观察项目的团队对资本的复杂态度。”

对于团队和项目哪个更重要？熊晓鸽指出，选对了河流，团队就是划船的舵手，本事好一点儿就不翻船，能够很快到达终点；本事差一点儿可能就会翻船。所以团队是这里面最重要的一环。

创业英雄榜

江华林：创业，永远在路上

江华林，男，1995年生，江西上饶人，2015年毕业于江西外语外贸职业学院工程管理系工程造价专业。谈起当时选择工程类专业的原因，他还念念不忘。江华林的父亲就是一名建筑工人。在孩童眼里，父亲的职业神圣而且神秘。万丈高楼平地起，牵动的是万家幸福。江华林希望长大后能成为一名优秀的建筑师。江华林怀揣着这样的梦想，坚定自己的目标，在三年大学期间，一直严格要求自己，不断地鞭策自己。在校期间，他认真勤奋，曾获得过学院奖学金，代表学院参加过专业技能竞赛，并因扎实的专业基础在毕业时成功获得了多家建筑公司的青睐。

早在学校读书时，江华林就冒出过自己创业的想法，无奈学生创业有很多问题在当时难以解决，比如最直接的问题：资金从哪里来；如果失败了，血本无归如何承担；经验不充足，对市场缺乏全面的认识和判断；等等。为保险起见，他暂时搁置了创业的想法，选择进入江西一家本土的建筑公司实习，积累工作经验。在实习期间，江华林从最基层的施工员做起，风吹雨淋，脏活累活都干了个遍。一有空就向工地师傅讨教，成了大家眼里的“小尾巴”。而正是他这种吃苦耐劳、勤学肯干的精神获得了同事们的一致认可。一般实习生都是拿到毕业证才能签订正式用工合同，转正提升待遇，而他仅仅用了两个月就提前结束了试用期，享受正式员工待遇。

勤勤恳恳工作了一年，江华林在这家建筑公司也站稳了脚。对于一般人来说，工作刚刚稳定，此时应该是继续努力，让事业更上一层楼的大好阶段。但江华林一直都未忘记自己的创业梦想。他一方面渴望能实现自己的创业梦，另一方面也有着自己的担心。此时班主任林老师和家人给了他鼓励。年轻不怕输，年轻也没有什么输不起！犹豫不决只会让自己畏首畏尾不敢前行，失败了不过从头再来而已。坚定信心后，他毅然决然地辞去了刚刚稳定的工作，走上了创业路。

经过仔细地考虑，他选择了最初希望从事的家装行业。毕竟在当时，家装市场的潜力还是巨大的。随着生活品质的提升，消费者对家装的要求也越来越高，越来越个性化。如果能在家装市场占领一席之地，发展不可限量。创业的第一步是要有一个可信赖的施工团队。踌躇满志的江华林立刻想起了父亲。父亲常年在外从事建筑行业，实战经验丰富，还有一群“战友”。在父亲的支持下，施工队很快建立起来。接下来面对的难题就是客户从哪里找。这时，又是父亲的资源为他拉来了第一单生意——老房改造。生意不大，费用有限，但是他无比珍惜。从签订合同起，他每天都扑在工地上，不仅认真监督，还亲自上手。和他一起工作的师傅都比他年长，经验也更丰富，但是对于房屋改造设计的想法不如他前卫时尚。新老两代人难免有想法发生分歧的时候，也有因为各种问题争得不可开交的时候，甚至也有过直接停工走人的尴尬境地，但是这一切都没有影响这单生意的顺利完成。虽然为期多月的业务最后只盈利了600元，但对于他来说，用认真和努力换来业主的认可比千金还要珍贵。

第一单结束后，江华林没有着急寻找新的业务，而是认真思考和总结。他把在第一次业务过程中发生的所有问题都罗列出来，分析原因。他说做任何事都不能马马虎虎，要给自己算一笔“明账”。随着家装市场对绿色环保要求越来越高，他将自己的业务集中在绿色家装板块，并于2016年年底成功拿下硅藻泥某品牌江西总代理。而江华林团队专业、负责的态度也为公司树立了良好的口碑。2017年，创业仅仅两年的他，就带领公司实现了近百万元的营业额，直接带动十余人就业。

江华林说：“创业这几年，一直在路上。虽然道路曲折，但路边风景确实是难忘的人生体验。”他是这样说的，也是这样做的。他一步一个脚印，从大学走向职场，从优秀走向卓越，唯一不变的是一直坚守着自己的不懈追求和绮丽梦想。

【课后实训】

实训主题：

沉船游戏，你们要留下谁？

实训目的：

考核团队主要成员的组织能力、抗压能力和判断能力，看留下的应聘者是否与创业团队的性格、目标和文化及岗位相匹配。

实训要求：

（1）以团队形式完成。

（2）无领导小组讨论。

（3）汇总讨论结果。

实训步骤：

（1）教师讲述故事，发放救援名单（表7-2）。

（2）一艘在海上航行的轮船不幸触礁，剩下半个小时就要沉没。船上有18人，可唯一的救生小船只可以乘坐8人。哪些人要先被救上船呢？

表7-2　救援名单

角色	性别	年龄
船长	男	56
船员	男	26
盲童（音乐天才）	男	10
某公司经理（成功女强人）	女	30
副省长	女	60
机械师	男	45
省委副书记	女	56
省委副书记的儿子（数学天才）	男	23
生物学家（博士）	女	25
生物学家的儿子（智障者）	男	10
公安人员	女	26
拳击手	男	24
罪犯（孕妇）	女	28
医生	女	36
自由职业者（同性恋）	男	37
重伤患者（见义勇为）	女	21
木匠	女	38
厨师	男	34

（3）18名落难人员扮演者请依次进行一分钟自由演说，说明自己的重要性。

（4）小组选出一名记录员后进行自由讨论，在15分钟内得出结论，并选派代表说明结果及理由。

第八章 创业计划书准备与路演

名言警句

任何时候做任何事，订最好的计划，尽最大的努力，做最坏的准备。

——李想

案例故事

创业计划书——创业成功的敲门砖

Airbnb（全称：AirBed and Breakfast）是一家房屋短租服务公司，由乔·杰比亚、布莱恩·切斯基于2008年8月在美国旧金山联合创立。

喜欢旅游的人都了解Airbnb这个软件，人们通过它可以选择陌生人家中的空房间居住。它改变了人们的租住意识，也改变了它所在的行业。Airbnb模式还可以应用到其他行业。比较典型的是多次邀请别人到自己家里进餐的餐饮服务。

2015年3月，Airbnb成为2016年里约奥运会的房源提供商。截至2017年3月10日，Airbnb已完成A轮到E轮融资。2019年4月，Airbnb收购HotelTonight。

在Airbnb创业初期，它的创业计划书简单明了，只有14页纸，但清晰地阐明了商业模型和能够解决的问题，最终获得天使融资50万美金。正是凭借着成功的天使轮，Airbnb发展成如今拥有250多亿美元市值的公司。

因此，优秀的创业计划书能成为创业成功的敲门砖。

第一节　了解创业计划书

创业计划（又称商业计划）是创业者对所创办企业的总体构想蓝图，是创业者在初创企业成立之前就某一项具有市场前景的新产品或服务，向潜在投资者、风险投资公司、合作伙伴游说以取得合作支持或风险投资的可行性商业报告，是对与创业有关的所有事项进行系统性安排的文件。创业计划书对企业各项创业指标做出可行性分析，以便根据创业目标定位，制定创业战略。

一、创业计划书的作用及意义

创业计划（商业计划）书是一种吸引投资的工具，同时也是确定目标和制订计划的很好的参考，是一个企业管理和操作的行为指南。

计划是执行所有商业活动的奠基石。如果没有计划和目标，在执行过程中，会加大风险。虽然创业计划并不一定能保证成功，但它可以提高创业成功率。计划是执行所有商业活动的指南针。如果没有计划和目标，在执行过程中，会迷失方向。创业计划书虽然并不能囊括所有细节，但可以给出战略性的方针。计划是执行所有商业活动的传话筒。如果没有计划和目标，在执行过程中，会缺少沟通。创业计划书虽然并不能代表创业者的全部，但可以提高投资者与被投资者的沟通效率。

因此，创业计划书是创业前期必不可少的东西，具有以下积极的作用。

（一）明确创业的可行性并制定创业战略

创业计划书能帮助创业者理清思路，做出正确的判断。创业计划书能够引导创业者全面系统地分析创业背景、创业条件、创业潜力、创业风险等影响因素，能够提高创业成功率。例如，为了制作创业计划书，创业者会提前调研创业市场环境，分析创业产品或服务的商业价值、竞争优势，并有针对性地制定商业战略。

1. 分析商业机会的价值

分析商业机会的价值应考虑产品或服务本身的内在价值，也要考虑外部价值，因此，一方面，创业者应首先调研市场行情的内部环境和外部环境。内部环境包括产品或服务自身价值，包括原材料成本价值、资金运转周期、产品或服务的有效性等；外部环境则包含宏观经济环境、行业之间的竞争与互补、同质产品或服务之间的竞争、服务对象选择偏好等。所有的市场信息都应该在创业前做好充分的收集与统计分析。另一方面，由于实现这个商业机会的过程中也存在风险，创业者在收集信息、分析信息及确定商业机会的价值时也要考虑存在的风险，并将价值与风险进行关联，评估该商业机会的风险报酬率，以确定实现这个商业机会的可行性。

2. 制定创业战略

商业计划书的准备工作，都是为了制定创业战略。商业计划的制订过程只有围绕创业战略展开，才不至于虎头蛇尾，让投资者和客户看不懂。创业战略的制定是基于前期所有信息的收集与整合分析，同时需要创业者本身具有一些专业市场分析基本技能，对商业模式的种类相对比较熟悉，或者寻找专业合作者和咨询机构。反过来创业战略确定了企业的商业模式和方向，有助于商业计划书的撰写。

（二）提高沟通效率

撰写创业计划书是为了寻找合适的投资者、新的合作伙伴与挖掘潜在的消费者，有助于形成有效的双向沟通。创业计划书应面向如下对象。

1. 投资者

对于创业者来说，他首先要面对的沟通对象便是投资者。投资者的选择将会帮助创业者走出第一步。创业计划书是一座架在投资者与创业者之间的桥梁。创业者要通过高效的沟通获得投资者的青睐，争取有限的资金。创业者必须重视创业计划书的制订，不能只走形式或随意应付，因为投资者都有着敏锐的洞察力和专业的分析力。

2. 员工

创业计划书能够凝聚人心。员工是创业者的重要人力资源，员工将其人力资本投资于新创企业，目的是获取投资回报及个人的发展。因此，创业计划书要尽可能擘画企业发展的美好蓝图，让员工对企业发展规划产生认同感，从而产生信心与动力，为企业的目标而努力工作。

3. 重要客户

创业计划书可提供给客户充分的信息，使其对新创企业和所提供的新产品充满信心，从而购买企业所提供的新产品，并使企业和客户建立长期稳定的合作关系。同类产品的竞争者越多，这种承诺就越有价值。这时，创业计划书的质量、吸引力与可信度都起着决定性的作用。

4. 重要的供应商

供应商是否愿意向新创企业提供资源，以及以什么方式提供，取决于其对新创企业及其前景的信任和信心。因此，创业者要通过商业计划书使供应商对新创企业充满信心。这不仅会给企业带来所需要的资源，而且有助于企业获取较好的供货条件。

5. 媒体

创业者有的时候会参加创业大赛，在展示创业计划书时往往会面对不同媒体，这对创业者本身也起到宣传作用。媒体往往是大众审美的引领者。因此，创业计划书能够宣传本企业的企业文化，也能够推广企业产品或服务，为后面的项目推广做铺垫。

（三）资源整合作用

在创业筹备的过程中，各种经营要素是分散、凌乱、互不衔接的。创业计划书围绕着市场需求，把各种资源有序地整合起来，优化组合各经营要素，形成一种增量资源组合，从而为创业实践打好基础。

（四）融资作用

资金是企业经营的血液，是创业的核心要素之一，是新创企业能够获得生存和快速发展的重要前提。创业计划书的主要目的之一就是筹集资金。创业融资有时就是从审查你的创业计划书开始的。当你确定了创业目标与创业动机之后，就必须考虑资金、人脉、市场等各种必备的创业条件因素。可以认为，创业计划书是整个创业过程的灵魂，是创业者推销给市场的第一件商品。提出一份富有创意的、规范的创业计划书，对解决创业融资问题至关重要。

（五）规避创业风险危机的作用

创办、经营企业涉及主客观领域诸多因素，其中任何因素的缺失或背离预期的设计条件，都有可能导致创业实践活动的失败，它是一种高风险的社会行为。因此，创业者在实施创业之前，要对创业过程中可能遇到的各种风险危机因素进行系统、缜密的思考，设计有针对性的措施，即形成一个规范的创业计划，为创业活动提供可靠的指导，避免遇到困难、障碍时束手无策，甚至坐以待毙，从而有效地规避可能存在的风险危机，提高创业成功的概率。

（六）宣传作用

创业计划书本身具有宣传作用。创业计划书能让许多人了解企业产品与服务，代表着企业核心文化。创业可能是多变的，但企业的核心价值观是不会变的，创业计划书可以是对外宣传的一个窗口。如何利用好创业计划书的正向宣传作用是创业者需要考虑的。

二、创业计划书撰写前期准备

（一）调研创业市场

创业计划书的撰写要基于当下市场行情，若脱离市场行情和现实，投资人根本不会浪费时间阅读。创业者应先对创业市场调研一番。影响创业环境的因素有很多，既有内部因素，也有外部因素；既有宏观因素，也有微观因素；既有社会因素，也有自然因素。这些因素涉及市场、行业、经济、环境、政治、社会等各个方面，因此，创业者要全面考虑创业环境。

1. 外部环境

创业外部环境是指目前的市场状况、行业情况及国家政策等。创业的外部环境对创业的成功有着重要的影响。目前国家鼓励自主创业，也制定了相应的法律法规。例如，《中华人民共和国中小企业促进法》第三条规定，国家将促进中小企业发展作为长期发展战略，坚持各类企业权利平等、机会平等、规则平等，对中小企业特别是其中的小型微型企业实行积极扶持、加强引导、完善服务、依法规范、保障权益的方针，为中小企业创立和发展创造有利的环境。创业者要把握住有利的政策环境，但也要学会规避不利因素带来的冲击。

2. 内部环境

内部环境包括企业团队、企业资源、核心竞争力、企业文化等企业内在因素。内部环境决定企业能否长远发展。外部环境时刻会变，但企业文化不会随时改变，企业的核心竞争力也不会轻易改变。投资人对外部环境比较熟悉和了解，因此他们对企业内部环境更感兴趣，创业计划书在描述企业内部环境时，要把企业内部优势凸显出来。

3. 客户分析

客户的喜好是瞬息万变的。谁能捕捉到客户的兴趣，就能把握住商机。因此，客户分析是创业必不可少的一步。客户分析可以采用问卷调查或者访谈方式进行捕捉，可以通过线上与线下的方式扩大调查范围。创业者应结合企业自身实际和调研成本设定适合企业自身的调研方法。

（二）创业计划制订的步骤

制订创业计划一般采取如下步骤，或者说经历如下几个阶段。

1. 确定创业目标

创业目标应是可量化、可达到的。创业者要分析达到创业目标的各种可能性，制定出达到每一步目标的日期，使奋斗有目标，创业有动力，评价有依据。创业目标既有总体目标，又有具体目标；既有长远目标，又有阶段性目标；既有整个创业组织的目标，又有组织内各部门的目标。创业者要对创业的目标进行层层分解，使目标不仅“可望”，而且“可及”。

2. 分析创业机遇

事物的发展不仅是一个过程，也是一个时机。“冒进”与延误时机最终殊途同归，结果都是失败。创业也是一个过程。创业者要从自身条件出发，从创业目标出发，分析创业机遇，把握创业机会。

3. 了解创业环境

任何机遇都存在于一定的环境之中。分析创业机遇时，应了解创业环境，包括影响创业计划实施的各种环境因素。创业者所处的创业环境对创业计划的实施产生效应。创业计划书应描述环境的变化对创业者、创业组织的影响及其采取的措施；创业计划书应回答创业者、创业组织对创业环境的影响。

4. 评价选择方案

创业计划书中的具体创业方案应该有两个或两个以上，以便比较与择优。决策不是拍脑袋、拍胸脯。创业需有冒险意识，但冒险不是赌博，不是盲目蛮干，它是在方案论证的基础上进行评估、选择，使创业行动建立在扎实、可行的基础之上。筛选创业方案是创业计划中非常重要的一步，直接决定创业计划的效力。

- 相关知识链接

大学生如何在日常生活中进行创业计划训练

我们每一天从起床开始，到晚上睡觉，都做了哪些事情？我们可以根据需求的频次来分析一下。每个人每天都需要刷牙洗脸，一天两次，属于高频次。也有人早上起来会洗澡，但相比刷牙洗脸的频率会低些。日化这个领域出现了宝洁、联合利华等巨头。然后出门工作、上学，就需要交通工具，晚上下班、放学也都需要交通工具，一天两次，也是高频次的。这个市场是巨大的市场，巨头的出现也是必然的，比如优步、神州专车、滴滴等。到了工作岗位开始工作，就需要很多的工具，比如电脑、手机。一个人每天花在电脑和手机上的时间可能超过 10 个小时。中午，有些白领、学生开始点外卖。吃午饭是每个人每天都需要的，也是高频次的。晚上睡觉之前还是会跟手机在一起，手机是人类必不可少的工具。随着网络的普及，手机的使用频率比以前大大增加，这为移动互联网时代的到来奠定了基础，也为像微信这样的移动社交产品的普及打下了底层基础。手机的普及，同时带来了移动电子商务、移动社交、移动在线教育、互联网直播、移动视频、互联网招聘、在线旅游等行业的高速发展。重复购买性高的行业有其特殊的属性，其中重要的一环是需求本身的频次，就像一天两次出行、一天三顿饭一样，在一般情况下是不会改变的。

项目本身存在的意义和价值就是解决社会上出现的某些问题，或者优化原有的解决方案。项目的价值最终体现在其产生的利润之上：利润低，则说明该项目产生的价值低，解决或者优化的贡献小；反之，利润高，则说明该项目产生的价值高，解决或者优化的贡献高。传统项目的价值跟单次购买的价格和购买次数有关，在互联网和移动互联网时代，项目的价值在次数上的价值权重显然会更高，很多企业甚至亏损也想尽一切办法占领购买次数高的需求领地，然后通过这项服务来推动其他服务或者产品被用户所使用。典型的例子是滴滴打车，据报道，2015 年滴滴至少亏损 100 亿元人民币，腾讯是滴滴的股东，腾讯疯了吗？显然不是，出行领域很重要的一个特性是高频，即重复购买性很高。重复购买，极大地促进了微信支付的普及。

重复购买性对于一个商业项目具有十分重大的意义。重复购买性面对低频的业务具有天然的优势，主要体现在业务延展时候的传播效率与质量。相对高频的业务在品类拓展的时候会有较大的优势，能够节省大量的广告费用，建立竞争壁垒。在专车市场，易到是第一个做的，后面因为滴滴的使用频率更高，易到不得不用大量的补贴才能维持，一旦补贴停止或者减少即被滴滴超越。所以，频率高的业务自带大量的流量。

在具体操作过程中，应该怎么办呢？我认为应当尽可能寻找到多跟客户交互的机会，并让客户形成习惯。客户形成习惯将具有战略性意义，在公司与竞争对手之间会形成竞争壁垒。比如，给100个客户赠送一件小礼品，有三个选择：① 印有公司名称和logo的高档定制水杯。② 瓶身印有公司名标和logo的较为高档的定制矿泉水。③ 印有公司名称和logo的雨伞。面对这个问题，很多公司的决策人不一定会深思，会选择矿泉水，但这个选项从重复购买性这个维度来思考不是最优的选择。最好的选择应该是高档定制水杯。因为矿泉水喝完就没了，无论多高档，基本上会在一天之内喝完，第二天就看不到了。雨伞相对会好一些，因为一年中有多天会下雨。而高档定制水杯是每个人都会用到的，人每天都会喝水，所以水杯只要不被打碎就可以使用很长时间。试想客户每天都看到公司的名称和logo，这无形中加深了客户的印象，对提升公司的销售额非常有利。

三、创业计划书撰写的原则

一份好的创业计划书必须呈现竞争优势与投资者的利益，同时要具体可行，并提出尽可能多的客观数据来加以佐证。具体编写时应把握以下原则。

1. 市场导向原则

利润来自市场的需求。没有明确的市场需求分析作为依据，所撰写的创业计划书将是空泛的、无意义的。因此，创业计划书应以市场导向的观点来编写，要充分显示对市场现状的把握与未来发展的预测，同时要说明市场需求分析所依据的调查方法与事实证据等。

2. 文字精练原则

创业计划书应该避免那些与主题无关的内容，要开门见山、直切主题，并清晰明了地把观点亮出来。文字精练，观点明确，较容易引起投资者的注意和兴趣，从而提高融资成功率。

3. 经济可行原则

创业计划书是具体实施的行动纲领，要展现创业者及其团队的经营能力和丰富的经验背景并显示创业者对该产品或服务、市场开拓、技术掌握及运行策略等已有完全的准备，以增强实现计划的信心。

4. 呈现竞争优势原则

撰写创业计划书的重要目的之一是为投资人或贷款人提供决策依据，获取融资。因此，创业计划书中要呈现出具体的竞争优势，显示经营者创造利润的强烈愿望，并明确指出投资者预期的报酬。但同时应该说明可能遇到的风险或威胁，不能只强调优势和机遇而忽略不足与风险。

5. 便于操作原则

创业计划书是创业者拟订的创业行动蓝图，因此，必须具有很强的可操作性。特别是其中的营销计划、组织结构、管理措施、应对风险的方法和策略等，必须具有可行性和可操作性。同时，创业计划书还要注意先后有序。

6. 客观实际原则

创业计划书中的所有内容必须实事求是，即使是财务规划也要尽量客观、实际，切勿凭主观意愿进行评估。创业者必须事先进行大量的调查和科学分析，尽量陈列出客观、可供参考的数据与文献资料。

7. 前后一致原则

创业计划书要简洁明了、系统完整，要能包括创业精英的各项策略要领，尽量提供各项资讯及佐证资料，并使预估与论证相互呼应、前后一致，逻辑性强。

8. 独创新颖原则

创业计划书的构想要新颖，经营理念要独到，无论内容还是形式都要充满新意。创业计划书要能以独创性、新颖性打动投资者，增强投资者的信心。

第二节　创业计划书的撰写

一、创业计划书的基本格式

（一）封面

封面上可以放一张企业的项目或产品图片，但需留出足够的版面排列以下内容：创业计划书编号、公司名称、项目名称、项目单位、地址、电话、传真、电子邮箱、联系人、公司主页、日期等，如图 8-1 所示。

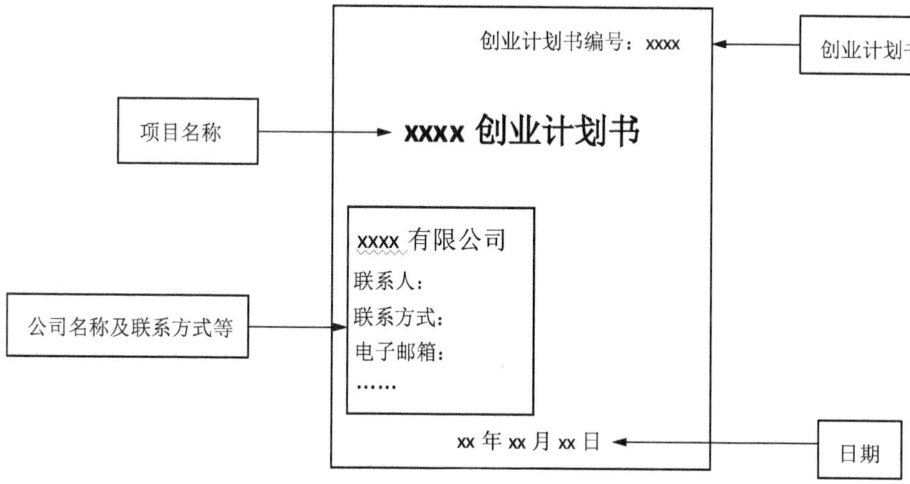

图 8-1　创业计划书的封面

（二）保密要求

保密要求可放在封面，也可放在次页，主要要求投资方妥善保管，不得向第三方公开创业计划书的内容。

（三）目录

目录标明各章节内容及页码，要注意保证目录页码同内容的一致性。

（四）摘要

摘要是对整个创业计划书的概括，目的在于用最简练的语言将计划书的核心、要点、特色展现出来，吸引读者仔细阅读全部文本。

（五）正文

正文是创业计划书的主体部分，是整个创业计划书的重点。要分别从公司基本情况、经营管理团队、产品或服务、技术研究与开发、行业及市场预测、营销策略、产品制造、经营管理、融资计划、财务预测、风险评估等方面进行介绍，针对投资对象不同而有选择地陈述某几个方面。要做到语言精练、表意清晰、数据表格简单明了，不要添加令人混淆的语句。

（六）附录

附录是对正文中涉及的相关数据、资料的必要补充。

二、创业计划书的正文内容

（一）概要

这部分主要说明资金需求的目的，并简要说明整份计划书的重点，目的是吸引投资者进一步评估的兴趣。概要主要包括如下内容。

（1）公司名称与经营团队介绍。

（2）申请融资的金额、形式、股权比例及价格。

（3）资金需求投入周期及资金配置使用情况。

（4）未来融资需求量及需求时期。

（5）总计划成本与预算资本额。

（6）整份计划书的重点摘要。

（7）投资者可望获得的投资报酬。

（二）企业简介

（1）公司成立时间、形式与创始人。

（2）公司人力资源，包括团队成员背景资料、组织结构。

（3）公司发展简史。

（4）公司业务范围。

（三）组织与管理

（1）经营管理团队背景资料、专长与经营理念。

（2）拥有的成功经验与卓越的组织管理能力。

（3）企业的组织结构及未来组织结构的可能演变。

（4）人力资源发展计划，包括各功能部门人才需求计划、公司薪资结构、员工激励制度、招募培训人才的计划等，详见图 8-2。

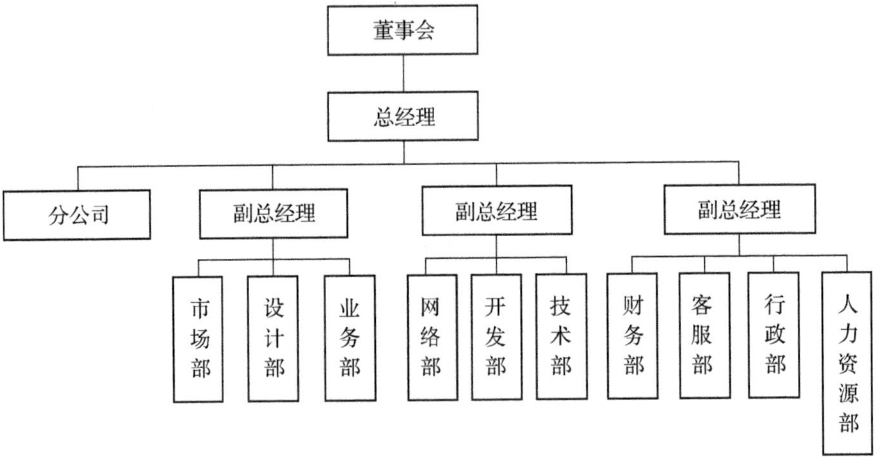

图 8-2　组织结构例图

（四）产品与专业

（1）产品环境与发展历史。

（2）产品的发展阶段（包括创意、原型、量产）、开发过程，是否已申请专利。

（3）产品的功能、特性、附加值及竞争优势。

（4）公司产品与其他竞争产品的比较。

（五）行业分析与市场分析

（1）明确界定产品的目标市场，包括销售对象与市场成长潜力。

（2）过去、现在及未来的市场价格发展趋势。

（3）过去、现在及未来的公司销售量，市场成长情况，市场占有率变化情况，主要市场顾客的特征，顾客接受公司产品的事实依据，以及该产品对顾客的价值。

（4）市场上主要的竞争者，包括竞争者的市场占有率、销售量、排名，彼此的优劣势与绩效，以及竞争策略（包括价格、品质或创新等）。若尚无竞争者，则分析未来可能的发展与竞争者出现的概率。

（5）其他替代性产品的情形，以及未来因新技术发明，而威胁到现有产品的可能性后果，并提出应对对策。

（六）营销策略

（1）现在与未来的营销策略，包括销售与促销的方式、销售网络的分布、产品定价策略，以及不同销售量水准的定价方法。

（2）销售计划与广告的各项成本之间的分配比例。

（七）生产计划

（1）建厂计划，包括产房特点、设计及所需成本等。

（2）制造流程与生产方法。

（3）物料需求结构，原料、零组件来源和成本管理。

（4）品质管制方法，包括优良品率的假设。

（5）委托外制与外包管理情况。

（6）制造设备的需求，包括设备厂商与规格功能要求等。

（7）产品各项成本的说明，包括固定成本与变动成本，以及详细生产成本的预估。

（8）生产计划，包括自制率、开工率、人力需求等。

（八）财务分析与预测

（1）企业历史财务状况，包括过去5年期间的资产负债表、利润表、现金流量表的比较，及过去融资来源与用途，并提供财务分析统计图表（图8-3），使用财务评估指标，如流动比率、速动比率等。

（2）融资后5~7年财务预估。编写的原则是第一年的财务预估须按月编制；第二年则按季编制；最后几年则按年编制。应说明每一项财务预估的基本假设与会计方法。

（3）上述财务预估应包含资产负债表、损益表、现金流量表、销货收入和销货成本预估表、进货单。

（4）未来 5 年损益平衡分析（或敏感性分析）和投资报酬率预估。

（5）未来融资计划，包括融资时机、金额与用途。

（6）若是成熟企业，应附上企业股票公开上市和发行的可行性分析。

（7）投资者回收资金的可能性、时机及获利情形。

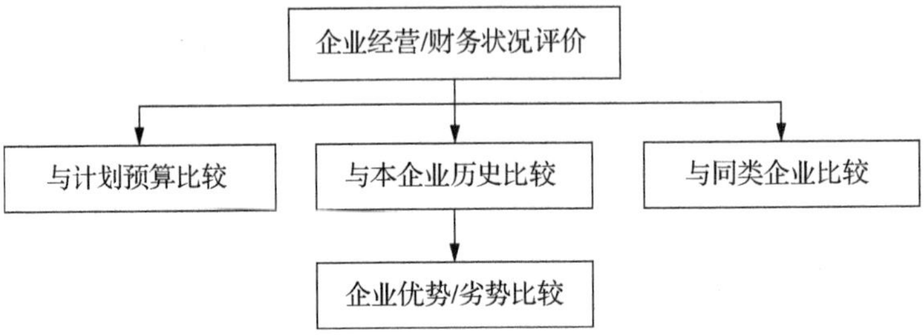

图 8-3　财务分析表

（九）技术与研究发展

（1）产品研发与生产所需的技术来源，以及团队技术水平与操作成熟程度。

（2）技术与产品的关联度，并且陈述技术的核心地位及技术未来的发展趋势。

（3）企业技术水平的提升计划。

（4）未来研究发展计划，包括研究方向、资金需求和预期成果等。

（十）风险分析

此部分旨在列出可能的风险因素，并估计其严重性发生的概率，且提出解决方法。从事风险分析，确认投资计划附随的风险，并以数据方式衡量风险对投资计划的影响，目的是向投资者说明风险的应对策略。

（1）政策风险。目前国家出台政策鼓励自主创业，但对各行各业也有些限制性的法律法规。创业计划书应该对涉及行业的相关法律政策给予说明。

（2）资源风险。说明产品的上游供货渠道，以及可能会出现因生产商产业整合等因素造成的停产或缺货风险。

（3）技术风险。企业技术成熟度、生产设备技术安全及网络安全性风险等技术风险都应该说明。

（4）市场风险。虽然市场风险无法完全避免，但是企业可以通过特殊手段降低市场风险，比如进行资产配置，对冲市场风险。

（5）信息不对等风险。信息长期不及时，将导致企业与市场脱节，进销货渠道不流通，会严重影响企业经营。

（6）成本控制风险。营销成本与人力资源成本的控制能增加企业净利润。如果成本远远超过预算，企业将会陷入资金运转困难的困境。

（7）竞争风险。同类产品或服务的竞争会挤压创业者的市场份额。创业者要及时分析竞争对手动态，揭露竞争风险。

（8）财务风险。企业借入资金却无法偿还的风险，风险因负债方式、期限及资金使用方式不同而程度不同。

（9）管理风险。职员的流动，若离职率过高，会影响企业的正常运营。

（10）破产风险。如出现危机事件，有可能导致破产风险。

（11）环境风险。部分行业会受自然环境的影响，最典型的就是，洪涝旱灾都会影响农作物的收成。同时其他自然灾害，如台风、地震等，都有可能破坏企业设备设施，影响企业的正常生产。

（12）通货膨胀。宏观经济也会影响企业盈利，如通货膨胀会导致货币贬值，企业实际盈利减少。

（13）汇率风险。某些企业涉及外贸交易，受国际经济环境及人民币对外币汇率浮动的影响而存在风险。企业往往会使用金融产品来规避或者对冲汇率风险。

（十一）附件及证明材料

（1）能够证明前述各项计划的资料。

（2）详细的制造流程与技术方面的资料。

（3）其他各种参考佐证资料。

三、创业计划书的撰写技巧

1. 换位思考

站在投资人的角度考虑。投资人每天都要阅览大量的创业计划书。他们通过某些渠道获取你的创业计划书，如网站或者邮箱。创业计划书就是你的代言人，是你的第一件产品。如何吸引投资人的兴趣，这是至关重要的。

2. 创业计划书宜简洁

投资人阅览一份计划书的时间可能只有几分钟，没有过多时间去阅读冗长的文章，只有在感兴趣的时候才会放慢脚步，细细品尝。因此，创业计划书切忌枯燥无味，应以简洁明了为主。

3. 创业计划书要采用 PDF 格式

Word 文档的商业计划书，投资人很有可能会选择不看。第一，投资人会认为你缺少基本的职业素养，因为 Word 文档不够正式。第二，投资人可能会质疑你的诚意，连 PDF 文件都不准备。因此，发给投资人的创业计划书一律采用 PDF 格式。如有视频或者其他形式的展示，应与投资人沟通好再发链接或者邮箱。

4. 文件名宜精练

创业计划书的文件名应尽可能精练，方便投资人查找，可以直接用“项目名+创业计划书”的格式去写，尽量不要出现花哨的符号或者不必要的内容。例如，“××智能做菜机——让生活更美好商业计划书”就很简洁。

5. 存储空间不大

投资人不希望创业计划书占用太多的存储空间。一方面，他们每天需要接收大量的文件，而这些文件会占用设备的内存；另一方面，文件过大，下载与打开时间过长，会引起投资者的反感。创业者在制作创业计划书时要注意控制素材、控制篇幅、控制内容。如果发现图片太大导致文件过大，可以先对图片单独进行处理，再放进文件中。

6. 封面简洁

封面是对商业产品或服务的高度概括，不需要放太多花哨的图片或者装饰。选择的颜色既不要太过花哨，也不要太过生硬。

7. 标题开门见山

创业计划书里的大小标题要开门见山，先提论点，再说论据，不要含蓄娓娓道来，否则投资人会逐渐失去耐心。

8. 优化图片

创业计划书里往往会添加一些图片来丰富内容，因此图片的优化必不可少。创业者应谨慎选择符合主题且清晰、美观的图片，可以利用修图软件对原图进行修改，或者找专业摄像师拍摄。

9. 精选重点荣誉

如果个人、团队或者公司已经获得若干奖项或者荣誉，可以适当加进创业计划书里，能够为创业计划书添彩，但各种荣誉需要选择性写入计划书中，挑选一下等级高的、获得行业认可的奖项，不要将所有奖项都写进去。

10. 商业模式明晰

商业模式是关键。创业计划书要讲清楚做什么和怎么做，让投资者明白运作流程是什么样的。如果你的计划书里没有商业模式，那么投资者可能会觉得看你的计划书是在浪费时间。

11. 团队介绍应清楚

团队有哪些人，具有哪些资质，在业界有哪些荣誉，都应该写清楚。投资人可能因为对你们团队某个人的专业水准十分信任，而选择投资你的创业项目。因此，团队的介绍应该朝投资人希望的情况靠拢。例如，你的创业产品是医疗方面的，团队介绍里应该着重介绍优秀的医师。

12. 尽量使用数据图表

文字语言可能会显得苍白无力，只有在数据的支撑下才会显得饱满。能够用数据证明的观点尽量用数据证明。数据的收集与选择应是权威的、官方的，不能够自行编造。投资人一旦发现数据出现偏差，会怀疑你的诚信。

13. 财务计划应全面

创业者应该把目前公司的运营情况如产品成本多少、目标客户量多少、销量多少、营业收入多少、毛利润多少、研发投入多少等加以整理，最好做一份财务分析表格。

14. 简单介绍市场行情

市场行情只需要简单几句话表述清楚就行。因为投资人对于市场行情的了解与分析已经非常成熟，创业者大谈市场行情就有点班门弄斧了。

15. 对竞争者进行分析

创业者应挑选重点竞争对手，明确竞争对手的优势与劣势，将其产品或服务与你的产品或服务相比较，突出你的优势。

16. 融资计划要有可持续性

融资计划要显示出创业项目的可持续性，预估融资金额及融资周期，要尽可能通过多种方式，让投资者认为商业项目的可行性强。

17. 收益计划应明确

投资人最关心的其实是你的商业项目能盈利多少，盈利周期多长，因为投资人希望在短时间里收回本金和利息。

18. 商业计划书要美观

展现的项目书应该带给投资人赏心悦目的感受，投资人才会有继续看下去的冲动。封面美观、图片优化及内容排版整齐清晰，甚至色彩的搭配、字体和字号大小等细节都能成为加分项。

19. 要不断修改与完善创业计划书

计划书的撰写绝对不是一气呵成的，完成初稿后要交由团队反复修改与完善，同时可以向专业的投资人请教，帮助创业者寻找创业计划书的漏洞，提升创业计划书的质量。

20. 实事求是、客观陈述，切勿假大空

很多创业者在创业的时候非常仓促，根本没有投入足够的时间对创业项目的可行性进行调研。创业者在创业初期，应本着务实的精神，踏踏实实地结合自己的实际情况和能够整合的资源，客观地制订创业计划。

第三节 创业路演

创业路演是指创业者向不同的投资方讲解自己的创业项目，介绍自己的商业产品或服务。创业路演分为线上路演和线下路演。线上路演一般通过视频等在互联网上讲解，线下路演主要通过活动专场与投资人进行面对面的演讲及交流。

创业路演能够让不同的投资人同时倾听创业者的讲解和说明，同时还能够进行双向交流，比让投资人在电脑屏幕上简单阅读创业计划书更有优势。特别针对一些技术性强的商业项目，投资人有的时候看不懂计划书里的描述。创业者可以现场解说并解答投资人的疑惑。

一、明确创业计划书的展示对象

投资人是创业路演的主要观众。创业者进行创业路演的最终目的就是要获得投资人的橄榄枝。因此，创业路演要注意选择演讲风格与表演形式，投其所好，对投资人的个人性格、风险偏好、风格喜好及行业偏好等做好调查。

二、向投资者陈述创业计划书的技巧

（一）演讲要有新意

创业路演与发送创业计划书的电子版给投资人不同，它是一种直接或间接的面对面的交流与沟通，讲述方式也成为评判创业项目的标准之一。因此，好的演讲方式可以成功吸引投资人。如果创业者讲话结结巴巴，即使再好的创业计划书，创业者的业务能力及社交能力也会被投资人怀疑，进而影响投资项目的发展。大部分创业者都会为了创业路演而精心准备。演讲开始要切入要点。如果创业者能在最初的一分钟内吸引住投资人的注意力，那创业者的路演已经成功了一半。

（二）内容要简单有记忆点

如果创业者路演的内容缺乏逻辑，大部分听众表现出不耐烦情绪，低头看手机，那创业者的路演必然失败。如何让大部分人听完创业者的演讲，明白创业者想表达的意思及能够重新复述创业者的演讲内容，这是创业者需要思考的问题。路演的内容需要逻辑清晰，语言精简，并且重点内容突出，这样投资人在听了一场路演之后就能记住。创业者可以在路演前向其他人展示，让其他人复述演讲内容，通过反复操作来精简演讲内容。

（三）财务数据要可靠

路演切忌夸大企业盈利能力。有些创业者为了吸引投资者，虚报营业收入和营业利润，且数据远远超过正常市场平均水平，投资人马上就能识别虚假数据。因此，创业者对路演内容涉及的数据，要反复确认无误。

（四）团队介绍不宜过长

团队介绍最好每人不超过 1 分钟，因为投资人更关心创业项目，除非团队里有很厉害的业界大拿。

三、路演一般流程

参与创业项目路演一般要通过官网报名提交报名表，填写项目相关信息，再由组织者负责后方筛选，最终选出参加路演的队伍。开始正式项目路演时，每支队伍会被告知具体时间、具体地点及评审标准。每支队伍在规定的时间范围内介绍自己的项目。项目介绍完毕，将会有提问环节，创业者需要对问题进行解答。路演一般流程如图 8-4 所示。

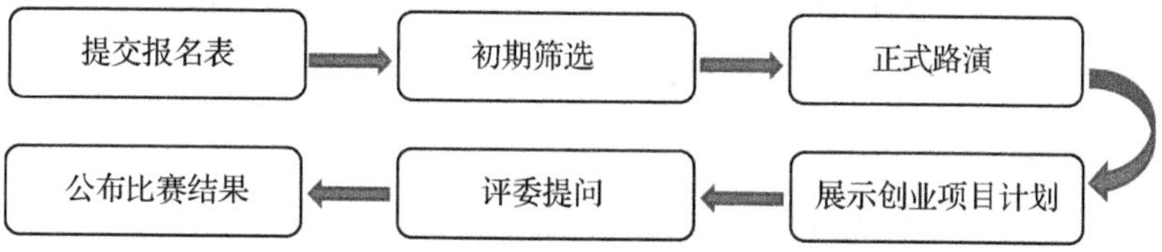

图 8-4　路演一般流程

四、其他注意事项

参加路演的其他注意事项如下：

第一，路演是创业者与投资人面对面的沟通，因此，创业者及团队其他人应该注意着装，保持良好的仪容仪表，最好着正装。

第二，预演路演时可能出现的问题。如这个项目到底在做什么？你想如何实现你的项目？项目如何变现和赢利？为什么这轮融资的金额需要这么高？你的团队成员实力这么强，他们为什么选择你的公司？这个项目如何降低亏损的可能性？对以上预演问题提前做好准备，能够让创业者在路演时更加从容不迫、应对自如。

• 案例分享

喜隅之光陶瓷艺术灯具创业项目计划书

第1章　项目背景

喜隅之光陶瓷艺术灯具项目在中国半导体智能照明创新基地和景德镇陶瓷大学老师指导合作下成立。我们坚持“知旧拓新、传承技艺”的理念，目的是表达中国优秀文化的理念和寓意，赋予陶瓷艺术灯具独特的文化内涵，提升市场的观赏价值和收藏价值。与LED照明技术结合，致力陶瓷灯具的研发、生产、销售，适用于民宿及主题酒店、公共环境等场所及各类陶瓷灯具收藏爱好者。灯具创作设计的文化内涵主要体现中国文化的主题性和时代特征。

喜隅之光陶瓷艺术灯具项目设计团队成立于2016年。在这一年的发展中，我们不断研发和尝试打造艺术陶瓷与LED灯完美结合的陶瓷艺术灯具。其间我们参加了2016年景德镇陶瓷博览会和第26届广州中国进口商品交易会。我们的产品受到了许多客户的好评，还被多家媒体报道，部分产品已进驻多家民宿。在前期的情景灯研发上我们有了一定的经验。充电式便携LED灯是我们与康德电器共同研发的一款灯配。结合艺术陶瓷灯具，我们可以更好地做出艺术性的产品。在我们的产品研发中，陶瓷艺术与LED灯的结合是公司当下的推广方向。仿生系列和小夜灯系列是我们正在推广的陶瓷艺术灯具，部分产品获得了国家外观专利。

第2章　行业介绍和市场分析

2.1　灯具市场发展趋势分析

近年来国内住房条件不断改善，大部分家庭对客厅、饭厅、卧室、厨房、浴室等进行装修，同时，根据居室装修中房间的不同用途，相应安装不同种类的吊灯、壁灯、天花灯、柜灯、落地灯及台灯。此外，还会安装一些特殊用途的灯，如壁式照明灯、镜前灯、夜灯等，从以前的一室一灯演变成现在的一室多灯。

随着人们生活水平的逐步提高，各式各样的灯具除满足照明的需求外，亦要符合装饰和美化居室的效果，加速了灯具灯饰行业的发展。我国照明行业经过多年发展，特别是近二十年持续、稳定、快速的发展，其规模在世界上已占有绝对的优势。国内很多企业在产品的研发方面加大投入，更加注重品牌的宣传，向品牌化方向发展。近年来我国照明企业得到了快速发展，形成了一批有品牌、有规模的照明灯具生产企业，部分企业已开始采用自主品牌进军国际市场。1999年到2009年是中国照明产业快速成长的黄金十年，其间，产业规模得到最大化扩张。到2015年，全国照明行业企业超过两万家。经过最近十年的发展，我国照明产业得到进一步整合，目前已形成广东、浙江、江苏、福建、上海五大主要产区，五省市的企业数量达到业内企业总数的90%

以上，且产品各具特色。其中，广东以室内照明灯具为主，装饰类灯具主要集中在中山和东莞。广东其他地区如佛山、惠州等地以光源、灯盘、支架、筒（射）灯具为主，在国内市场份额中占有较大比例。浙江、江苏、上海、福建等地以室外灯具和光源为主。2011—2015 年照明行业市场规模如图 8-5 所示。

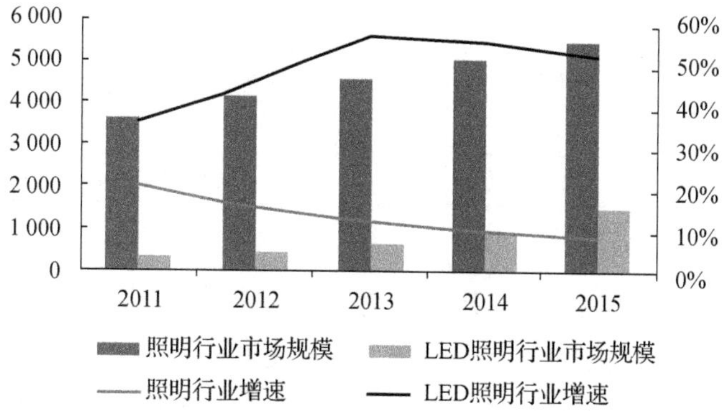

图 8-5　2011—2015 年照明行业市场规模

2.2　灯饰市场发展趋势

由于国内生活水平不断提高，人民向往较佳的生活环境，对灯具灯饰不断地提出新要求。近年内地灯饰市场有功能细分的发展趋势。人们要求灯具能符合不同场合，因此，各种使用要求的灯具应运而生。灯饰市场呈现出高技术化、多功能化、环保型、造型新颖的特点。

2.3　灯饰类别市场需求

台灯开始向装饰化、情趣化和组合化方向发展；吊灯呈现欧洲古典风格；落地灯流行子母灯；壁灯则开始运用最新的感光技术。

2.4　陶瓷灯具市场分析

2.4.1　陶瓷灯具产品特性

首先，陶瓷耐高温，仿生性、装饰性极强，附着性极好，百年不褪色，釉面不怕摩擦蹭刮；其次，陶瓷具有文化载体的属性。

2.4.2　陶瓷灯具市场分析

瓷文化与灯具结合，有着很大的市场前景。

2.4.3　陶瓷灯具环境优势

政策环境、技术环境、文化寓意推广环境、市场环境。

2.4.4　六力模型分析

现存竞争者、供货商、客户、潜在竞争者、产品或服务的替代方式、协力业者。

2.4.5　SWOT 分析

机会、威胁、优势、劣势。

2.5　目标市场与市场定位

2.5.1　市场分析

市场分析是增加项目精确营销的一种方式，根本目标是找对客户，即根据客户的要求、动机、喜好、文化差异等行为的多元化来选择最有利润的目标市场。产品分类如表8-1所示。

表8-1　灯具市场细分

推广期	1~2年	3~5年
细分市场	民宿、书房、主题酒店	公共场所环境造景灯，星级酒店室内、户外用的陶瓷艺术灯
功能需求	台式、吊式、壁式	地灯、景观灯、艺术灯
地域推广	华南地区为主，华东地区为辅	全国市场和海外市场

2.5.2　市场拓展目标

结合目前的情况与发展前景，我们制定了分区域市场拓展目标。力争在2年内占领华南市场，逐步推广到华东市场。3~5年在稳定华南市场的基础上，推广到全国市场，建立线下体验、线上推广公司。同时，发展东南亚市场，在5~7年内入驻欧洲和美洲市场，建立覆盖全国和"一带一路"跨境电商的陶瓷艺术灯具公司。

2.5.3　市场定位

项目产品市场定位，主要面向中高端的消费群体。项目的初期市场区域主要是中山古镇灯饰市场领域，然后是华南地区，之后向华东地区和东南亚国家及欧洲市场发展。项目主要以LED灯技术和创新设计为主导，集合陶瓷材料和辅助材料的应用设计，提高其艺术审美性和附加值。同时，项目充分利用LED灯技术资源，研发具有一定科技含量的灯饰，利用合作单位的内销、外销渠道较快地切入市场。

2.6　市场调查与预测

2.6.1　市场调查

目前，最大的灯具市场是竹灯市场，其次是铁和木艺材料灯具市场；形态以仿灯笼和瓶的形式比较多。竹制灯的形态较为丰富，也具有一定的主题性和时代性，但呈现的视觉效果不够高端。塑胶和玻璃类的灯具形态变化较为多样，但主题性较弱，文化性不强。主题图形上，目前市场上的陶瓷灯在花色和形态上依旧传统，虽然有一些主题内涵，但表现不符合现代审美意识，色彩的运用也不够时尚。竹灯在花色方面没有表现，以素色为主，其他材料通过不同的工艺手段也有主题花色的表现，但其表达的主题和文化不够自然且品位不高。在陶瓷艺术灯LED照明技术应用方面，目前陶瓷艺术灯市场普遍使用的是节能灯，陶瓷灯结合LED灯市面上不多。陶瓷艺术灯具对光的运用是非常科学和严谨的。目前的瓶颈是设计陶瓷的设计师、艺术家们不了解LED灯的技术应用；而LED灯技术人员不懂陶瓷和其他材料工艺的应用，也不懂LED灯光带来的效果和主题文化寓意的表达。

2.6.2　市场预测

市场预测是项目生产和销售的基础。做好充分的市场预测，才能预知项目发展前景，并充分把握项目未来所面临的风险。根据目前的市场调查分析，市场分为家装与主体性艺术酒店或餐厅等市场。

第3章　产品与技术

3.1　产品概念与应用

3.1.1　产品简介

喜隅之光品牌依托景德镇陶瓷大学院校资源和景德镇千年制瓷产业，解决了技术难题。我们同照明创新基地联合研发智能化灯具，并应用于陶瓷作品中，带动了大学生创新创业。一年来，喜隅之光研发了具有现代理念的陶瓷艺术灯具。

项目研发的产品为“互联网＋”艺术陶瓷灯具，通过陶瓷和LED灯的设计体现中国文化美学理念和寓意，增强陶瓷艺术灯具的寓意性、收藏性和观赏性。运用装置艺术与器物相结合，实现美学与生活、人文与科技、寓意与意趣相叠加，在平淡的生活用具中增加生活的趣味，让科技更好地融入陶瓷艺术灯具中。

公司的产品采用景德镇薄胎瓷陶瓷工艺，配合不同的釉色与造型，能够保证灯具日常不易变形且更具创意，并通过市场中已开发的新型LED灯具配件，使陶瓷艺术灯具的使用更具独创性和技术性。公司的产品通过塑形、翻模、注浆、修坯、利坯、施釉、烧成等特殊的陶瓷薄胎工艺技术，达成独特的设计造型和釉色搭配，在使用与摆放中更具形式美，实现了与现代装饰的完美融合。通过提炼特色的形态来表达当代人对传统文化的理解，挖掘山脉和莲花的文化寓意，利用陶瓷和LED灯技术来呈现陶瓷艺术灯具的美感和文化内涵，体现时代精神，弘扬中国文化。

3.1.2　产品应用

陶瓷艺术灯具既可用于日常家居装饰与使用，也可用于民宿、主题酒店、公共环境，更可实现修饰空间、提升氛围、增加人文意趣的目的。该产品在实现照明本身的功能之外，不受场地、天气状况的影响，可以根据用户需求定制。目前在长三角、珠三角等经济发达地区，传统的灯具使用模式已经不能满足日益增长的智能化、人性化的需求。因此，借助最新科技力量，提升产品的功能，成为越来越多消费者的共识和迫切需求。广东省中山市政府已经将促进灯具发展这一目标运用于市场当中，集成全国最大的灯具市场并开拓更大市场份额，景德镇作为具有独特产业结构和先天优势的城市，陶瓷的发展变革也势在必行。一旦实现大规模生产，陶瓷灯具将走入人们的日常生活中，小技术也能带来大市场。陶瓷艺术灯具将替换传统的单一结构灯具。人们置身于陶瓷轻柔的灯光中，可以解除一天的愁绪，表达一定的情趣。可移动式的电源配置，脱离了传统灯座的笨重体验，大大提升了产品使用的舒适度。大空间使用方面，陶瓷艺术灯具所体现的人文内涵可以增强空间的整体效果，所营造的氛围适用于各种艺术环境。

3.2 产品原理与技术

3.2.1 基本原理

略。

3.2.2 主控模块

略。

3.2.3 电路模块

略。

3.3 产品特色与优势

项目主推两大系列的产品：仿生系列和小夜灯系列。仿生系列适用于厅堂和艺术空间环境，以山水和莲文化为设计元素，利用陶瓷和LED灯技术来呈现灯具的美感和文化内涵；小夜灯系列主要用于表现文化理念和烘托环境气氛，也可以中国水墨画和书卷等中国元素来体现中国水墨画的文化内涵。

3.4 产品发展

陶瓷艺术灯具是一个以文化设计为主的产品。在未来的产品配套开发中，设计师将糅合产品生产研发、产品销售、产品展示，研发与之配套的软件数据库，提供网络服务。

3.5 客户需求

目前，民俗家装以简约为主，脱离了传统意义上中式装修中繁复的部分。

3.6 商业模式

商业模式如图8-6所示。

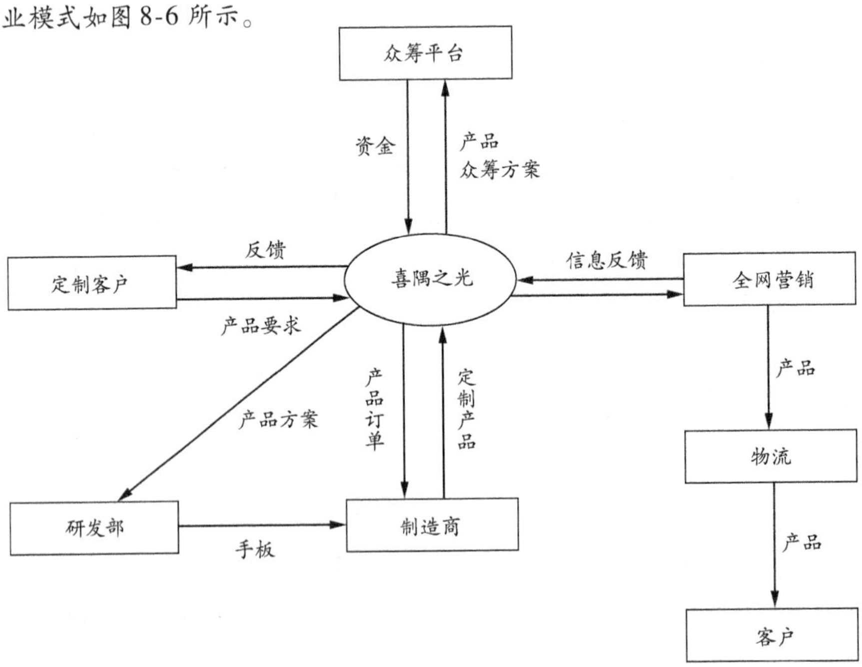

图8-6 商业模式

本项目采用的商业模式是轻资产模式，注重设计、研发与营销，将生产过程外包。已与多家电商合作，现灯具已进驻全国多家主题酒店、商业空间和家居空间。

第4章 项目的战略与发展计划

4.1 项目概况

景德镇夜阑陶瓷灯具设计中心成立于2015年，“喜隅之光”是在2016年由设计团队运用陶瓷工艺和LED技术研发的艺术创意项目，致力研究陶瓷灯和各种材料结合的可能性，开发符合现代人审美的艺术灯具。

4.2 使命和愿景

项目使命：打造具有文化价值的陶瓷艺术灯具公司，推动高端陶瓷灯具产业，提升陶瓷灯具文化内涵，传播设计之美。

项目愿景：我们致力打造一个集创意设计、研发与网络推广、感悟生活于一体的陶瓷艺术灯具公司。

4.3 发展目标

公司未来将坚持推广优秀陶瓷文化，秉承“知旧拓新，传承技艺”的设计理念，参与“互联网+”“一带一路”跨境电商服务及打造智能家居陶瓷艺术灯具，让更多的设计师参与进来，拓宽陶瓷艺术灯具市场。

4.4 总体战略

① 初期：定位成长。② 中期：一体化。③ 远期：多元化。

4.5 竞争战略

产品差异化、质量差异化、服务差异化。

4.6 支撑战略

设计创新战略、人才战略、带动就业。

第5章 市场竞争与营销策略

5.1 产品策略

5.1.1 有形产品

本项目初期主推两种系列的陶瓷创意艺术灯具，分别是以仿生为主的莲蓬、荷塘月色、叠嶂、本固枝荣、回望鸟，以及由中华文化衍生而来的各种小夜灯。

5.1.2 产品价值提升策略

产品价值由理性价值和感性价值共同构成。要赢得顾客的忠诚度，获得企业长远发展，可从上述两方面进行产品价值提升，以占领更大市场。理性价值提升：保证产品品质是根本，力求做好产品一条龙服务，包括售前咨询、介绍，售中安装，售后保养维护，等等，为顾客创造完美的使用经历。感性价值提升：包括产品设计及包装；个性化定制生产；通过与知名艺术家、企业合作，采用广告等营销手段，进行大力宣传，打造一流的情景陶瓷灯具品牌。

5.2 价格策略

5.2.1 成长阶段的价格策略

本产品是自主研发的新型陶瓷灯具产品，所以项目在定价策略上将采取取脂策略，在一段时间内收回投资并取得丰厚盈利，并在产品上市初期创造一个高端形象，吸引消费者的注意。

5.2.2 成熟阶段的价格策略

通过前期市场渗透策略的实施，项目在一定市场占有率的基础上，实施差别定价策略。项目在成熟阶段还需将产品拓展到海外市场。项目将针对固有客户与目标客户的不同需求实施差别定价策略。

5.3 渠道策略

发展前期策略为展会分销；发展中期策略为区域直销与网络直销；发展后期策略为代理分销与捆绑销售。

5.4 促销策略

全网营销、人员销售、体验营销、广告宣传、公关宣传。

第6章 研发、生产管理

6.1 研发

6.1.1 技术发展

项目在未来仍将围绕反映具有典型性的文化主题灯具设计与研发，结合LED技术，建立“互联网+”陶瓷灯具创意设计项目，让更多的设计师参与陶瓷材料的灯具的研发，旨在提升陶瓷材料的表现力及拓宽陶瓷灯具行业市场。将在陶瓷灯具配件等细节进行局部优化，力争使陶瓷主体灯具适用于不同风格的各类场所，使产品由通用型向定制型和通用型结合过渡。通过进一步利用陶瓷特性的效果和专业化的设计优势，提升产品整体性能，满足客户的更高需求。

6.1.2 产品发展

项目产品将继续走自主设计与研发的道路，加快发展集服务、销售为一体的互联网职能信息销售项目，优化产品性能，扩展应用场合。针对客户的多元化需求，不断改进和研发新产品，打造一流的陶瓷主题灯具品牌。

6.2 生产管理

在一套完整的产品设计销售链条中，本项目以设计研发与技术管理为主，以线上、线下销售推广为辅，力求整个项目的最大优化。以最专业的团队和最科学的管理方式运营整个链条，同时做到线上、线下产品输出的完美结合，从而迅速满足目标客户的需求。

6.2.1 计划管理

本项目力争实现最优化的产品研发与销售体制。在管理研发方面，通过高效率的管理方式，整合人才与技术的科学关系。在销售方面，将线上、线下的两条路线做到互相配合，完整统一，结合新时代的网络技术，最大限度地减少销售过程中的人力资源成本，达到与市场的完美对接。

6.2.2 采购管理

本项目在选择产品材料（主要以灯具配件材料为主）供应商的过程中，从材料质量、物流效率、交货质量等多个维度进行科学评估对比，最终确定材料供应商，与中山第五季灯配商行达成合作。同时，与材料供应商还建立了良好的信息交流与共享机制，以保证沟通顺畅，从而进一步提高本项目的产品研发生产效率，形成一个良好的循环体制。

6.2.3 物流管理

本项目的产品及其相关物流运输主要通过第三方物流的方式进行。这样的方式可以节约物流成本，也加强了运输的可靠性和安全性，保证我们的产品以最快、最安全的方式发送到客户手中。在选择物流合作商时，项目综合考虑物流速度、可靠性、灵活性、运送价格等因素，以达成长期合作关系。

第7章 项目组织架构与分工

7.1 组织架构与分工

总监：全面负责设计中心的日常经营、行政和业务活动。充分了解陶瓷灯具行业状况、设计中心的整体状况与行业地位，并据此拟订发展战略，指导制订设计中心年度发展计划。

执行总监：辅助总监的工作，主要负责设计中心的日常运作。建立高效的运营管理机制，进行有效的过程控制；建设优秀的设计队伍，构建和谐的工作环境。

设计部：负责陶瓷灯具的设计与开发，随时掌握新的流行趋势和高科技技术；研发符合目标市场定位的产品。

财务部：主要负责项目融资计划及资金的运用安排，进行投资分析。前期对项目三大融资渠道进行管理，为项目吸纳更多资金，保证项目运营；中期通过项目资金运用安排，对财务过程的成本进行控制；后期制订合理的投资计划，为项目创造较高的资金回报率。

市场部：主要负责制订与完成年度营销目标计划。通过市场调查，确定客户需求，为产品研发提供参考；制订计划，确定销售目标，为行动方案提供依据；整合渠道，负责总部直销、事业部直销、代理分销统筹与实施；通过营销促销，提高产品销量；建立客户档案，及时与客户沟通，汇总客户反馈的意见。

7.2 团队主要成员简介及分工

总监及市场部部长（法人）刘某：视觉传达设计专业本科生，多次获得校奖学金，性格开朗，善于交际，人缘好，沟通能力强，有专业的市场调研经验和市场推广手段。

负责开拓陶瓷灯具市场，制定营销目标和方案，实施营销计划。

执行总监曾某：视觉传达设计专业本科生，多次获得校奖学金、多次被评为三好学生，有一定的执行能力，平面设计能力较强。辅助总监的工作，协调各部门的工作，做事认真细心。

对外协作部部长钟某：视觉传达设计专业本科生，曾多次获得校奖学金，具有丰富的设计经验，思维活跃，有一定的专业知识积累，创新、研发能力良好。负责对外联络。

研发部部长赖某：陶瓷设计硕士在读，曾任校学生会委员，曾获校优秀学生干部称号，多次荣获优秀学生奖学金；性格开朗，善于交际，具有敏锐的市场洞察力；曾多次获得陶瓷艺术设计比赛奖项，设计经验丰富。负责陶瓷灯具的设计研发。

财务部部长林某：视觉传达设计专业本科生，多次获得校奖学金，暑期曾在景德镇大象广告有限公司做设计，做事细心。负责财务管理及资金的融通与投资。

7.3　项目顾问和合作企业

略。

7.4　企业文化

企业文化是项目的核心价值所在，优秀的企业文化更是项目长期发展壮大的先决条件。项目秉承“勤勉、创新、合作、传承”的企业文化，鼓励员工脚踏实地地工作，依创新开拓新河，凭合作事半功倍，以传承推动项目的不断成长。

勤勉：夯实基础，一步一个脚印是稳步前行的要求。时刻将勤奋、自省和勉励作为自身的生活理念。只有以勤勉为路，才能开创新的未来。

创新：21 世纪是一个创新的世纪，创新为社会及人类生活带来了难以想象的改变和便利。项目将创新作为技术开发及团队前行的核心任务，从细处着眼，同时不断开阔视野，在激励员工创意的同时回馈社会，体现自身价值。

合作：一个优秀的团队，不是人才的简单堆砌，而必须是独立个体的有机结合，互补互长，纳新吐故。只有互相合作，才能最大限度地激发人的价值创造力和个人潜能。这是项目茁壮成长的良好催化剂。

传承：项目注重文化和知识的传承。在员工心中潜移默化地播下企业文化的种子，让优秀的精神一直流传在员工之中。同时，对于技术开发采取循序渐进的可持续开拓方式，构建灵活的核心团队，助项目不断登上高峰。

第 8 章　财务分析

8.1　股本结构安排

略。

8.2　财务假设

略。

8.3 短期偿债能力分析

流动比率、速动比率、现金比率。

8.4 长期偿债能力分析

资产负债率、所有者权益比率、产权比率。

8.5 全面预算

略。

8.6 近五年财务报表分析

附上资产负债表、现金流量表、利润表。

第9章 附录

（1）项目营业执照和工商注册号。

（2）产品研发技术合同协议号。

（3）顾问聘书。

（4）应用证明和采购意向书。

拓展阅读

关于创业计划书撰写的建议

（1）用几句话清楚说明你发现目前市场中存在什么空缺，或者存在哪些问题，以及问题的严重程度。一些人用大量篇幅去述说，再添加一些高大上的报告。而投资人每天都要阅览大量的计划书，对这些内容与理论非常熟悉，对专业知识也了解得十分透彻。冗长的篇幅只会引起投资人的反感。例如，现在电子商务缺少行业统一口径数据监测系统，你有一个产品能解决这个问题，只需要一句话就可以说清楚。

（2）你有什么样的解决方案，或者什么样的产品能够解决这个问题。你的方案或产品是什么，提供了怎样的功能。

（3）你的产品将面对的用户群是哪些。

（4）说明你的竞争力。为什么这件事情你能做，而别人不能做？是你有更多的资源，还是有更核心的技术？为什么投资给你？你有什么特别的核心竞争力？关键不在于干多少事情，而在于你的方案或产品质量远远高于其他人，收益前景比别人要好。

（5）再论证一下这个市场有多大。你认为这个市场的未来怎么样。

（6）说明你将如何产生经济效益。如果你不清楚方法，那你可以阐述方案或产品的潜在价值，比如新的应用软件开发，中国可能有一亿用户会使用它，它就有可能产生巨大的价值。所以你只需告诉大家你的产品价值在哪。

（7）再用简洁的几句话说明市场上同类竞争者，对他们进行一个简单的优劣分析。

（8）突出自己的亮点。新推出的产品多少存在瑕疵，你只需要突出某一方面亮点来吸引投资者。

（9）财务分析报告中可以不需要预算未来三年或者五年的利润，但是要说明未来一段时间需要多少资金投入，这些资金主要用在哪些方面。

（10）最后，可以简单介绍一下自己的团队，团队成员的优秀之处，自己和成员的从业经历和优势技能。

一个包含以上内容的计划，就是一份非常好的商业计划书了。

创业英雄榜

"淑媛"创始人——叶一帆

叶一帆，1988 年出生，安徽黟县人，景德镇市淑媛食品有限公司总经理，江西外语外贸职业学院2009 届电子商务学院毕业生。当初，经自学考试，取得旅游管理本科学历和学士学位后，他受聘于杭州一家商务公司，从事网络营销工作，之后辞职回家乡开始了自己的创业计划。由于年迈的奶奶因病逝世，叶一帆以奶奶的名字"淑媛"创办了一家食品公司，开启了他的创业之路。

离大学毕业已经几年的时光，叶一帆凭着"有志者事竟成"的远大抱负，利用自己在大学里学到的专业知识和在外打拼积累的工作经验，2011 年回到家乡自主创业，经过几年的努力便有了今日的成功。

如今，叶一帆已走过了 5 年的创业历程，取得了不少成绩。2014 年，他创办的景德镇市淑媛食品有限公司形成了加工各类蔬菜 1500 余吨的产能；"淑媛"品牌获得了国家商标总局颁发的商标证书；公司被评为 2014 年景德镇市农业产业化龙头企业；2014 年、2015 年在第十届、第十一届江西鄱阳湖绿色农产品展销会上，"淑媛"牌系列蔬菜制品（酱腌菜）均荣获展销会金奖。

回想当初，叶一帆薪资待遇丰厚，但他始终感觉那不是他想要的生活，自主创业的愿望越来越强烈地冲击着他。叶一帆的奶奶是安徽黟县人，继承了传统徽州酱菜制作手艺。在叶一帆小时候的记忆里，奶奶制作的酱菜鲜辣酸咸，色香味美，在居住的小区内家喻户晓，但因数量有限，只能逢年过节送点给邻居尝尝。叶一帆暗自筹划，要把奶奶的手艺传承下去。

要将徽州酱菜做成产业，走进千家万户！叶一帆的创业梦由此形成。2011 年春节前，叶一帆毅然辞掉了杭州的工作，回到景德镇开始了自己的创业计划。这个时候，年迈的奶奶因病逝世，叶一帆便以奶奶的名字"淑媛"命名自己的食品公司，以此纪念自己亲爱的奶奶。

公司成立之初，首先是开展酱菜食品的研发工作。叶一帆知道仅仅靠记忆中奶奶所制作酱菜的味道是不够的。于是叶一帆遍访名师，到安徽黟县、江西婺源和浮梁等地高薪聘请酱菜制作师傅，与徽州的酱菜制作工艺进行融合，推陈出新，对研制的酱菜食品，请不同籍贯、不同性别、不同年龄的人进行品尝，并诚恳地请他们提出意见和建议。在此基础上，不断调整配方比例，改进工艺方法，优化原料品质。到2014年年底，公司已成功研制8种酱菜产品。

产品正式投产后，叶一帆面临资金短缺问题。他的父母把多年的积蓄全部拿出，一些亲朋好友主动借款投资。同时叶一帆的创业精神和创业成效也得到了政府和银行的支持，银行为他提供了专项优惠贷款。至2014年年底，淑媛公司投资总额突破了200万元。公司装修了1 000多平方米的生产加工车间，建成了一条技术先进、设备配套、功能齐全的蔬菜加工生产线和与之相配套的产品质量跟踪检测实验室，招收员工30名，达到了年生产各类蔬菜制品1 500余吨的生产规模。

在市场竞争激烈的情况下，一个名不见经传的全新品牌，要在市场上立足谈何容易。“淑媛”系列食品的市场推广和销售，是叶一帆付出最多，也最艰辛的工作。电子商务专业毕业的叶一帆，虽然在理论上掌握了营销知识，但在实践中仍然感到力不从心，他只能走到市场，到商场、超市、酒店，到一切需要酱菜食品的地方推销自己的产品。在2014年一年的时间里，他几乎天天风里来雨里去，晒得皮肤黝黑，累得精疲力竭，但叶一帆知道付出的汗水与努力绝不会白费。

有志者事竟成。“淑媛”系列食品逐渐被人们认识，被消费者接受，市场知名度不断提高，产品销量迅速提升。更可喜的是，利用网络取得了良好的销售效果，销售前景广阔。2015年，公司销售额达到了1 100万元。

天下之功不可仓卒，艰难之业当累日月。叶一帆百折不挠的精神，让“淑媛”一路遇到不少贵人的帮助，使叶一帆在创业之路上越走越远。他在这家食品公司倾注的是对老人的思念，更是对一代代手艺人的尊重。一个具有内涵的品牌，能让品牌消费者在购买行为中获得消费心理上的安全感、生活方式上的体验感，以及企业文化上的认同感。其品牌力量将是无穷大的。

【课后实训】

实训主题：

撰写创业计划书。

实训目的：

（1）认识撰写创业计划书的重要性。

（2）熟悉创业计划书的编写流程。

（3）掌握创业计划书的编写注意事项。

实训要求：

（1）以创业团队为单位，基于已选择好的创业项目，撰写创业计划书。

（2）遵循编制企业计划书的基本原则，参照创业计划书模板进行撰写，要求内容详尽、文字简洁、语言流畅、格式规范。

（3）以团队为单位，提交一份创业计划书。

实训步骤：

1. 资料准备

（1）确定具体产品和所推广的市场。

（2）通过不同渠道收集相关资料。

2. 工作任务实施

（1）确定创业计划书的主题思路。

（2）撰写在某一具体市场上的某产品的创业计划书。

（3）制作一份项目（产品）创业计划书 PPT。

（4）进行产品创业计划书陈述演练。

3. 工作检查与评价

（1）每组成员就所撰写的产品创业计划书进行陈述。

（2）教师对每组计划书的陈述和 PPT 予以评价。

（3）同学互评，教师进行适当点评，并进行实训总结。

（4）教师对各项目小组及各成员进行综合成绩评定。

参考文献

［1］奥斯特瓦德，皮尼厄. 商业模式新生代［M］. 北京：机械工业出版社，2011.

［2］本刊评论员. 对症大学生创业"盲目病"［J］. 科技创业，2007（2）：12.

［3］陈震红，董俊武. 创业风险的来源和分类［J］. 财会月刊，2003（B12）：56-57.

［4］国务院. 国务院关于推动创新创业高质量发展　打造"双创"升级版的意见［EB/OL］.（2018-09-26）［2019-11-20］. http://www.gov.cn/zhengce/content/2018-09/26/content_5325472.htm.

［5］郭斌，王成慧. 大学生创新创业案例：第二辑［M］. 天津：南开大学出版社，2016.

［6］黄燕飞，秦艳霞，王鑫明. 大学生创业教育理论与实践［M］. 上海：上海交通大学出版社，2015.

［7］江西省教育厅. 江西省人民政府关于大力推进大众创业万众创新若干政策措施的实施意见［EB/OL］.（2015-07-21）［2019-11-20］. http://www.gov.cn/zhengce/2015-07/21/content_5057522.htm.

［8］李家华，王艳茹. 创业基础［M］. 上海：上海交通大学出版社，2018.

［9］李治仪. 创业计划：小老板的企业战略雏形［J］. 现代企业教育，2013（11）：28-29.

［10］刘志丽，卢英，李军朝，等. 创业教育背景下高校基层党组织加强大学生创新能力培养的探析［J］. 大学教育，2014（1）：63-64.

［11］罗珉. 商业模式的理论框架述评［J］. 当代经济管理，2009（11）：1-8.

［12］牟顺海，王海军，马秋林. 大学生创新创业指导［M］. 北京：现代教育出版社，2014.

［13］李克强. 促进互联网共享共治 推动大众创业万众创新［EB/OL］.（2014-11-20）［2019-11-20］. http://www.gov.cn/govweb/guowuyuan/2014-11/20/content_2781560.htm.

［14］人社部美国创业与创业服务考察团. 美国创业与创业服务［J］. 中国就业，2013

(6):57-58.

[15] 邵华钢,高凯,李世群,等. 决胜商业计划书[M]. 北京:电子工业出版社,2005.

[16] 沈舒舒. 免费的真相[J]. 商,2015(17):290.

[17] 孙洪义. 创新创业基础[M]. 北京:机械工业出版社,2016.

[18] 邢皓越,周杨,陈阳. 大学生创业团队的组建和培养[J]. 亚太教育,2015(18):229.

[19] 杨茂庆,袁琳. 基于德国经验的中国大学创业教育思考[J]. 职业技术教育,2011(10):84-88.

[20] 英国创业政策简介[J]. 科技创业,2011(14):22-23.

[21] 张玉利,薛红志,陈寒松,等. 创业管理[M]. 北京:机械工业出版社,2016.

[22] 宋俊骥,刘华,陈倩. 大学生创新创业实务教程[M]. 天津:天津科学技术出版社,2020.